U0905915

教育部人文社会科学研究项目

经管文库

企业创新生态系统的动态演进及创新效应

陈钰芬 ◎ 著

中国财经出版传媒集团

经济科学出版社
Economic Science Press

图书在版编目（CIP）数据

企业创新生态系统的动态演进及创新效应/陈钰芬著．—北京：经济科学出版社，2021.9

ISBN 978-7-5218-2886-3

Ⅰ.①企…　Ⅱ.①陈…　Ⅲ.①企业创新-研究-中国
Ⅳ.①F279.23

中国版本图书馆CIP数据核字（2021）第190389号

责任编辑：崔新艳
责任校对：郑淑艳
责任印制：范　艳　张佳裕

企业创新生态系统的动态演进及创新效应

陈钰芬　著

经济科学出版社出版、发行　新华书店经销

社址：北京市海淀区阜成路甲28号　邮编：100142

经管中心电话：010-88191335　发行部电话：010-88191522

网址：www.esp.com.cn

电子邮箱：espcxy@126.com

天猫网店：经济科学出版社旗舰店

网址：http://jjkxcbs.tmall.com

北京季蜂印刷有限公司印装

710×1000　16开　15.25印张　240000字

2021年9月第1版　2021年9月第1次印刷

ISBN 978-7-5218-2886-3　定价：68.00元

（图书出现印装问题，本社负责调换。电话：010-88191510）

教育部人文社会科学研究项目经管文库

出版说明

教育部人文社会科学研究项目已开展多年，一向坚持加强基础研究，强化应用研究，鼓励对策研究，支持传统学科、新兴学科和交叉学科，注重成果转化。其秉持科学、公正、高效的原则，注重扶持青年社科研究工作者和边远、民族地区高等学校有特色的社科研究，为国家经济建设和社会发展及高等教育发展贡献了一批有价值的研究成果。

经济科学出版社致力于经济管理类专业图书出版多年，于 2018 年改革开放 40 周年之际推出“国家社科基金项目成果经管文库”，于 2019 年中华人民共和国成立 70 周年之际推出“国家自然科学基金项目成果·管理科学文库”。今年是中国共产党建党 100 周年，我们将近期关注的教育部人文社会科学经济管理类研究项目整理为文库出版，既为了庆祝中国共产党建党 100 周年，又希望为我国教育科研领域经济管理研究的进步做好注脚，同时，努力实现我们尽可能全面展示我国经济、管理相关学科前沿成果的夙愿。

本文库中的图书将陆续与读者见面，欢迎教育部人文社会科学研究项目在此文库中呈现，也敬请专家学者给予支持与建议，帮助我们办好这套文库。

经济科学出版社经管编辑中心

2021 年 4 月

前言

党的十九大报告指出，创新是引领发展的第一动力，是建设现代化经济体系的战略支撑。党的十九届五中全会提出，要强化国家战略科技力量，提升企业技术创新能力，加快建设科技强国，把科技自立自强作为国家发展的战略支撑。近年来，我国企业创新能力显著提升，形成了跟跑和并跑并存、一些领域领跑的新格局。但在前瞻性基础研究和颠覆性技术创新领域，我国企业与世界一流创新企业仍存在很大差距，加快企业自主创新能力特别是原创能力，依然任重道远。

随着数字经济的快速崛起和大数据时代的到来，创新环境悄然变化，企业竞争优势的提升越来越依赖其所处的创新生态系统，异质性创新主体间的协同能力越来越重要。各种创新群落与创新环境通过创新生态系统的联结传导、共生竞合、自组织、动态演化，实现信息与能量流动、物质循环及新陈代谢。推动企业构建协同共生的创新生态系统，对于充分利用企业内外部创新要素、增强自主创新能力、促进创新持续涌现、打造可持续竞争优势变得尤为重要。

然而，目前我国有限的创新资源未能得到充分利用，创新要素未能产生预期的集聚效果，知识创新主体与产品创新主体缺乏衔接机制，企业、高校以及科研院所等不同创新主体间的协同创新能力仍有待加强，创新生态系统的利用和管理能力仍显不足。

一个创新生态系统是如何形成的？由哪些要素构成？各要素间的互动关系怎样？异质性主体间如何交互协作促进创新？如果未来所有企业都有效地融入创新生态系统，采用开放式创新策略，那么未来企业的核心竞争力是什么？企业内部研发的价值在哪里？如何构建、利用和管理创新生态系统，以充分利用外部资源加快创新，保证交互效应最大化而依赖风险最小化？这些问题成为当今企业创新实践中面临的重要议题。

创新生态系统各主体具有复杂性、动态性和自组织性，异质性主体交互关系的形成和演进，会随着企业内部技术能力的积累和外部竞争环境的变迁而改变。正确把握创新生态系统的演进规律，是创建、发展和优化系统的基础。本书针对技术迅猛发展、国际形势和宏观经济环境日益复杂对我国企业增强自主创新能力形成的挑战，紧密结合中国企业技术创新实际，对企业创新生态系统构建与管理的相关理论和实践问题进行探索。

本书解析创新生态系统的主体构成，探索企业“内部R&D”与“多主体交互获取知识”的相互关系，分析异质性主体间交互协作促进创新绩效的作用机理，从理论上探讨企业创新生态系统异质性主体交互机制，探索与企业内部技术能力积累和外部知识环境相匹配的企业创新生态系统管理框架，解决企业在创新的不同阶段关注什么、与谁交互、如何交互、如何平衡企业内部R&D与生态系统依赖性等难题。

本书选择以ICT产业、医药制造产业为代表的高技术产业，以及以人工智能技术领域为代表的高技术领域，通过国家知识产权局专利检索系统与德温特专利数据库，收集我国ICT产业、医药制造业和人工智能技术领域的合作发明专利数据，对创新生态网络的形成机制、网络拓扑结构特征及演化规律进行测度和分析，揭示创新生态网络的构建、演化和发展规律。

研究结果表明，基于焦点企业的核心能力，企业通过外部异质性伙伴的协同，构建基于核心能力的创新生态系统。外部的行为主体包括大学、研究机构、供应商、技术与金融服务商等供给端成员，领先用户、消费者、同行企业等市场端成员，以及政府和公共机构等政策端成员。焦点企业通过基于核心能力的创新生态系统建设，实现企业组织内外部创新主体与资源的协同，并通过核心能力的提升与创新生态系统异质性成员的共生演化最终实现企业持续的竞争优势。

不同行业间的创新绩效存在显著差异，平均研发强度较高的行业，行业内企业的创新绩效水平也更高；行业平均研发强度对外部研发呈倒U型影响，对内外部研发活动的交互效用有显著的正向影响。我国ICT产业合作创新整体网络规模持续扩大，各创新主体间的合作次数逐渐增加，网络密度逐渐减低，网络集聚系数先下降后上升，具有螺旋上升的演化特征。产学研合作创新网络已从高校主导型转变为企业主导型。网络中心性和集聚系数对ICT产业的技术创新有积极影响。医药制造业产学研合作创新网络规模越来越大，创新主体之间的联系日益频繁；高校和研究机构始终在我国医药制造业产学研合作创新网络中占据核心地位。度数中心度与企业创新绩效呈显著的正相关关系，平均联结次数与企业创新绩效呈显著的U型关系。

人工智能技术遵循以双向型创新模式为主、其他创新模式为辅、多种类创新模式并存的发展路径，各技术部存在独特的扩散特征，合作创新网络创新主体数量不断增大，主体间逐渐趋于“深度合作”，通过跨领域技术融合，实现人工智能各技术领域协同发展。

本书选择不同产业的典型企业进行案例研究，验证创新生态系统构建及动态管理的理论框架，为企业有效利用创新生态系统提供实践指导。本书致力于丰富和完善创新生态系统的理论体系，为企业有效构建、应用和管理创新生态系统提供指导。

本书获得浙江省重点建设高校优势特色学科（浙江工商大学统计学）资助。全书研究内容是基于教育部人文社科规划基金项目“企业创新生态系统的作用机理、动态演化与管理决策”（16YJA630004）和国家自然科学基金项目“企业创新生态系统的异质性主体交互、演进及管理决策”（71672178）成果。参加课题研究并撰写书稿的有陈钰芬、侯睿婕、胡思慧、王科平、姚天娇、解静、殷俊，浙江工商大学博士生陈锦颖、硕士生郑梦思和范嵩盈也做了许多有益的工作，在此向他们表示诚挚的感谢！

尽管做了很多努力，但书中仍有不足之处，殷切希望读者不吝指正，谨致衷心谢意。

陈钰芬

2021 年 8 月

目　　录

第一章

绪　　论

第一节
增强企业自主创新能力是科技自立自强的根本要求

一、创新是驱动高质量发展的第一动力

当今世界正处于第三次科技革命向第四次科技革命过渡的阶段，世界各国普遍都将科技创新放在国家发展的首要位置，认为科技创新是现在乃至未来几十年国际竞争力的首要决定因素，抓住科技创新就能引领第四次科技革命浪潮。一个国家的自主创新能力是促进经济社会发展和保障国家安全的基石。国际经验表明，一个国家或地区只有拥有强大的自主创新能力，才能在激烈的国际竞争中把握先机、赢得主动。

党的十九大报告指出，创新是引领发展的第一动力，是建设现代化经济体系的战略支撑。党的十九届五中全会提出，要强化国家战略科技力量，提升企业技术创新能力，加快建设科技强国，把科技自立自强作为国家发展的战略支撑。2035 年我国进入创新型国家前列的目标，激励全社会积极落实创

新驱动发展战略。

提升企业自主创新能力是构建新发展格局的内在要求。我国的经济发展成就是在大多数产业没有掌握核心技术的环境下取得的，核心技术的缺失已经成为我国经济进一步发展的重要障碍。随着中国经济技术水平与国外差距的逐渐缩小，中国的技术优势地位引起很多国家的高度关注，国内企业面临严重的国外技术封锁。我国前瞻性基础研究和颠覆性技术创新与发达国家相比仍存在很大差距。要实现国民经济持续、稳定、健康发展，参与新一轮全球竞争，必须拥有自己的核心技术，特别是在关系国民经济命脉和国家安全的关键领域。只有增强自主创新能力，才能掌握竞争和发展的主动权，从容应对日趋激烈的国际竞争。

二、增强企业自主创新能力，是构建新发展格局的核心

企业是技术创新的主体，是推动创新创造的生力军。提升企业自主创新能力是推动经济社会高质量发展的必由之路。自主创新是企业的生命，也是企业的核心竞争力。只有加快提升企业自主创新能力，努力突破关键核心技术，才能更好地推动经济高质量发展，实现中国制造向中国创造转变，实现我国经济由大到强的战略性转变，从根本上保障国家经济安全，实现高水平的自立自强。

技术创新是企业生存与发展的不竭源泉和动力。在科技飞速发展的今天，创新知识数量和技术复杂性日益增加，产品生命周期日益缩短，学习模仿变得越来越困难。当前，全球新一轮科技革命和产业变革加速演进，云计算、大数据、物联网、人工智能、区块链等新技术迅猛发展，在以技术变化迅速和产品周期不断缩短为特征的竞争环境中，企业自主创新能力对建立和维持竞争优势显得尤为重要。企业必须充分利用各种有利条件，厚植自主创新基础，增强自主创新能力，提高在全球价值链中的地位。

第二节 中国企业技术创新能力现状

一、中国企业技术创新能力迈上新台阶

党的十八大以来，我国广大企业不断引入新观念、新技术、新产品，积极开展创新活动，通过自主创新打造企业核心竞争力已经成为共识。企业研发投入不断增加，研发能力不断增强，自主创新的主体地位明显增强，创新能力显著提升，创新成果和创新环境取得长足进步，形成了跟跑和并跑并存、一些领域领跑的新格局。

企业创新主体地位不断增强。2011 年以来，企业研发投入占全社会研发经费投入的比例超过 75%，企业研发人员全时当量占全社会研发人员全时当量的比例超过 75%。2019 年国家重大科技成果中，由企业作为完成单位的比例达到 52%（见表 1－1）。

表 1－1　企业研发活动情况

项目	2011 年	2012 年	2013 年	2014 年	2015 年	2016 年	2017 年	2018 年	2019 年
企业研发经费支出（亿元）	6579. 33	7842. 24	9075. 85	10060. 64	10881. 35	12143. 96	13660. 23	15233. 72	16921. 79
全社会研发经费支出（亿元）	8687. 01	10298. 41	11846. 60	13015. 63	14169. 88	15676. 75	17606. 13	19677. 93	22143. 58
企业研发经费支出占全社会研发经费支出比重（%）	75. 74	76. 15	76. 61	77. 30	76. 79	77. 46	77. 59	77. 42	76. 42

续表

项目	2011 年	2012 年	2013 年	2014 年	2015 年	2016 年	2017 年	2018 年	2019 年
研发人员全时当量（万人年）	288.29	324.68	353.28	371.06	375.88	387.81	403.36	438.14	480.08
企业研发人员全时当量（万人年）	216.93	248.64	274.06	289.64	291.08	301.21	311.98	342.48	366.84
企业研发人员全时当量占比（%）	75.25	76.58	77.57	78.06	77.44	77.67	77.35	78.17	76.41
重大科技成果（项）	44208	51723	52477	53140	55284	58779	59792	65720	68562
企业完成重大科技成果（项）	18064	20904	22688	22094	23650	23896	25126	36555	35511
企业完成重大科技成果占比（%）	40.86	40.42	43.23	41.58	42.78	40.65	42.02	55.62	51.79

资料来源：国家统计局，https：//data. stats. gov. cn/easyquery. htm？ cn = C01，中国科技统计年鉴。

企业创新投入不断加强。规模以上工业企业研发经费投入，从 2011 年的 5993.81 亿元增长至 2019 年的 13971.10 亿元，年均增长 11.16%，投入强度由 0.71% 提高至 1.43%（见表 1－2）。

表 1－2　　规模以上工业企业研发活动情况

项目	2011 年	2012 年	2013 年	2014 年	2015 年	2016 年	2017 年	2018 年	2019 年	2020 年
研发经费支出（亿元）	5993.81	7200.65	8318.40	9254.26	10013.93	10944.66	12012.96	12954.83	13971.10	—
研发经费投入强度（%）	0.71	0.78	0.80	0.84	0.90	0.94	1.06	1.23	1.31	1.43

资料来源：国家统计局，https：//data. stats. gov. cn/easyquery. htm？ cn = C01，中国统计年鉴。

企业创新实力显著增强。2020年，我国发明专利授权53万余件，国际PCT专利申请受理量7.2万件，其中国内申请人提交PCT专利数为68720件，位居世界第一（见表1-3）。2020年，我国企业入围欧盟委员会认定的全球研发投入2500强达536家，排名第二，美国公司以775家名列榜首，欧盟421家，日本309家。在研发投入增速方面，中国同比增长21%，美国增长10.8%，欧盟增长5.6%，日本增长1.87%，中国的增速最快。

表1-3　我国整体及企业专利申请和授权情况　　单位：件

项目	2011年	2012年	2013年	2014年	2015年	2016年	2017年	2018年	2019年	2020年
发明专利授权数	172113	217105	207688	233228	359316	404208	420144	432147	452804	530127
国际PCT专利申请数	16396	18616	21506	25542	29837	43092	48904	53352	59050	68720
企业拥有有效发明专利数	201089	277196	335401	448885	573765	769847	933990	1094200	1218074	—

资料来源：中国科技统计年鉴；国家统计局，https：//data.stats.gov.cn/easyquery.htm？cn=C01.中国科技统计年鉴。

2020年进入《财富》世界500强榜单的中国企业达124家，首次超过美国（121家）。上榜《福布斯》全球数字经济百强企业榜单14家，上榜企业数位列第二。同时，由世界品牌实验室（World Brand Lab）发布的2020年度《世界品牌500强》排行榜中，中国入选品牌数达43个，超越英国位居世界第四，仅次于美国（204个）、法国（45个）和日本（44个），并且有继续上升的趋势。

创新主体不断壮大。我国科技型中小企业、高新技术企业的数量突破20万家，累计培育省级以上“专精特新”中小企业超过3万家，专精特新“小巨人”企业1800多家，制造业单项冠军近600家，国家技术创新示范企业665家。①

① 我国已培育超1800家国家级专精特新“小巨人”企业．中国经济周刊，2021-01-29. https：//baijiahao.baidu.com/s？id=1690184878932884865&wfr=spider&for=pc.

企业创新成果竞相涌现。2020 年，全国技术交易市场已超 1000 家，登记技术合同 55 万项，成交金额 28252 亿元。世界知识产权组织发布的全球创新指数显示，我国排名从 2015 年的第 29 位，跃升至 2020 年的第 14 位。①

一批关键技术和产品取得重大突破。2020 年成功完成 35 次宇航发射，“天问一号”火星探测器成功发射，北斗三号全球卫星导航系统正式开通。嫦娥揽月、胖五飞天、双龙探极、国产航母、第三代核电等标志性成果振奋人心，500 米口径球面射电望远镜（FAST）正式开放运行，量子计算原型系统“九章”成功研制，全海深载人潜水器“奋斗者”号完成万米深潜，C919 大型客机用材、平板显示基板玻璃等新材料实现突破，动力电池单体能量密度大幅提高，国产中央处理器（CPU）与国外先进水平差距缩小，11 代液晶显示器生产线投产，语音、图像和人脸识别等人工智能重要领域专利数量全球领先。我国科技实力正在从量的积累迈向质的飞跃，稳步迈向“跟跑、并跑和领跑并存”的新阶段。

推动创新资源开放共享。“十三五”期间，由企业牵头，在信息光电子、高性能医疗器械、增材制造等重点领域，建成 17 家国家制造业创新中心，以共建联合实验室、成立创新联合体等方式，打造高水平的创新合作模式。加快探索有利于激发企业积极性和能动性的新型模式，工业和信息化部组织开展新一代人工智能产业创新重点任务揭榜工作，让更多有实力的企业获得公平竞争的机会，极大地激发了企业创新活力。

二、企业技术创新基础条件仍然欠缺

我国企业拥有技术开发机构的比重较低，2019 年，我国规模以上工业企业中有研发机构的企业占比仅为 25.27%（见表 1－4），约 3/4 的规模以上工业企业没有建立正式的研发机构，大部分企业的技术创新活动处于一种松散状态。2019 年，我国规模以上工业企业中有研发活动的企业占比为 34.20%，有 2/3 的规模以上工业企业不开展研发活动。

---

① 国家统计局．中华人民共和国 2020 年国民经济和社会发展统计公报．

表 1-4　　规模以上工业企业研发活动开展情况　　单位：%

项目	2011 年	2012 年	2013 年	2014 年	2015 年	2016 年	2017 年	2018 年	2019 年
有研发活动的企业占比	11.50	13.70	14.80	16.90	19.20	23.00	27.40	28.00	34.20
有研发机构的企业占比	9.61	13.33	13.93	15.18	16.43	19.31	22.15	22.20	25.27

资料来源：国家统计局，https://data.stats.gov.cn/easyquery.htm? cn = C01. 中国统计年鉴。

企业研究机构的发展不仅影响所在企业的生存发展与竞争优势，也必然影响到我国产业乃至国家经济与社会的发展与安全，影响到国家整体竞争力。我国企业技术创新的基础条件还较为薄弱，与现阶段对自主创新的要求极不协调。

三、我国企业技术创新投入偏低，投入结构不合理

我国企业创新资金投入依然不足。2019 年，中国 GDP 合计 14.36 万亿美元，美国合计 21.43 万亿美元，我国 GDP 总量约为美国的 67%，但美国的研发投入是我国的 3 倍。从研发经费占产品主营业务收入的比重看，发达国家的经验表明，企业研发经费投入只有达到其主营业务收入的 5% 以上，才有较强的竞争力，2% 只能维持企业的基本生存，1% 则企业极难生存。多年来我国规模以上工业企业研发经费占主营业务收入的比重一直在 0.8% 左右徘徊，2011 年为 0.7%，2020 年达到 1.43%（见表 1-5）。中国企业联合会发布的《2020 中国企业 500 强分析报告》显示，2020 年中国前 500 强合计投入研发经费 10754.06 亿元，比上年增长 10.12%；平均研发强度为 1.61%，比上年提高 0.01 个百分点，达到历史最好水平。即使是中国最大企业的群体，其研发投入水平多数也没有达到维持企业生存的水平。我国的企业还处于“难以生存”的水平，多数大企业只达到“仅能维持”的水平，且我国低技术行业和工业在 GDP 中的占比较大。

表 1 – 5　　我国规模以上工业企业研发经费支出情况

项目	2011 年	2012 年	2013 年	2014 年	2015 年	2016 年	2017 年	2018 年	2019 年
研发经费内部支出（亿元）	5993.81	7200.65	8318.40	9254.26	10013.93	10944.66	12012.96	12954.83	13971.10
科学研究经费支出（亿元）	150.38	192.96	200.37	256.83	259.12	296.55	334.84	430.17	404.55
试验发展经费支出（亿元）	5843.42	7007.69	8118.03	8997.43	9754.81	10648.11	11678.11	12524.66	13566.55
科学研究支出比重（%）	2.51	2.68	2.41	2.78	2.59	2.71	2.79	3.32	2.90
试验发展支出比重（%）	97.49	97.32	97.59	97.22	97.41	97.29	97.21	96.68	97.10
研发强度（%）	0.71	0.78	0.80	0.84	0.90	0.94	1.06	1.23	1.31

资料来源：国家统计局，https://data.stats.gov.cn/easyquery.htm? cn = C01，中国统计年鉴。

从企业在研发经费支出中基础研究所占比例来看，我国企业基础研究比例明显偏低。根据对各国不同发展阶段数据的比较，企业基础研究、应用研究、试验发展之间有一个相对稳定的比例，基础研究大约占研发经费支出的15%。美国等发达国家的企业过去 30 年间基本稳定在这一比例。而我国规模以上工业企业科学研究（包括基础研究和应用研究）支出所占比例却基本保持在 3% 左右，2019 年仅为 2.90%（见图 1 – 1），显著低于发达国家，研发对技术创新的支撑作用微弱。

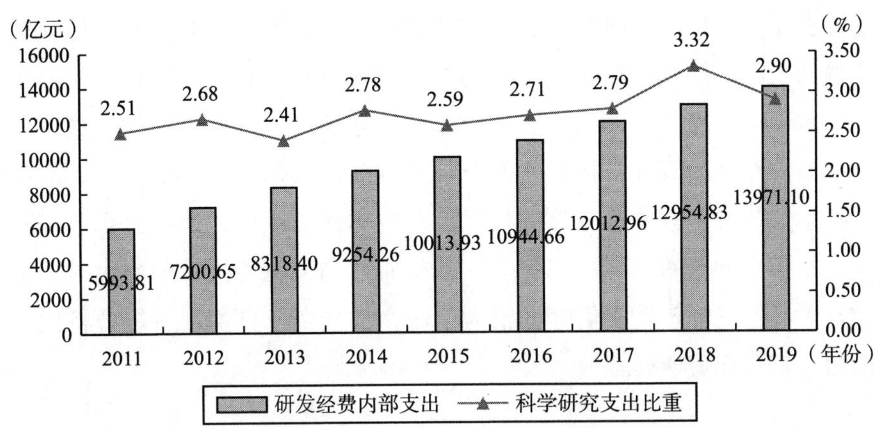

图1－1　我国大中型工业企业研发经费活动类型构成

资料来源：中国科技统计年鉴（2020）。

从企业对技术的消化吸收来看，我国企业重引进、轻消化吸收再创新，消化吸收强度不够。日本和韩国的成功经验是在技术引进的同时大幅度增加对消化吸收的投入，这两国技术引进与消化吸收费用的比例大致保持在1∶5至1∶8的水平。我国规模以上工业企业技术引进与消化吸收费用的比例一直维持在5∶1左右，近几年消化吸收经费反而下降（见表1－6）。消化吸收费用的不足导致我国企业对引进技术的转化利用不足，容易陷入“引进、落后、再引进、再落后”的恶性循环。

表1－6　　　　我国规模以上工业企业技术引进与消化吸收情况

项目	2011年	2012年	2013年	2014年	2015年	2016年	2017年	2018年	2019年
引进国外技术（亿元）	448.99	393.91	393.95	387.51	414.06	475.42	399.32	465.27	476.69
购买国内技术（亿元）	220.52	201.69	214.38	213.53	229.94	208	200.87	440.17	537.41
消化吸收经费（亿元）	202.17	156.84	150.58	143.18	108.39	109.25	118.54	91.01	96.77
引进与消化吸收的比例（%）	2.22	2.51	2.62	2.71	3.82	4.35	3.37	5.11	4.93

资料来源：国家统计局，http：//www.stats.gov.cn/tjsj/，中国统计年鉴。

综上所述，目前中国企业自主创新仍然存在很多困难和问题，创新资源投入普遍较低，基础研究投入尤为薄弱，投入结构不合理，消化吸收经费支出与技术引进的规模不相适应。研发基础设施落后，有近3/4的规模以上工业企业没有自己的研发机构。研发对技术创新的支撑有限，多数行业的关键核心技术与装备基本依赖国外的状况没有根本性的改变，大部分企业仍不具备高水平率先创新的能力。在前瞻性基础研究和颠覆性技术创新领域，我国企业与世界一流创新企业仍存在很大差距，加快企业自主创新能力特别是原创能力，依然任重道远。

第三节 中国企业协同创新特征

我国正不断加大传统创新要素的投入，从总量上看，2020年中国研发人员全时当量达509.19万人年，研发经费达24426亿元，分别居世界第一位和第二位。2020年我国发明专利授权数为53万件，过去十年的年均增长率高达20.85%。中国已经具备了比较强的科技实力，在生物、纳米、航天等一些重要领域的研究开发能力已跻身世界先进水平。那么，中国企业创新能力依然不强的根本原因是什么呢?

一、中国企业创新费用支出情况

为了解我国企业在技术创新过程中，对外部创新资源的利用情况，掌握企业合作创新基本情况，利用由国家统计局组织的全国范围企业创新调查数据《2020全国企业创新调查年鉴》进行综合分析。

中国企业在创新实践中正逐步学会利用外部创新资源提升创新效率。企业在创新实践中，内部研发费用占创新费用支出的60%左右，外部研发费用、获取外部机器设备和相关技术的费用占40%左右（见表1-7），与德国、法国差异不大。其中，外部研发经费占比不到10%，获取外部技术主要还是以机器设备和软件经费为主，相较于德国、法国，外部研发经费占比偏小。

表 1-7　中国规模以上工业企业创新费用支出情况及与德国、法国的比较（2020 年）

项目	创新费用支出合计（亿元）	内部研发经费占比（%）	外部研发经费支出占比（%）	获得机器设备和软件经费支出占比（%）	从企业外部获取相关技术经费支出占比（%）
工业企业	23184.6	60.3	3.9	31.5	4.4
高技术产业企业	6348.1	59.9	7.5	26.4	6.2
德国	—	53.5	11.2	19.6	1.0
法国	—	57.3	19.9	17.6	1.1

二、中国企业开展合作创新情况

企业在创新实践中，主要以独立开发为主，91% 的规模以上工业企业和高技术产业是通过独立开发的形式实现产品创新的，与高等学校、研究机构及其他企业合作实现产品创新的企业占比都低于 11%（见表 1-8）。有 68.45% 的规模以上服务业企业是独立完成新产品开发，与外部其他主体合作实现产品创新的企业占比均不超过 15%。这说明我国工业企业、服务业以及高技术产业在实现产品创新过程中，以独立开发形式为主，与外部创新主体合作开发实现创新的模式仍然不多，对外部创新资源的利用不足。

表 1-8　实现产品创新的规模以上企业开发形式情况（2020 年）　单位：%

项目	占实现产品创新企业的比重								
	独立开发	与集团内企业合作开发	与境内其他企业合作开发	与境内研究机构合作开发	与境内高等学校合作开发	与境外企业或机构合作开发	在其他单位开发的基础上调整或改进	其他企业或机构开发	其他
工业企业	91.44	5.05	6.43	1.46	9.56	1.95	3.65	1.64	3.32
服务业	68.45	12.16	14.95	2.18	7.39	2.72	9.12	10.25	11.20
高技术产业	91.86	6.62	9.02	1.95	10.46	2.71	3.54	1.76	2.99

为进一步了解企业在创新活动中对外部知识的重视程度和利用情况，将中国与欧盟 28 国、欧盟 15 国以及部分创新型国家如德国、英国等进行对比分析（见表1－9）。由表1－9 发现，我国企业间的合作创新还处于较低水平，合作规模小，合作领域窄，参加合作的企业数量少。企业间协作能力差，无法形成攻关合力，导致整体技术水平难以提高。由于信任、文化冲突、害怕技术泄露等原因，与竞争对手或同行业其他企业间的合作少，在合作开展创新的企业中，与竞争者合作的企业仅占 16.15%，但是，其他创新型国家约有 30% 的企业与竞争对手或同行业其他企业开展创新活动，芬兰甚至高达50%。由此可以看出，我国企业并未充分利用外部知识信息，合作创新机制并未良好运行。企业已经意识到外部知识和信息的重要性，设有专门的技术情报机构，但对外部创意和技术的获取能力不够。我国企业在创新活动过程中从外部获取知识的机制不够完善，对利用外部资源促进创新的重要性认识不足。

表1－9　中国企业与部分其他国家企业创新合作开展情况（2020 年）　单位：%

国家或地区	占开展创新合作企业数的比重					
	集团内其他企业	客户	市场咨询机构	高校或其他高等教育机构	供应商	竞争对手或同行业其他企业
中国	28.01	45.73	12.83	28.25	39.06	16.15
欧盟 15 国	49.91	52.85	39.75	43.70	65.74	36.29
欧盟 28 国	48.61	51.22	38.70	42.39	66.00	34.86
德国	43.38	41.47	26.44	62.61	39.33	29.43
奥地利	41.51	46.11	30.85	46.21	58.37	34.05
芬兰	43.36	65.02	47.89	60.44	73.71	50.00
瑞典	57.76	68.26	57.76	47.61	77.78	36.79
英国	66.48	74.53	48.32	39.37	79.58	46.60

资料来源：全国企业创新调查年鉴（2020）。

中国企业在创新实践中对外部资源的利用率十分有限。中国的制造企业和供应商之间基本上是一种传统的买卖关系，缺乏合作创新，风险分担和利益共享意识薄弱，更多的是关注短期利益而忽略长期利益。受传统管理思想的影响，新产品开发被认为是研发部门的主要职责，与用户的联系是营销部门的任务，用户很少直接参与创新。

中国企业在产学研合作创新体系中没有处于主导地位。由于科技创新同市场没有很好地联系在一起，我国新技术成果转化率低，科技成果转化成功率仅为 15% 左右，造成了有限科技资源的巨大浪费。

三、企业内外部创新资源脱离，研发力量分散，难以形成攻关合力

当前技术发展的跨学科特征和日益激烈的全球化竞争，高度复杂的技术创新常常跨越多个技术领域，创新过程正变得越来越复杂，仅凭单一企业的能力和资源无法满足技术创新的要求，因此企业必须充分利用外部的知识和资源，以突破自身有限资源的约束。通过企业间的合作获得互补的知识和技术，整合企业和社会的研发资源，合力进行技术攻关，对促进创新变得越来越重要。

我国企业自主创新能力不足的根本原因并不是缺乏好的创意和科技能力，而是管理创新的过程存在问题。孤立的企业很难迅速创新，很难适应快速变革的技术发展和动荡的市场环境，需要与其他企业或组织建立广泛联系。封闭的创新模式使得企业内部的科技资源和外部丰富的创新资源相脱离，这是当今中国创新成果转化困难的根本原因之一。

有的企业不懂得利用创新生态系统中外部组织的资源，更不理解创新生态系统的运行机理和管理方法。有的企业借鉴创新领先企业的成功经验却仍未给企业带来良机和希望。实际上，不同企业自身的资源拥有状况、技术能力和吸收能力等存在差异，而且在开放式创新实施过程中，不同产业、不同技术发展阶段向外部组织开放合作的对象都存在差异，因此无视企业自身特质，不根据技术创新的发展规律和特点，盲目照搬别人的成功经验，注定会失败。

企业界已充分认识到增强自主创新能力的迫切性和重要性，正在积极探索以多种方式提高自主创新能力，但苦于没有合适的理论指导，迫切需要可

操作的符合时代要求的技术创新管理框架。本书正是针对企业自主创新中存在的现实问题，着重研究开放式创新生态网络的运行机理和管理模式，以促进企业在加强内部研发的基础上，通过开放的自主创新管理，整合利用内外部创新，实现开放状态下的自主创新。

第二章

创新生态系统的概念与理论框架

第一节 企业创新生态系统的概念与构成要素

一、创新生态系统的概念、特征

摩尔（Moore，1993）是第一个系统而又科学地论述企业生态系统的学者，他将企业生态系统定义为一种“基于组织互动的经济联合体”，是企业、用户、供应商、中介机构等具有一定利益关系的组织或群体之间形成的相互联系的生态网络，网络成员间通过对技术、知识和技能的分享，共同开发新的产品和服务。阿德纳（Adner，2006）则认为创新生态系统是指一种协同机制，将个体与其他成员联系，并提供面向客户的解决方案，促进价值创造和价值增值。创新生态系统是一种由众多具有共生关系的企业构成的经济共同体，在这个系统内部，成员企业可通过合作来创造单个企业无法独立创造的价值。

创新生态系统是一种为企业提供资源、合作伙伴以及重要市场信息的网络（Zahara & Nambisan，2011），该网络是基于网络内部成员企业之间的长期互动关系形成的，构建并发展创新生态系统需要企业家精神与战略思维互相匹配。在此基础上，吴绍波（2014）认为创新生态系统是核心创新企业与上游供应商、下游销售商、同行业竞争对手及产品服务的其他相关主体所构成的相互依赖的合作网络。创新生态系统是对国家创新体系的深化，是以合作创新、协同进化为核心准则，包括创新人才、科技创新政策、创新产业链以及创新文化，同时需要勇于打破常规、开放、信任、公平、协同、利益传递等创新文化来促进各要素最优功能的实现（陈劲，2013）。

创新生态系统是借鉴生态学理论和视角研究创新活动，用生物学隐喻深刻地揭示创新过程，探索创新的生成、进化、衰退及其与周边环境的互动关系。创新生态系统是开放式创新的深入和新发展。开放式创新强调企业间竞合的关系，企业通过整合利用外部创新资源，弥补内部创新资源的不足，内外创新资源协同促进创新。创新生态系统则强调异质主体协同共生的关系，企业间不仅仅是合作，更是一种互利互惠、共生演进的关系，创新行为更加重视多主体的交互，强调资源融合与共生发展。

综上所述，创新生态系统是一个具有共生关系的经济共同体，是创新的"栖息地"，其内部各创新主体通过发挥各自的异质性资源优势，与其他主体进行协同创新，实现价值共创。创新生态系统是基于长期互动关系形成相互依赖和共生演进的网络关系，构建并发展创新生态系统需要企业家精神与战略思维互相匹配。

二、创新生态系统的结构

创新生态系统由彼此相关的占据不同生态位的创新主体组成（Iansiti & Levin，2004），创新生态系统的结构是指异质主体在系统中的角色定位和相互关系。欧盟（2013）提出的创新范式演化，即嵌入（共生）式创新（embedded innovation），强调产学研用的"共生"以及政府、企业、大学研究机构和用户的四螺旋结构（Carayannis & Campbell，2010）。

通过生物学概念类比创新生态系统，李万等学者（2014）认为创新生态系统组成的基本要素是物种（企业、大学、科研院所、政府等），物种联结形成了各种群落，物种和群落在共生竞合的相互作用中动态演化，形成系统整体演化。创新生态系统由相互依赖的三大群落（研究、开发和应用群落）组成（Estrin，2008）。产消合一经济（prosumer）以及产学研用社区生态化创新的新模式，使得企业的核心竞争优势来源于由“产消者”粉丝社区、利益相关者社区、实践社区以及科学社区所构成的创新生态系统（李万等，2014）。

杨荣（2014）认为创新生态系统是由核心层（主体）、中间层（支持机构）、外围层（创新环境）组成的动态性开放系统。刘志耘（2009）将企业创新生态系统分为核心层、协作层和价值实现层，不同层次的不同成员均发挥着不可缺少的作用，共同保证企业创新生态系统的有效运行。孙冰等学者（2011）基于自然生态系统一般结构模型与技术创新合作过程，提出了包含核心企业、技术研发与产品应用、创新生态环境和创新平台四个层次的企业技术创新生态系统，各个层次相互作用，以提升系统创新的效率。冉奥博等（2014）认为创新生态系统是由企业、高等院校、科研机构组成的生命系统和以政府为主体的非生命系统构成，其中由生产者研发出新技术，消费者利用发展技术，分解者扩展技术外延。

借鉴生物学的生态系统理论，创新生态系统是由多种不同主体相互交织形成的开放、多维、共同演进的复杂网络结构，从要素的随机选择不断演变到结构化的社群。从知识生态视角探析异质主体的关系结构，企业创新生态系统可划分为核心竞争系统、核心供应链系统、环境支持系统和宏观环境系统。基于创新主体（Adner & Kapoor，2010），创新生态系统是由核心企业、上游组件供应商（upstream components）、客户（customers）和下游互补件供应商（downstream complements）四大要素紧密协作的组织网络。

创新生态系统组成的核心要素是占据不同生态位的企业、大学、研究机构、用户、供应商、竞争者、技术中介组织、政府等物种，物种联结形成各种相互依赖的群落，物种和群落在共生竞合的相互作用中动态演化，通过信息传递和资源共享，形成“技术研发—技术应用—技术衍生”的复杂系统。不同层次的不同成员间相互作用，提高物质循环、知识流动与信息传递的速度，提升系统的创新效率。不同成员均发挥着不可或缺的作用，共同保证创新生态系统的有效运行。

三、创新生态网络的概念

（一）创新网络

网络中各组织为系统性创新而自主进行的组织间相互渗透的形式称为创新网络（Imai & Baba，1989）。基于该研究，弗里曼（Freeman，1991）扩展了创新网络的合作模式，认为创新网络是基于系统创新所实现的一种网络形态，某一组织与其他组织之间的合作创新联系是创新网络的基本连接机制，其中企业间的创新合作关系最为重要。继弗里曼之后，创新网络得到了学者们的广泛关注，管理学、经济地理学等不同领域的学者掀起了创新网络的研究热潮，并基于不同视角对创新网络进行界定。

第一，管理学视角下的创新网络。吴贵生等（2000）认为企业由于创新环境日趋复杂难以实现独立创新，而不得不与其他组织（包括供应商、客户、竞争者等上下游企业以及高校、科研机构、政府部门等）建立各种各样的联系，这种不同组织之间相互影响、相互关联的关系交织在一起就形成了创新网络。该定义强调了企业在创新网络中的核心地位。随着网络科技的发展及组织间网络的日益复杂化，企业在进行技术创新时组织间所形成的合作值得被高度重视。王大洲（2001）基于弗里曼对创新网络的定义，认为“企业创新网络”是指企业为进行创新活动而产生的网络结构，也就是在技术创新中以企业为核心所形成的各类正式与非正式合作关系的总体网络结构。这一定义需要考虑企业、高校及研究机构等所形成的合作关系，而非仅仅考虑企业这一组织形式的研发联盟或创新合作关系。创新网络是一个动态、开放的复杂系统，是产业集聚发展的网络化组织形式（薛澜等，2018）。

第二，经济地理学视角下的创新网络。创新网络是指在一定区域内的各行为主体（企业、大学、科研院所、地方政府、中介机构、金融机构等组织及个人）在长期正式或非正式的交互关系基础上形成的相对稳定并能激发或促进创新的系统（盖文启和王缉慈，1999；沈必扬和池仁勇，2005）。吕国庆（2016）认为创新网络是企业与异质性行为主体在创新过程中所产生的交互作用及其战略协同过程，创新网络的空间尺度包括本市、本省、本国和海外，合作对象主要包括知识伙伴（高校、科研机构和咨询公司等）和产业伙伴（供应商、用户以及其他同行企业等）。

综上所述，企业在开展创新活动过程中，与其他组织建立各种各样的联系，这种不同组织之间相互影响、相互关联的关系交织在一起就形成了创新网络。创新网络是组织为获取创新资源而自发形成的一种正式或非正式的网络形态。

（二）创新生态网络

在技术发展迅猛及全球化背景下，仅靠单一组织很难全面获取创新所需的各类要素，因此，组织内部和组织间的交流合作对促进创新非常重要。组织内部本身所拥有的创新资源的丰富程度和技术能力积累仍然是可持续竞争优势的关键，但仅仅凭借内部能力已经无法在市场竞争中获得持久的领先优势，市场竞争很大程度上取决于该组织所处的生存环境、该组织在所属环境中的位置及其与其他组织合作所获得的互补性资源的丰富程度。在这一进程中，美国竞争力委员会第一次提出的“创新生态网络”这一概念，世界各国对创新网络生态系统的重视程度也日益加深，越来越多的组织开始关注创新生态系统所能产生的创新效益。

创新生态系统通常存在一个或多个核心创新主体，出于对异质性资源的依赖和共享，核心创新主体与相关的其他主体形成较为稳定的合作关系并进行合作创新，实现各自利益的最大化。通过组织间合作来创造创新效益的这一模式成为当代组织间建立合作关系的主要模式。

按照创新生态网络所展现的网络结构特征，将合作模式按主体不同，可分为以高校为主导的合作创新网络和以企业为主导的合作创新网络两大类。

有很多合作创新网络呈现以高校和科研机构为主导的网络结构特征，即所谓的由高校及研究院引领创新方向的合作创新模式。如吴慧和顾晓敏（2017）运用 QAP 回归方法，探究产学研合作网络对企业创新绩效的影响，证实产学研网络中大学这一创新主体的不可替代性及其对创新绩效的促进作用。在创新驱动发展战略的推动下，创新生态网络以不可阻挡之势快速发展壮大，大量合作创新网络正由高校主导型逐步转变为企业主导型，形成了以企业为主导的网络结构特征（高霞和陈凯华，2016；王建国和王飞，2018）。

1. 产学研合作创新网络

产学研合作创新网络有助于促进产业创新水平的提升，是适应市场发展需要的产物，是国家创新体系的重要组成部分（Guan，2013）。

产学研合作创新网络是企业、科研院所、高等院校各方为了创造新知识、实现知识价值增值（唐承林和顾新，2010）和共同的整体利益（朱桂龙等，2003），依据彼此创新优势，在各取所需、优势互补的基础上，通过各种契约关系或股权关系，构建知识价值创造的网络组织，形成合作制度安排，最终实现资源的优化配置（冯锋和王亮，2008）。

产学研合作创新网络是产学研合作过程中形成的一种创新网络，是以市场为导向的成果转化主体（企业）和以科学知识为导向的知识创造主体（高校和科研院所），在内在利益驱动和外部环境影响下，为促进企业乃至整个产业创新而形成的一种合作关系网络。区别于发明者合作网络、企业间合作网络、联盟网络等其他创新网络类型，产学研合作创新网络更强调企业、高校和科研院所的主体地位。

尽管我国针对产学研合作创新方面的研究起步晚于国外，但其研究从20世纪90年代开始一直绵延至今，发挥着十分重要的影响力。

在我国创新驱动发展战略的大力推动下，产学研合作创新已经成为各区域加快转化科技成果、进一步推动创新生态系统建设的重要途径，并得到广大学者的关注，产学研合作创新模式见表2－1。

表2－1　　产学研合作模式总结

年份	作者	产学研合作模式
1997	OECD	按合作方式和程度分为一般性研究支持、非正式合作研究、契约型研究、知识转移和训练计划、参与政府共同研究计划、研发联盟、共同研究中心
1998	李廉水	政府推动、自愿组合、合同连接、共建实体
1999	苏敬勤	内部化模式、半内部化模式、外部化模式
2001	张米尔、武春友	按功能分为技术入股、提成支付、紧密合作、技术接力和自主产业化 按合作主体分为人才培养型、研究开发型、生产经营型

续表

年份	作者	产学研合作模式
2002	谢开勇等	校内产学研、双向联合体、多向联合体、中介协调型
2005	原长弘	按合作契约关系分为技术转让、联合开发、委托开发、共建实体 按合作发起者分为大学与研究所推进型、企业拉动型、政府组织型
2006	丰塔纳（Fontana）等	合作研发、合同研究、合作教育、技术产业化
2010	吴思静等	知识转移型、知识共享型、知识创造型合作网络模式
2012	冯叶成等	高校与政府、企业产学研协同创新模式
2013	李丹	构建基于战略性新兴产业发展的产学研战略联盟模式和政府、企业、高校协同创新的产学研战略联盟模式
2017	姚潇颖等	按合作主体分为“产—学”和“产—研”两种合作模式

2. 企业间合作创新网络

企业间合作创新一般会形成产业联盟或者行业联盟的合作形式，联盟这一合作方式从本质上来说是指两个及多个组织或企业为达到共同的目标，通过签订契约等合作方式，自愿进行互补性资源共享以期实现目标，从而在自由竞争市场提升竞争优势的一种合作共赢方式。

随着经济全球化的迅速发展和产业集群优势的逐渐凸显，学者们在研究产学研合作模式的同时，发现企业间合作创新占据重要位置。他们认为基于企业间横向合作视角，企业间合作创新可划分为股权联盟和契约式联盟；基于产业链垂直视角，企业间合作创新可以着重关注客户与供应商之间的合作创新模式；基于合作主体属性视角，企业间合作创新可划分为跨单元合作、跨组织合作、混合模式合作；基于企业联盟视角，企业间合作创新可划分为开发式合作和探索式合作两大类，企业间合作模式见表 2－2。

表 2－2 企业间合作模式总结

年份	作者	企业间合作模式
2010	杜索（Duso）等	水平合作：股权联盟（合资企业）
2005，2013	崔、罗利（Cui & Rowley）等	水平合作：契约式联盟
2004，2006	布罗沙克、詹森（Broschak & Jensen）	垂直合作：客户—供应商
2014	牛方	产业链上下游的合作
2017	宋玲玲	从网络合作主体属性角度：跨单元合作、跨组织合作、混合模式合作
2018	杨伟明和孟卫东	联盟视角：开发式合作、探索式合作

3. 政产学研用合作创新网络

政府在创新生态网络中起着至关重要的作用。政产学研用合作创新模式是指在产学研合作创新基础上明确政府所起的作用，政府通过及时出台相关政策法规，可以推动产学研合作创新的健康可持续发展；此外，也要充分发挥市场的作用，构建以科技成果的消费者来推动产学研合作创新模式，形成需求引致的创新。随着我国科技水平的增强和经济实力的提升，我国应从产学研合作创新模式提升为政产学研用合作创新模式，重视政府和科研成果需求者的作用，从而为我国加速建设创新型国家提供有力支撑。

构建以市场为导向、以企业为主体地位的创新生态体系，是提升我国创新能力的重要举措。庄涛等（2015）基于三螺旋式视角，探究高技术产业的合作模式，他们实证得出，由大学、政府、企业三方合作的紧密程度及大学的参与程度对创新效率存在显著正向促进作用。

第二节
企业创新生态系统的理论框架

一、创新生态系统的运作机制

创新生态系统本质上是知识在异质主体之间流动而形成的一种非线性关系的系统网络。基于生态系统理论，以摩尔和阿德纳等学者的研究成果为核心（Moore，1993；Iansiti & Levin，2004；Adner，2006；Adner & Kapoor，2010），开放式创新理论、平台理论、资源基础观、动态能力理论和关系视角理论是创新生态系统研究的核心理论基础。

创新生态系统协同机制的核心四要素包括创新共生、信任合作、价值联盟、协同氛围（刘志耘，2009），这四个核心要素共同促进企业战略创新生态系统的发展成熟。除技术标准外，成员间规范化制度的导入、相应的系统规范和标准，是创新生态系统建立和运行的重要保障机制（Li，2009）。社会网络、团队、信任等六大要素是营造良好创新生态系统的关键（Hwang & Mabogunje，2013）。李恒毅和宋娟（2014）采用案例研究方法，剖析了组织资源、网络资源及系统资源在系统构建过程中的相互作用和共同演化关系。陈衍泰等（2015）基于电动汽车产业创新生态系统的案例指出，生态系统构建阶段的价值创造模式包括并购、合资、合作、产学研合作等。

随着开放式创新范式的兴起，创新生态系统的发展也表现出明显的开放式特征。在开放式创新生态系统中，核心企业定向性的扫描吸收能力、整合性的协同创新能力、规范性的治理分配能力是不同创新阶段开放式创新生态系统运行的关键性驱动因素（吕一博等，2015）。在构建大学驱动型开放式创新生态系统的过程中，专家主导机制是全过程的核心机制，分布式的创新网络平台是核心要素，各类边界的模糊和渗透是独特现象（吕一博等，2017）。单一运行模式或治理机制无法促进开放式创新生态系统实现价值共创，运行模式或治理机制的交互组合是实现开放式创新生态系统价值共创的最优选择（解学梅和王宏伟，2020）。

创新生态系统运行机制共包括开放与共享、竞合与共生、催化与涌现、学习与反哺、扩散与捕获五个方面。开放与共享是创新生态系统良性循环的必备品质。多元主体间竞合共生是关键，主要包括竞合共生单元、竞合共生平台、竞合共生界面、竞合共生网络四要素。催化与涌现表现为系统从量变到质变的过程，量变是系统内外部的创新要素彼此相互作用，质变出现在系统的宏观层次上。学习与反哺是创新生态系统充满活力、生生不息的根本所在，是低收益的创新策略不断被高收益的创新策略所取代并反复直至达到系统整体成熟的过程。扩散与捕获是创新生态系统从孕育到成熟必须经历的过程，扩散指的是创新技术、理念以及方法基于时空条件的不断变化而持续延伸、演化以及扩展其应用领域的过程；捕获强调创新主体通过内部的学习机制对创新资源进行消化、吸收从而提高自身创新能力的过程，主要包括学习、模仿、获取三种模式。

二、创新生态系统的资源共享机制

当今社会创新已经不再是简单的线性过程或简单的要素组合，而是围绕特定的创新活动，实现技术要素、市场要素、组织管理要素、制度要素、文化要素等各创新要素的整合，以及企业、大学、研究机构、供应商、客户、政府、中介机构、服务机构等各类行为主体的协同，通过这种系统的复杂互动，实现企业绩效与竞争优势的提升。

在创新生态系统的建设过程中，需要实现各个创新主体与资源的协同，通过能力提升与创新生态系统异质性主体的共生演化，最终实现企业持续的竞争优势。建设好创新生态系统的利益共享机制，对系统内各创新主体开放合作、资源协同、技术共享、提升系统创新能力具有重要的保障作用。

创新生态系统强调系统内异质性主体间的“相互适应性”，资源在创新生态系统中起关键作用，如物质资源、人才资源、知识资源、技术资源、市场资源等。创新生态系统不仅关注有形的物质资源交换，更关注知识、信息、文化等无形资源的共享。在开放式创新生态系统中，资源流动更为频繁，创意、人才、知识、技术、资金等创新资源的跨界流动是其主要特征。

创新生态系统中，异质性主体间开放协作使资源在创新生态系统中快速流动、有效利用，通过整合共享互补性资源，实现价值共创，提升创新能力（Vargo & Lusch，2016；戴亦舒等，2018）。充足性的金融资源、稀缺性的市场资源、互惠性的平台资源，是不同创新阶段开放式创新生态系统运行的基础性驱动因素（吕一博等，2015）。

创新生态系统的竞争优势反映在资源的属性以及生态系统与环境的共生关系之中，创新资源整合是创新生态系统构建的重要动力。创新生态系统资源整合的关键是基于创新媒介构建不同创新主体参与的复合主体，形成不同类型的创新种群，与创新要素、创新环境实现互动关联。

创新生态系统实践突出整个动态结构系统，企业融入创新生态系统中，创新系统异质性主体相互作用，交互协作，知识在不同主体间传递、转化、整合和利用，激发知识共创（范钧和聂津君，2016），是创新生态系统异质性主体共生演进、协同发展的关键。创新系统主体间交互协作，通过知识融合和知识共创促进创新绩效。创新资源的整合共赢是创新生态系统运行的核心特征。

三、创新生态系统企业内外部研发的交互机制

随着技术的迅猛发展，产品生命周期越来越短，创新所需的技术综合化和复杂化趋势日益明显，企业很难仅依赖自身有限的资源、能力满足技术创新日益增长的成本和复杂性要求。许多企业开始注意到外部资源在创新过程中的重要性，纷纷加强了与外部组织的联系，利用外部知识开展创新活动。但是相当一部分企业仍然存在担忧，他们普遍存在一种观念，认为开放不利于增强企业的自主创新能力，过度依赖外部知识是一种短期行为，不利于形成核心技术优势；过度依赖外部知识，意味着内部研发不再重要，将削弱企业内部研发的战略性地位。

企业应该如何处理内部研发和异质性主体间的交互关系，如何处理内部创新资源和异质性主体之间的复杂关系，两者的平衡会呈现怎样的形态和效应？

内部研发与外部研发之间的互补性得到国内外学者的广泛关注。互补性是指一种活动的实施将增加另一行为的边际收益（Arora & Gambardella，1990）。企业内部研发除了能创造新的技术知识和创新产品外，更重要的是，它还可以提高企业对外部知识的吸收能力，即识别、获取、消化和利用外部知识的能力（Cohen & Levinthal，1989；1990），一个企业利用外部知识的能力通常是内部研发活动的产物之一。因此，企业内部研发将增强利用外部知识的效率，增加外部研发合作的可能性（Arora & Gambardella，1990；Veugelers，1997；Cassiman & Veugelers，2006）。也有学者持相反的观点，认为内部研发和外部研发之间存在替代关系（Hess & Rothaermel，2011；Vega－Jurado，et al.，2009）。交易成本理论认为外部知识的获取将替代内部研发投资（Williamson，1985；Pisano，1990）。在一些高技术产业，如制药行业的研发项目，企业内部研发强度和外部知识获取之间存在负相关关系（Fernandez－Bagues，2004；Blonigen & Taylor，2000），因此企业选择自主研发或者购买技术的策略。过多利用外部创新资源可能影响企业内部研发的战略性地位，造成对外部技术的过度依赖，导致在关键技术上受合作伙伴的控制（Johnsen & Ford，2000）。

企业与多种外部知识源合作，有利于促进创新绩效（Vareska et al.，2011）。大部分创新思想源于外部而并非自己的发明成果，在创新过程中与外部组织的互动获取新的科学技术知识尤其重要（Mowery，1998）。但是外部技术资源的利用需要企业相应的吸收能力（Cohen & Levinthal，1990），对外部创新资源的过度搜索和获取也会对创新绩效造成负面影响。认知极限将限制一个组织能处理信息的数量，过多的信息将超过企业能承受的负荷（Gales & Mansour－Cole，1995），过多的外部创意和外部创新资源将引起管理上注意力配置的问题（Ocasio，1997）。因此在创新实践中，企业不可能有充足的时间和精力与各种类型的外部组织保持密切联系，外部知识搜寻策略必须与企业内部研发能力相匹配。

四、基于核心能力的创新生态系统框架

企业核心能力蕴藏于企业所涉及的各个层次（包括经营环境、企业层次、技术整合层次等），由能力元和能力框架构成，能使企业获得持续竞争优势和动态发展。持续的核心能力投入，可能逐步形成企业资源、行为等对过去经验的路径依赖，降低企业对外部技术环境与市场环境变化的适应性，形成对企业竞争力的负面效应，导致企业能力锁定与行为刚性，即被称为核心能力悖论。打破组织边界限制，寻求企业与外部环境的交互，构建健康的企业创新生态系统，是探索解决核心能力悖论的主要方向。

大量研究认为，开放式创新对企业吸收外部知识要素与创新源、联结外部合作伙伴以获得互补性资源、实现价值共创等具有重要作用，显然促进了企业创新绩效的提升与价值输出，强化了企业竞争优势。然而，过度强调开放式创新与生态系统构建，致使焦点企业的核心资源与核心能力被忽视，同时难以实现自身的专属性控制。这种发生在外部创新资源共享利用和内部创新资源独占性保护的战略平衡与妥协称为开放性悖论，具体企业内外部平衡与协调策略见图2－1。

企业组织内部
核心能力悖论：
核心能力vs.核心刚性
解决思路：
寻求开放与创新生态系统建设

企业组织外部
开放性悖论：
开放式创新vs.资源保护（专属性）
解决思路：
强化核心能力的专属性与不可模仿替代性

图2－1　企业内外部平衡与协调策略

资料来源：陈劲．企业创新生态系统论［M］．北京：科学出版社，2017.

基于焦点企业的核心能力，企业通过外部异质性伙伴的协同构建基于核心能力的创新生态系统（见图2－2）。外部的行为主体包括以高校、研究机构、供应商、技术与金融服务商等为主体的创新生态系统供给端成员，以领

先用户、消费者、利基市场用户、竞争对手等为主体的创新生态系统市场端成员，以及以政府和公共机构等为主体所构成的创新生态系统政策端成员。焦点企业通过基于核心能力的创新生态系统建设，实现企业组织内外部创新主体与资源的协同，并通过核心能力的提升与创新生态系统异质性成员的共生演化，最终实现企业持续的竞争优势。

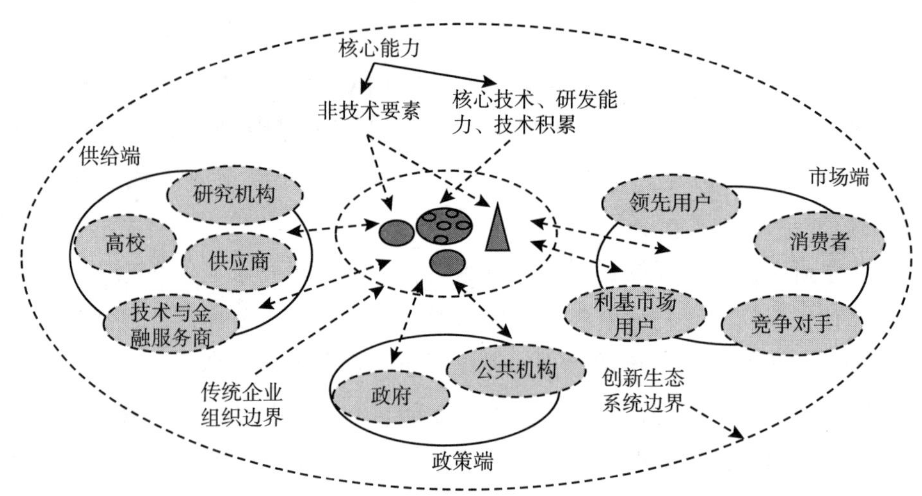

图 2－2　基于核心能力的企业创新生态系统模型

资料来源：陈劲．企业创新生态系统论［M］．北京：科学出版社，2017.

第三节

数字化时代企业创新生态系统的构建及协同机制

创新生态系统是指在一个区域内，由各种创新群落与创新环境之间交互，通过物质流、能量流、信息流的联结传导，形成共生竞合、动态演化的开放、复杂系统（李万等，2014）。创新生态系统的根本在于企业利用外部创新资源，促进创新的持续涌现。其中，在一定程度上人力资本、实物资本等构成物质流，知识资本、金融资本等构成能量流，政策、市场信息等构成信息流。

近年来，数字技术对人们参与经济社会活动的方式产生了深远影响，逐渐改变了产业形态，为构建创新生态系统带来新路径。然而，数字化技术到底如何促进创新生态系统的构建？数字化时代创新生态系统中企业如何实现协同创新？

一、数字化与企业创新生态系统

（一）新基建打造企业创新生态系统的环境因素

新型基础设施建设（简称“新基建”）面向数字经济时代，本质上是信息数字化的基础设施，覆盖信息、融合、创新三大主要方向，以5G、人工智能、工业互联网、物联网、数据中心等为代表，其内涵与外延随技术变革和产业革命的推进而演变。随着社会生产生活模式不断升级，传统基础设施很难满足产业数字化转型和数字产业化的要求，“新基建”及其包含的共享的、异质的、开放的以及演进的社会技术系统，将给产业带来更大的升级空间，推动新的产品服务、新的生产体系和新的商业模式形成，推动我国经济迈向智能经济转变，是推进全社会数字化转型升级的重要引擎。

创新环境由基础设施、政策（制度）、文化氛围与社会环境等基本要素构成（薛楠，2019），配合创新主体、创新要素的需要，实现创新生态系统的健康、协调、可持续发展，是创新生态系统的重要组成部分。其中，创新生态系统的运行依靠基础设施、政策（制度），配置创新要素，促进创新主体之间的价值创造、传递与分享。基础设施建设水平的提高，有利于改善创新环境，提高创新效率与创新绩效，进而提高企业创新能力与竞争优势。

新基建广泛应用新技术，契合了新一轮科技革命和产业变革浪潮，有利于改善创新环境。

一是新基建改善企业创新的基础设施。基于新技术，新基建将5G与物联网、人工智能、大数据、云计算、工业互联网等领域深度融合，形成新一代信息基础设施的核心技术。基于新应用，新基建对传统基础设施的技术赋能形成融合基础设施，提升传统基础设施的服务能力和效率。特别是具有公益属性的创新基础设施被纳入新基建建设范围，支撑科学研究、技术开发和新产品研发，积极推动企业科技创新和成果转化，为企业创新活动提供便利条件。

二是新基建改善企业创新的政策（制度）环境。一方面，公共政策通过加强创新活动单元的联系来促进创新。信息是一种有价值的基础性资源，是公共政策制定、执行活动的重要条件，在公共政策中起着重要的引导作用，是公共政策的物质基础（李永忠，2011）。“新基建”浪潮背景下，5G、物联网、人工智能基础设施加速部署升级，各部门数据加速融通共享。信息决策沟通反馈将以标准化的数据为支撑，逐步实现政务活动跨层级、跨地域、跨系统、跨部门、跨业务整体高效地运行（戴祥玉和卜凡帅，2020），有利于解决精准服务和业务协同问题，解决创新政策碎片化、统筹力不够、协调性不强的问题，并注重普遍政策与特殊政策的有机结合，如科技、财税、产业、贸易和金融等各项政策应相互作用，优化政策组合，共同创造良好的政策环境。另一方面，良好的制度对企业创新起着保护、激励作用。近年来，知识产权的重要性已被提到前所未有的高度，保护知识产权就是保护创新。人工智能、大数据等信息技术在知识产权审查和保护领域的应用，有利于实行严格的知识产权保护制度。

三是新基建推进社会治理现代化，改善企业创新的社会环境。新基建为社会治理提供科技支撑，加速社会治理能力和治理体系的现代化。新基建的强信息性为公众全方位参与社会治理提供便捷条件，极大地激发了公众和各种社会组织的积极性、主动性与创造性，为社会治理现代化奠定基础。当前社会治理中，5G、人工智能、大数据、物联网等新技术正被加速应用，政务、交通、应急管理等领域的治理难题得到有效缓解，治理能力得以不断提升，社会治理体系不断完善，整体治理优势得到发挥，为企业创新提供了强大的社会保障。

（二）数字化的广泛性有利于企业创新生态位的提升

生态学理论中，生态位是指在特定生态系统中生物单元与环境相互作用中形成的相对地位。“科技创新生态位”是指创新主体在科技创新实施中所占据（构建）的生态空间位势（陈红花等，2019），组织生态位可以反映一个群体中各组织的不同资源需求和生产能力特征。基于此，在企业创新生态系统中，创新生态位是指企业通过自身努力所获得的在创新生态系统中的位置和功能（Stuart & Podolny，1996）。以数字技术为代表的新一轮科技革命，将极大地扩充企业创新生态位。

数字技术向产品和服务创新过程的渗透、融合，改变了企业价值的创造过程，有利于企业创新生态位的提升。

其一，数据是企业创新生态位提升的基础。一方面，海量数据的挖掘和利用有助于企业拓展创新生态位。云计算及相关辅助性技术的升级与完善，使企业能够以较低的成本在多个维度快速聚集海量数据（戚聿东和肖旭，2020）。更多主体（如用户、数据公司等服务组织）随着海量数据的产生被纳入企业创新生态系统，企业借此可以获得更多的创新资源，进而实现创新生态位扩充。例如，小米基于互联网和社交媒体的开发模式充分调动和利用了由系统核心开发人员、论坛荣誉开发组成员、论坛活跃用户构成的10万人互联网开发团队，是其创新成功的一个主要原因。另一方面，数据是最具时代特征的生产要素，可以根据与其他资源的不同关联方式呈现不同的功能，凸显乘数效应，以增加为客户创造新价值的机会。例如，对手机用户使用社交媒体大数据进行分析，企业可以有针对性地了解用户的特殊需求，实现降低成本或者个性化定制等不同目的（刘洋等，2020）。

其二，人工智能、区块链、云计算、大数据等数字技术的应用有利于创新资源的扩充，有助于提升企业创新生态位。数字技术降低了创新资源的获取和利用门槛，企业创新的过程和范围被扩展。特别是数字技术推动更顺畅的知识流动来促进企业创新。知识是创新的基础，作为能量流为创新生态系统的运行和演化发挥着主导作用（李万等，2014）。在以往的创新活动中，知识作为创新的关键要素，常常集中在企业或相关个体内部，难以在更广的范围内传播。创新生态系统内大量零散的知识资源，为企业创新提供了丰富的源泉，但同时也给企业识别和利用有效知识造成了困难。数字技术的广泛应用，可以“扬长避短”地发挥创新生态系统的作用功效，可以减少知识转移和交流成本，增加创新网络的连接性，扩大知识管理活动范围，促进企业在与其他主体交互竞合的作用过程中共生演化，实现跨越组织边界的知识整合与利用。

创新生态位的提升有利于企业强化已有的创新资源优势，充分挖掘和利用潜在的创新资源。其一，创新生态位的提升有助于企业强化自身资源优势。资源优势是企业赖以生存和发展的前提和基础，决定着企业的核心竞争力。例如，中集集团的集装箱制造业务确立了世界第一的领导地位，凭借其坚持不懈的创新，业务范围也从集装箱延伸至道路运输车辆、能源、化工及液态食品装备、海洋工程装备、重型卡车、空港、消防及自动化物流装备等领域，寻找到更多的增长。其二，创新生态位的提升有助于企业更广泛地获取和利用企业外部创新资源，培育新技术。创新生态位有助于企业联结多个创新主体，充分利用外部创新要素，加快新技术的培育与转化利用，加快产业化，最终进入市场，转化为经济效益（Smith & Raven，2012）。例如，海尔 HOPE 平台，链接全球 10 大研发中心以及多个创新整合中心，构建全球创新资源网络，借助互联网手段搭建一种新型的用户研究体系，聚集技术、知识、创意的供需方，提供交互的场景和工具，促成创新产品的产生，实现“世界就是我的研发部”。

（三）数字化转型的深入，有利于增强企业创新生态势，进而提高创新绩效

在生态学理论中，生物之间通过改变生态环境的物质分布、交换能量和信息，以实现非直接接触的相互作用，生物之间的这种相互作用空间称为生态场，而生态场的特征函数被称为生态势（王德利，1991）。生态势是各生态因子在生态场中任意一点的作用或影响的总和，主要来自环境资源与空间的影响（王德利和祝廷成，1996）。在创新生态系统中，创新主体通过其创新能力所获得的作用被称为创新生态势，表现为其在创新生态系统中的创新势能（曾赛星等，2019）。创新生态系统中生态势越高的创新主体，具有越强的创新能力和越突出的重要性。

企业通过数字化技术的应用，有助于增强获取、整合和利用创新资源的能力，提高企业创新绩效，进而提升创新生态势。企业依托数字化技术构建开放式创新生态系统，通过信息数字化、流程数字化和业务数字化，加快数字化转型，融入核心业务，以新的商业模式为发展目标（陈劲等，2019）。其一，企业的生产、运营、管理和营销等诸多环节被数字技术创新，各环节关键核心技术的创新突破加快，有助于企业创新要素优化配置。在此过程中，企业的一些重复性工作被机器和人工智能技术承担了，得以把更多的人力资本集中到企业创新活动中，有利于提升创新能力。其二，数字化技术（大数据、人工智能和云计算等）的发展大大提升了企业获取、整合和利用资源的能力。例如，大数据技术改变了企业的信息收集方式，企业易于获取和感知外部环境变化的数据，使得企业能更全面地了解市场以及竞争者。物联网和互联网的融合，以传输数据的形式，实现诸多创新资源与多元创新主体间的快速连接，从而进一步拓展了创新资源的配置范围，提高了创新资源配置的效率（张昕蔚，2019）。其三，数字技术有利于企业开放式创新的实施。企业对创新资源获取、整合和利用的能力越强，创新绩效越好。企业的技术创新活动具有开放、非线性特征，用户创新模式、数字信息的技术保障使企业更易于实施开放式创新。通过向外部组织开放合作，凝聚更多的创新要素，企业从外部获取创新资源弥补内部创新资源的不足，有效整合内外资源，减少市场和技术的不确定性带来的风险，加快创新速度，提高创新效率。一方面，数字技术降低企业向外部组织开放合作的经济成本。从交易成本、信息搜寻成本和管理成本的角度考虑，数字技术的便捷性降低了企业与纵横向合作企业、专门技术机构、风险投资机构、政府等外部组织的合作成本，与外部创新要素的连接更有效，从而促进创新、提高创新效率。另一方面，数字技术减少了开放引起内部技术知识的泄漏，降低了开放对创新绩效的负面影响。例如，区块链技术通过解决创新过程中的信用问题，减轻搭便车现象，保护知识产权，使企业探索开放式创新更有保障（张昕蔚，2019）。

（四）焦点企业创新生态系统的构建

随着经济全球化和市场竞争程度的加剧，企业核心能力成为持续竞争优势之源，决定着企业竞争的成功。企业核心能力是指“组织中的积累性学识，特别是关于如何协调不同的生产技能和有机结合多种技术流派的学识”（Prahalad & Hamel，1990），蕴藏于企业所涉及的经营环境、企业层次、技术整合层次等各个层次，是由能力元和能力架构组成的、动态发展的知识系统（陈劲，2017）。核心能力包含与核心技术、研发与技术能力相关的技术要素，以及与组织管理等相关的非技术要素，企业围绕核心能力组织一切生产经营活动，实现自组织，是企业商业决策的依据。

基于核心能力的企业创新生态系统，打造企业内部强大的核心能力，同时有效实施开放式创新，有助于平衡与协调企业内外部创新要素，有利于企业真正实现资源的整合以及内外部创新的动态匹配，从而获得持续的竞争优势。其一，在持续增加投入下，核心能力容易导致企业能力的锁定与行为的刚性，寻求企业组织与外部环境的交互、打造健康的企业组织创新生态系统，成为探索解决核心刚性的方向。核心刚性一旦形成，企业资源、行为等依赖于过去经验的路径，企业适应对外部技术环境与市场环境变化的能力降低，从而负向影响企业竞争。其二，创新生态系统中的过度开放容易致使焦点企业的核心资源与核心能力被忽视，同时难以控制自身的核心资源，不利于企业绩效与竞争优势提升。开放可以增加创新的创意与发明，而核心资产则可以保护创新的商业化过程。只有核心能力强大、不可模仿替代、有价值，企业核心资源的专属性以及外部创新源的获取才能够在开放式创新实施中得到有效保证。由此，在实施开放式创新与构建创新生态系统的同时，应该强化内部核心能力的建设。

焦点企业基于自身核心能力，在数据已日益成为企业创新重要来源的情况下，通过数字化技术与外部异质性伙伴协同，构建基于核心能力的企业创新生态系统，并通过核心能力的提升与创新生态系统异质性成员的共生演化，最终获得企业持续的竞争优势。企业外部行为主体包括高校、科研机构、政府、用户、合作企业、产业联盟、金融机构、中介机构等。以大数据为代表的新型基础建设为企业创新提供良好的服务，成为企业创新的外部支撑。数字化技术重塑焦点企业创新生态系统（见图2－3），提高企业对环境变化的判断和适应能力，让创新更务实更敏捷，保持持续创新。而各个创新要素的整合以及创新资源在系统内的无障碍流动并实现协同创新，其有效执行关键在于协同创新平台的搭建（Ander，2006）。

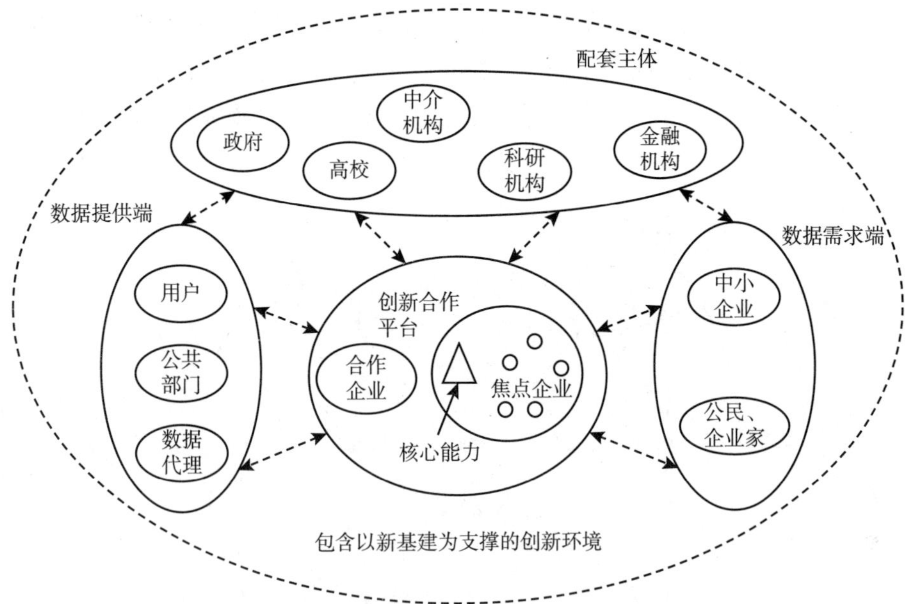

图2-3　数字化时代焦点企业的创新生态系统

二、数字化与企业创新生态系统的协同机制

（一）数字化与创新主体之间及其与创新环境间的协同

数字化的普及应用改善企业创新生态系统中主体之间、主体与环境之间的协同关系。创新生态系统是一种协同机制（Adner，2006），企业是这种协同机制的主体，它通过将个体与相关者联系起来，实现输出价值的目的。在这种协同机制中，通过创新主体之间的互动行为，创新主体拥有的知识和互补性资源被整合，主体之间分享互惠知识、优化配置创新要素。大数据、物联网、云计算等数字化技术，把人、财、物、事全面连接，加强系统内不同要素的互动和合作，促进创新主体之间互惠信息的交换、资源的配置，降低协同的成本并提高协同效率。

（二）不同类型企业如何更好地发挥协同作用

在创新生态系统中，缝隙型企业是数量最多的参与者。缝隙型企业采取的战略是高度专业化，专注于狭窄的细分市场，以差异化求得一席之地，深度融合数字化技术，依靠焦点企业及其他企业和创新主体等提供的资源，以加强自身专业化并进行协同创新（见图2-4）。在完成自身数字化转型的基础上，数字技术的普及应用可以促使缝隙型企业更充分、更有效地利用其他主体提供的互补性资源，把精力投入专业技术的提高上，完成大部分的价值创造和创新工作。

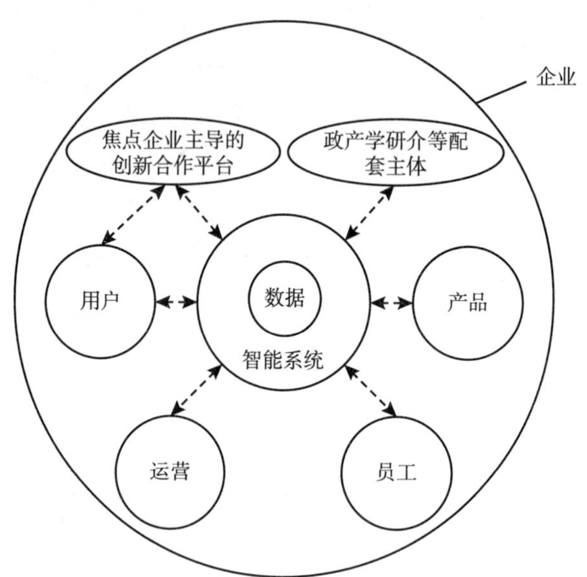

图2-4　缝隙型企业创新协同机制

信息通信技术企业作为数字化时代的基础性、先导性行业，融合各种ICT技术、各类数据，打通物理世界与数字世界，支撑各行各业实现数字化转型。信息通信技术作为新一轮产业革命的核心与通用目的技术，其外溢效应将成为各行业核心创新驱动力量。这里把企业创新生态系统看作参与者关键角色的层级组合，其中底层为上层提供商品和服务（见图2-5）（OECD，2015）。

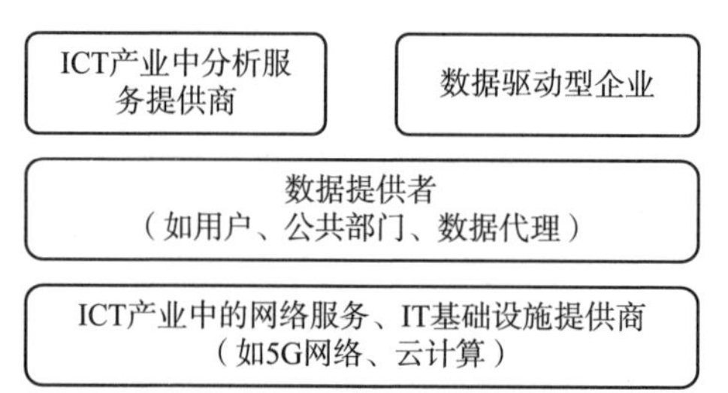

图2-5　企业创新生态系统作为参与者关键角色的层级

随着互联网、大数据、人工智能等数字技术的纵深化应用，数字技术与社会经济发展深度融合，推动着创新要素的流动，对企业创新模式带来了变革。其中，数据作为基础性创新要素，其作用日益显现，逐渐成为一项新型核心要素，数据驱动创新的模式正在加速形成。

数字化背景下，为促进企业创新生态系统的构建和利用，提升创新能力，提出相关建议。

首先，充分利用新基建，提升数字化创新能力。企业数字化能力决定其在新一轮产业变革中的竞争力。从原子到比特，人工智能、大数据、云计算等一系列新型信息技术将物理世界映射到数字世界，企业进行数字化转型的过程是应用并建设新基建的过程，以促进数字化能力的提升。数字化转型已成为企业创新要素配置优化、创新效率和创新能力提升的关键。

其次，做好数据资源的开发、利用和保护。数据的生产、采集、清洗、运营和应用开发，来源于企业业务中的生产线、工艺过程、管理过程、决策过程、服务过程与协同过程等，要与设备、生产线与业务充分融合。数字化时代，要以数据流带动技术流、资金流、人才流、物资流，并在技术牵引、数据驱动下推动融合创新、场景应用，实现价值共创。此外，数据资源的安全保护是开发、利用的重要保障，需要不断完善基础制度和标准规范。

最后，丰富创新生态系统焦点企业的协调机制，深化创新生态系统的协同合作。例如，信任机制、累积声誉及信息共享等可以通过数字化手段建立，增强焦点企业的协调作用（张超等，2021）。其中，作为最重要的制度之一，平台治理关系到数字化下创新生态系统实现价值共创的重要途径。

第三章

企业创新生态系统的运行机制与管理模式

第一节 企业内部研发与生态系统依赖性的平衡关系分析

企业构建或融入创新生态系统，充分利用创新生态系统中其他创新主体拥有的知识和资源，弥补内部创新资源的不足，已经成为现今众多企业提升创新绩效、维持竞争优势的新策略。不同类型的外部组织拥有不同的知识，与企业内部研发的交互作用不同，对企业吸收能力的要求也不同，因此需要区别分析，正确反映企业在创新生态系统中与异质性主体间的交互关系。

内部研发和生态系统依赖性究竟存在怎样的平衡关系？过多地依赖生态系统实现创新，是否会影响企业内部研发的积极性，进而影响企业的可持续竞争优势？本节基于知识生态视角，探讨不同产业的企业在创新实践中，与创新生态系统各要素交互耦合的程度，反映企业内部研发与生态系统依赖性的平衡关系，为企业根据自身创新特征有效管理创新生态系统提供指导。

一、企业内部研发与生态系统依赖性平衡关系的理论分析

（一）内部研发对促进创新成功的重要性

内部研发是促进创新和生产率增长的最重要因素（Griliches，1979；Scherer，1982）。研发是一个重要的学习机制，是组织创造知识的主要形式，企业内部研发是个体获得知识的最重要途径。对于发展中国家和后发企业而言，引进的技术多是“离散”的知识和信息集合，只有通过内部研究和开发才能掌握技术和知识的本质。因此，在研发中学习是企业主导的技术学习模式，是提升自主创新能力、实现科技自立自强的根本。

但一些研究者认为，内部研发与创新绩效之间存在曲线相关的关系（Hagedoorn & Wang，2012；Guo & Trivedi，2002），随着研发投入水平的增加，可能存在研发边际回报下降的趋势。对中国企业来说，还不存在研发边际回报下降的问题，因为中国企业的研发投入水平较低。2020 年中国规模以上工业企业的研发强度（研发经费支出占主营业务收入的比重）仅为 1.43%。[①] 2020 年中国 500 强企业（431 家企业数据）总投入研发费用 10754.06 亿元，平均研发投入强度为 1.61%。中国制造业企业 500 强（479 家企业数据）研发费用总规模为 7677.17 亿元，平均研发投入强度为 2.05%。即使是中国最大企业的群体，其研发投入水平多数也只能达到维持企业生存的水平。与发达国家的创新型企业相比，我国企业的研发投入水平仍然不足，离研发边际回报下降的拐点仍有较长的距离。

（二）创新生态系统异质性主体对促进创新的重要性

许多研究强调企业在创新过程中利用外部知识源的重要性（Chesbrough，2003；Caloghirou et al.，2004）。企业很少单独进行创新，而更趋向于与用户、供应商、大学（研究机构）甚至竞争对手合作，获取新产品构思或产品技术。利用创新生态系统中异质性主体的知识成为企业突破自身资源约束的一个重要方式，知识的创造和获取以及内外创新资源的整合成为提高企业技术创新

---

① 国家统计局．中华人民共和国 2020 年国民经济和社会发展统计公报．

能力的关键。

国际创新研究和实践表明，与用户密切接触有利于准确把握市场需求，产生关键的创新思想，开发出更易被市场接受的新产品。冯·希普尔（von Hippel，1988）强调领先用户对新产品概念和解决方案的贡献。快速获取领先用户提供的产品需求信息、新产品设想和原型设计，制造商能加速新产品开发进程，节省新产品开发成本，减少市场风险，提高创新效率（Urban & von Hippel，1988；Herstatt & von Hippel，1992；Lilien et al.，2002）。通过与领先用户的联系能获取新的技术能力，了解相关技术发展趋势，扩展技术联系网络，并与技术领先的研究机构建立密切的联系（Lettl et al.，2006）。

供应商早期参与能提高创新绩效，被视为企业维持可持续竞争优势的来源（Hagedoorn，1993）。供应商与制造商互补的技术知识和能力相结合以及在开发的早期阶段对多种思想的评估，能大大减少开发时间，缩短产品交付周期；通过与拥有先进技术诀窍的供应商共享市场和技术信息，提高市场适应力以降低市场风险（Clark，1989；Nishigushi，1994）。

由于多数企业都无法在内部拥有技术创新所需的全部资源，拥有不同稀缺资源的企业基于共同的创新目标，通过合作形成资源组合优势，共同进行创新。某一企业的外围技术可能正是另一家企业的核心技术（King et al.，2003），他们的技术组合可能构成某项突破性技术。因此，同行业的竞争者之间有可能进行广泛的合作。这样，企业可以在专注于自己核心能力的基础上，结合伙伴企业的能力扩展产品功能，形成技术组合优势，发挥创新资源的协同效应，实现技术突破（Bayona et al.，2001；Miotti & Sachwald，2003）。另外，合作双方通过共同研发、共同设立技术标准，有利于新技术尽早获得市场的认可，降低市场风险（袁健红和施建军，2003）。

大学、研究机构是领先技术的源头和生长点，与大学、研究机构的合作是外部技术能力获取的一种有效途径。大学或研究机构能为企业提供接近共性技术和新兴技术的窗口，为企业技术创新提供前瞻性技术平台，促使企业新产品开发取得突破性创新成果（Belderbos et al.，2004；Faems et al.，2005）。另外，通过与技术中介组织、知识产权机构和风险投资企业等保持联系，能为企业带来有价值的市场信息和技术信息，从而促进创新。

（三）内部研发和生态系统依赖性的平衡关系

1. 内部研发能力对外部知识利用的影响

首先，内部研发能增强企业识别、获取、消化和利用外部知识的能力，即“吸收能力”（Cohen & Levinthal，1990）。在创新生态系统丰富的知识环境里，企业必须确认、了解创新群落丰富的知识资源，与异质性创新主体结成联系并从中挑选；必须将企业内部技术和外部知识整合起来，以形成更为复杂的技术组合，用来创造新系统和新构架（Chesbrough，2003）。吸收能力是企业先前知识和经验的函数，通过企业主动的研发努力而逐步积累（Cohen & Levinthal，1989；1990）。一个企业内部研发能力的强弱决定了它识别、消化和利用外部知识的能力。企业只有从事一定的基础研究，具备充足的内部研发能力、外部知识和技术诀窍才能被有效利用（Rosenberg，1990）。

其次，较强的内部研发能力是企业成为有魅力的合作伙伴的前提。合作伙伴的技术能力以及适度的技术距离对企业间合作伙伴选择的影响（Mowery et al.，1998）。企业内部研发活动越积极，可能更频繁地参与技术合作。如果企业想在关键技术和核心技术上通过与其他企业合作以寻求突破性创新的解决方案，必须以较强的研发能力为前提（Veugelers，1997）。没有一定的内部能力，企业不可能成为有魅力的合作伙伴，也无法从外部知识源充分获益（Negassi，2004）。

开放式创新生态系统中，创新资源来自企业内部或外部，但满足顾客需求的问题解决方案必须来自企业内部。即组件知识可以来自企业外部，但构架知识必须来自内部。内部研发部门需要承担资源搜寻、获取和整合的新职能，创新者就是资源整合家。开放式创新环境下，为维持竞争优势企业必须拥有两种能力，核心技术能力（Core competence）（Prahalad & Hamel，1990）和背景能力（Background competence）（Granstrand et al.，1997）。在某些核心领域实现技术攻坚，在其他广泛的技术领域从外部获取技术，企业需要拥有背景能力以更好地获取、吸收并整合利用外部技术。内部研发是提高整合能力的关键。因此，企业内部研发能力，成为外部知识利用对创新绩效影响的一个关键调节因素。

2. 生态系统依赖性对内部研发的影响

为更有效地利用外部知识，企业所处的创新生态系统中技术机会越丰富，就有越强的动机增加内部研发投入。因而适度的生态系统依赖性将促进内部研发，而不是替代。

随着技术的复杂性和跨学科特性日益明显，即使技术密集的大型企业也无法在所有的技术领域跟上技术发展的步伐。为推动创新，企业常常需要利用外部知识，以弥补内部研发的不足。因此，适度的生态系统依赖性将增加企业内部研发的边际回报率。

适度的生态系统依赖性不仅有利于促进创新绩效，而且能增加企业内部技术能力积累。企业在创新实践中，通过与外部组织保持密切联系可以学习到复杂的和先进的技术，为企业互补知识的转移和利用提供了一条有效的途径。通过外部知识搜寻，使企业获得互补的科学知识和技术，形成技术组合优势和协同效应，实现技术突破。因此，外部知识获取也存在双重功能，既提高了创新绩效，也提升了学习外部知识的能力，增加了企业的技术能力积累。

综上所述，企业内部研发能力越强，外部知识搜寻的效率越高，对生态系统的依赖性越强。反之，生态系统依赖性将促进企业增加内部研发，提高内部研发效率。

二、数据和基本描述分析

（一）数据收集

本研究采用问卷调查方式收集数据，样本选择要求企业是创新型企业。参照弗拉斯卡蒂丛书《技术创新调查手册》中关于创新型企业的定义，创新型企业指该企业在近三年内实现了技术上新的或技术上有重大改进的产品或者工艺的企业。为方便操作，按照国家级技术中心企业名录，随机抽取 515 家企业发放问卷，确定答卷者主要为企业技术中心负责人或主管技术的副总经理，共收到反馈回来的问卷 237 份，得到实际有效问卷 209 份，有效问卷回收率为 40.6%。

围绕本研究目的，设计的调查问卷包括四个方面的基本内容：企业基本信息；企业内部研发活动、制造能力和营销能力状况；企业在创新实践中，从用户、供应商、竞争者、大学（研究机构）、其他技术组织等外部组织的知识搜寻状况；企业创新绩效。问卷采用李克特（Likert）7 点量表反映每一题项的重要性或正确性。

本研究所收集的有效样本所属行业包括生物制药行业 17 家、材料化工行业 27 家、电子及通信设备制造业 22 家、冶金与能源行业 13 家、通用及专用设备制造业 62 家、汽车工业 11 家、纺织服装业 24 家、造纸业和家具制造行业 17 家、食品行业 16 家。因此，本研究所收集的有效样本企业遍布不同行业，表明样本企业具有较好的代表性。

（二）变量测量

企业内部能力分别从研发能力、制造能力和营销能力三个方面测度，包括研发经费投入、研发人员、研发设备、高素质的技术工人、生产设备水平、工人工艺操作技术熟练程度、营销人员素质、市场销售网络、售后服务和开拓新市场共 10 个题项。10 项指标的克朗巴哈（Cronbach）α 内部一致性系数值为 0.819，说明这 10 项指标存在高度的内部一致性，量表设计符合信度要求（具体见表 3－1）。本节选取研发经费投入、研发人员、研发设备和高素质的技术工人 4 项观察指标的平均数作为反映企业内部研发能力的综合指标。

企业创新生态系统依赖性由企业与创新群落中异质性主体的交互合作状况反映，外部异质性主体包括领先用户、主流用户、供应商、竞争对手、产业外其他企业、大学（研究机构）、技术中介组织、知识产权机构、风险投资企业。本研究询问被调查企业在技术创新活动实施过程中，与 9 类外部异质性主体合作的重要性来反映创新生态系统依赖性。9 项指标的 Cronbach α 内部一致性系数值为 0.888，说明这 9 项指标存在高度的内部一致性，量表设计符合信度要求（具体见表 3－1）。

企业创新绩效通过年新产品数、新产品销售率、新产品开发速度、创新项目成功率、专利申请数、主持或参与制定行业标准数这 6 项指标反映。6 项指标的 Cronbach α 内部一致性系数值为 0.795，说明这 6 项指标存在高度的内部一致性，量表设计符合信度要求。本节取 6 项观察指标的平均数作为创新绩效的综合指标。

表 3－1　　内部能力和创新生态系统依赖性的描述统计结果

项目	观察指标	均值	方差	Cronbach α 值
企业内部能力	研发经费投入	4. 7377	1. 4720	0. 819
	研发人员	4. 5967	1. 5751	
	研发设备	5. 0813	1. 2752	
	高素质的技术工人	5. 0254	1. 0855	
	生产设备水平	5. 6364	0. 9078	
	工人工艺操作技术熟练程度	5. 7033	0. 8734	
	营销人员素质	5. 4211	0. 9082	
	市场销售网络	5. 2967	0. 8153	
	售后服务	5. 5550	0. 8251	
外部创新要素	领先用户	4. 5455	2. 5762	0. 888
	主流用户	4. 2249	2. 5983	
	供应商	4. 1770	2. 4646	
	竞争对手	4. 1675	2. 3712	
	产业外其他企业	2. 7847	1. 7372	
	大学（研究机构）	3. 6005	1. 8551	
	技术中介组织	2. 7751	1. 9831	
	知识产权机构	2. 9713	2. 3554	
	风险投资企业	2. 3397	2. 2830	

对企业内部研发和外部知识搜寻各变量进行描述统计分析，结果见表 3－1。表 3－1 中的均值反映各创新要素在企业创新活动中的重要性，均值越大表示该创新要素越重要；方差反映不同企业间的差异程度，方差越小表示企业间差异越小。表 3－1 结果显示，目前我国企业在技术创新活动中，内部研发占主导性地位。企业在创新活动中与领先用户、主流用户联系密切，供应商和竞争对手在创新活动中的作用较为重要，大学（研究机构）在创新活动中所起的作用一般，大学（研究机构）拥有的领先科学知识没有很好地

为企业技术创新服务。产业外其他企业、技术中介组织、知识产权机构和风险投资企业的均值都小于3，说明这些创新要素在我国企业技术创新活动中的重要性不明显。表3－1显示，从总体上来说，我国企业在技术创新活动中，创新生态系统中的主体不够丰富，外部知识利用程度比较低。

三、实证结果分析

（一）外部知识搜寻的探索性因子分析

对外部知识搜寻的9项指标进行探索性因子分析。KMO样本充足度测量值为0.877，巴特莱特（Bartlett）球体检验的χ^2统计值为934.67，显著性概率是0.000，说明数据具有相关性，适宜做因子分析。提取公因子的方法采用主成分分析法，因子旋转方法采用方差最大化正交旋转，以保证各因子之间相互独立。根据累计方差贡献率，四个公共因子能反映9项观察指标80.63%的信息。旋转后的因子载荷矩阵见表3－2。

表3－2　　外部知识搜寻的探索性因子分析结果

指标	因子载荷值				因子命名
	1	2	3	4	
领先用户	**0.819**	0.160	0.188	0.276	纵向合作企业
主流用户	**0.859**	0.182	0.091	0.162	
供应商	**0.639**	0.447	0.367	0.041	
竞争者	0.480	**0.704**	0.214	－0.063	横向合作企业
产业外其他企业	0.156	**0.784**	0.256	0.416	
技术中介组织	0.074	0.137	**0.799**	0.354	技术相关组织
知识产权机构	0.217	0.237	**0.789**	0.211	
风险投资企业	0.195	0.162	**0.857**	0.001	
大学（研究机构）	0.332	0.159	0.302	**0.815**	科学合作伙伴

由表3－2可知，创新生态系统9类异质性主体可以归结为四类，分别是纵

向合作企业、横向合作企业、技术相关组织和科学合作伙伴，以4个公共因子得分作为四类合作伙伴在创新实践中的重要性变量，作为后续分析的被解释变量。

（二）回归分析结果

以创新绩效作为因变量，企业内部研发、外部知识搜寻作为被解释变量，企业规模、企业年龄和所属产业为控制变量，进行回归分析。

为更清晰地比较不同产业的企业内外研发之间的交互关系，将样本企业所属产业分为科技驱动型产业（STI industries）和经验驱动型产业（DUI industries）两类。科技驱动型产业指创新过程以显性的科学技术知识为基础的产业，一般包括生物制药、化学、通信设备、电子、新材料、仪器仪表、航天产业和软件业等产业。经验驱动型产业指创新过程以隐性的生产制造和使用过程中积累的技术诀窍为基础的产业，一般包括传统制造业、纺织服装业、食品工业、汽车工业等产业。

通过OLS法，得到回归参数估计结果（见表3－3）。

表3－3　回归参数估计表

解释变量	模型1			模型2			模型3		
	全样本	STI	DUI	全样本	STI	DUI	全样本	STI	DUI
纵向合作企业	0.432*** (0.056)	0.365*** (0.091)	0.446*** (0.069)				0.381*** (0.052)	0.318*** (0.087)	0.357*** (0.062)
横向合作企业	0.095* (0.056)	0.065 (0.089)	0.119* (0.069)				0.093* (0.051)	0.059 (0.084)	0.102* (0.061)
大学（研究机构）	0.268*** (0.054)	0.368*** (0.097)	0.319*** (0.067)				0.206*** (0.052)	0.277** (0.095)	0.171*** (0.064)
技术相关组织	0.225*** (0.055)	0.179* (0.087)	0.229*** (0.070)				0.212*** (0.049)	0.144* (0.082)	0.138** (0.063)
内部研发				0.354*** (0.064)	0.408*** (0.102)	0.312*** (0.066)	0.194*** (0.053)	0.272*** (0.094)	0.148*** (0.066)
内部研发^2				−0.036 (0.044)	−0.087 (0.095)	−0.012 (0.069)			
企业规模	0.199*** (0.055)	0.239** (0.098)	0.204*** (0.065)	0.208*** (0.059)	0.266** (0.104)	0.163** (0.064)	0.193*** (0.050)	0.245** (0.092)	0.186*** (0.056)

续表

解释变量	模型 1			模型 2			模型 3		
	全样本	STI	DUI	全样本	STI	DUI	全样本	STI	DUI
企业年龄	-0.051 (0.157)	-0.020 (0.287)	-0.069 (0.178)	-0.049 (0.159)	0.020 (0.314)	-0.030 (0.175)	-0.038 (0.140)	0.035 (0.278)	-0.034 (0.156)
产业虚拟变量	包括	包括	包括	包括	包括	包括	包括	包括	包括
R^2 值	0.447	0.401	0.495	0.285	0.308	0.483	0.477	0.496	0.633
F 检验值（Sig.）	11.22***	5.128***	11.64***	6.52***	3.886***	11.45***	11.75***	5.410***	15.38***

说明：因变量是创新绩效，表中的数字为参数估计值，括号内的数值为估计标准误，*** 表示 0.001 的显著性水平，** 表示 0.05 的显著性水平，* 表示 0.10 的显著性水平。

由表 3-3 可知，模型 1，四类外部知识源作为解释变量，回归参数表明四类外部创新源对创新绩效均有显著的促进作用，其中横向合作企业的回归系数最小，仅在 0.1 的显著性水平下显著，对于 STI 产业的企业，横向合作企业的回归系数不显著。以上说明我国企业在创新实践中较少通过水平合作来促进创新绩效，企业对创新活动中通过与拥有互补创新资源的竞争者和其他企业合作，共同开发新技术和新产品以获取竞争优势的重要性认识不足。

模型 2，内部研发和内部研发的平方项作为解释变量，回归参数表明内部研发对创新绩效均有显著的促进作用，内部研发的平方项，对创新绩效存在负相关关系，但影响不显著。结果表明目前我国企业内部研发投入还没有达到边际回报递减的水平。

模型 3，四类外部知识源和内部研发作为解释变量，回归参数表明内部研发、外部知识搜寻对创新绩效均有显著的促进作用，与模型 1 的结果相似，横向合作企业的回归系数最小，对于 STI 产业的企业，横向合作企业的回归系数不显著，技术相关组织的回归系数仅在 0.1 的显著性水平下显著。

考虑企业内部研发和外部知识搜寻的交互效应，本研究设置了内部研发活动和四类外部知识搜寻的乘积项作为解释变量。为避免多重共线性问题，我们将交叉项逐一引入模型，估计结果见表 3-4。

表 3-4　　回归参数估计

解释变量	模型 4			模型 5			模型 6			模型 7		
	全样本	STI	DUI	全样本	STI	DUI	全样本	STI	DUI	全样本	STI	DUI
纵向合作企业	0.35*** (0.056)	0.32*** (0.094)	0.35*** (0.072)	—	—	—	—	—	—	—	—	—
横向合作企业	—	—	—	0.136 (0.059)	0.062 (0.097)	0.167* (0.089)	—	—	—	—	—	—
大学（研究机构）	—	—	—	—	—	—	0.20*** (0.061)	0.36*** (0.101)	0.18** (0.083)	—	—	—
技术相关组织	—	—	—	—	—	—	—	—	—	0.20*** (0.056)	0.168 (0.094)	0.24*** (0.076)
内部研发	0.26*** (0.055)	0.42*** (0.102)	0.33*** (0.068)	0.38*** (0.056)	0.42*** (0.102)	0.35*** (0.082)	0.30*** (0.059)	0.32*** (0.102)	0.36*** (0.080)	0.36*** (0.056)	0.41*** (0.104)	0.38*** (0.072)
纵向合作×研发	0.13** (0.053)	0.162* (0.072)	0.132* (0.080)	—	—	—	—	—	—	—	—	—
横向合作×研发	—	—	—	0.137** (0.059)	0.216** (0.091)	0.019 (0.087)	—	—	—	—	—	—
大学×研发	—	—	—	—	—	—	-0.087 (0.058)	-0.058 (0.108)	-0.027 (0.082)	—	—	—

续表

解释变量	模型4			模型5			模型6			模型7		
	全样本	STI	DUI	全样本	STI	DUI	全样本	STI	DUI	全样本	STI	DUI
技术相关组织×研发	—	—	—	—	—	—	—	—	—	-0.006 (0.062)	-0.0081 (0.112)	-0.091 (0.084)
企业规模	0.18 *** (0.052)	0.255 ** (0.099)	0.183 ** (0.063)	0.19 *** (0.056)	0.262 ** (0.104)	0.187 * (0.071)	0.22 *** (0.056)	0.28 *** (0.099)	0.22 *** (0.071)	0.19 *** (0.056)	0.26 ** (0.109)	0.18 ** (0.068)
企业年龄	-0.032 (0.147)	0.027 (0.296)	0.003 (0.174)	-0.035 (0.159)	0.013 (0.315)	-0.007 (0.196)	-0.062 (0.157)	0.017 (0.301)	-0.043 (0.192)	-0.060 (0.156)	0.019 (0.323)	-0.040 (0.186)
产业虚拟变量	包括	包括	包括	包括	包括	包括	包括	包括	包括	包括	包括	包括
R^2 值	0.400	0.368	0.495	0.308	0.308	0.373	0.316	0.367	0.394	0.322	0.280	0.422
F 检验值（sig.）	9.980 ***	5.10 ***	13.06 ***	6.68 ***	5.94 ***	7.94 ***	6.92 ***	5.07 ***	8.67 ***	7.14 ***	3.39 ***	9.74 ***

注：因变量是创新绩效，表中的数字为参数估计值，括号内的数值为估计标准误，*** 表示 0.001 的显著性水平，** 表示 0.05 的显著性水平，* 表示 0.1 的显著性水平。下同。

模型4结果表明，企业与纵向合作企业保持密切联系，对创新绩效有显著的促进作用。内部研发与纵向合作之间的乘积项系数为正且均在0.1的显著性水平下显著，表明内部研发和纵向合作之间存在互补关系。企业内部研发活动强度越大，与纵向合作企业之间的联系对创新绩效的促进作用越好。

模型5显示，STI产业的企业与横向合作企业之间的联系对创新绩效没有显著影响，但内部研发与横向合作之间的乘积项系数为正且在0.05的显著性水平下显著，表明只有当企业拥有足够的内部研发能力，与横向合作企业之间的连接才能发挥积极作用。DUI产业的企业与横向合作企业之间的联系对创新绩效有积极影响，在0.1显著性水平下显著，但内部研发与横向合作之间的乘积项系数不显著。模型5揭示出不同产业的企业在创新实践中，应采取不同的创新策略。

模型6和模型7显示，以企业与科学为基础的合作伙伴和以技术为基础的合作伙伴保持密切联系，对创新绩效有显著的促进作用，这与模型1的结论相吻合。但内部研发与以科学为基础的合作伙伴和以技术为基础的合作伙伴之间的乘积项系数均为负，不显著，没有证据表明内部研发和大学（研究机构）、技术相关组织之间存在互补关系。企业与大学之间的知识链接存在三种形式：契约研究、合作研究和知识外溢（Todtling，2009）。合作研究、知识外溢需要企业具备密集的内部研发活动和较强的技术能力为前提，企业没有较强的吸收能力，不可能通过知识外溢充分受益。目前，中国绝大部分企业的产学研合作是以契约的形式，通过从大学购买所需技术为主。当企业在创新实践中遇到技术难题，通常从大学寻求问题的解决方案，企业较多通过购买技术许可或者资助企业研发新技术，以获取创新所需的新技术知识。企业没有足够的以科学为基础的知识，能够与大学合作研发新技术。以购买技术为主的合作形式，不需要企业较强的内部研发能力，企业在遇到技术难题时，直接以契约的形式将任务委托给大学。因此，企业内部研发能力没有对外部知识的利用起调节作用。这与一些学者的研究结论一致，内部研发与合同研发之间不存在互补性（Schmiedeberg，2008）。

模型6和模型7显示，企业与大学（研究机构）、其他技术相关组织保持密切联系，对创新绩效有显著的促进作用，但是内部研发和大学（研究机构)、技术相关组织之间不存在互补性。这一结论揭示出目前中国的大部分企业还没有足够强的内部研发能力。在高水平的内部研发投资下，内部研发和外部研发是互补的创新活动，而在低水平的内部研发投资情况下，内部研发和外部研发成为替代的创新战略选择（Hagedoorn & Wang，2012）。随着近几年对研发投入和创新能力的重视，中国企业在产学研合作中，已经具备识别、获取外部知识的能力，即潜在吸收能力（Zahra & George，2002），但转化整合和利用外部知识的能力（即实际吸收能力）仍不充分。因此，大部分中国企业，不能从产学研合作中充分利用大学的先进科学知识实现突破性创新。实际吸收能力的缺乏成为企业与大学合作研发并将研发成果转化成新产品的瓶颈。

四、企业创新生态系统内外部研发资源的互补关系

越来越多的企业依赖外部知识搜寻，以加快内部创新。企业通过开放式创新生态系统获取比内部研发更丰富的知识，通过获取和利用外部知识和技术，弥补内部创新资源的不足，通过内外资源有效整合，提高创新效率。通过对内部研发、外部知识搜寻，以及内部研发和外部知识搜寻之间的交互效应对促进创新绩效的影响的研究发现，企业创新生态系统中内部研发和外部知识搜寻之间在某种程度上存在互补性，印证了之前学者的结论（Schmiedeberg，2008；Hagedoorn & Wang，2012）。

（一）外部知识搜寻对提升企业创新绩效有重要影响，但是不同类型的外部合作伙伴对创新绩效的重要性存在差异

目前对于中国企业来说，从纵向合作企业获取知识，对促进创新绩效的作用最大，与横向合作企业的合作对创新绩效的促进作用最小。比较科技驱动型产业和经验驱动型产业的企业在创新实践中外部知识搜寻的重要性，纵向合作企业和大学（研究机构）在任何企业的创新实践中起着重要作用，横向合作企业和技术相关组织在不同类型产业的企业中的重要性存在差异。科技驱动型产业的企业需要有选择地与少部分外部创新源合作促进创新，而经验驱动型产业的企业与多个外部组织的有效连接能促进创新。

（二）内部研发与纵向合作企业、横向合作企业知识搜寻之间存在互补性，但没有充分的证据表明内部研发与大学（研究机构）、技术相关组织知识搜寻之间存在互补性

企业与外部组织的密切联系有助于提高创新绩效，其中内部研发起着重要的调节作用，内部研发活动强度将影响外部知识搜寻对创新绩效的作用大小。研究发现，企业与纵向合作伙伴（用户和供应商）、横向合作伙伴（竞争者、产业外其他企业）之间的知识搜寻与内部研发之间存在互补关系，内部研发与大学（研究机构）、其他技术相关组织之间的合作不存在互补性。不同类型的外部合作伙伴提供不同类型的知识。企业本身较强的技术能力，促使企业在与用户、供应商甚至竞争者的合作中能有效地利用他们的技术知识促进创新。类似地，跨产业间的技术学习非常困难，需要较强的内部研发能力，企业只有在具备较强技术能力的条件下，才能从与竞争者或其他企业的交互合作中充分受益。科技驱动型产业的企业一般技术密集，行业技术机会丰富，外部知识搜寻带来的研发协同效应能更充分地发挥，技术知识的流入溢出效应（incoming spillovers）更明显。

内部研发与外部知识搜寻的交互性，较好地解释了为什么有些企业在外部知识搜寻中能获得更高的效率，为什么有些企业能取得较高的研发回报率。

（三）内部研发与外部知识搜寻之间存在互补抑或替代的关系，主要取决于企业对外部知识的吸收能力

目前，大部分中国企业的内部技术能力较弱，对基础研究和应用研究的投入不足。2019 年，企业投入基础研究经费 50.8 亿元，占企业总研发经费的 0.3%，占全社会基础研究经费的 3.80%；规模以上工业企业基础研究和应用研究经费占总研发经费的比例仅 2.9%，试验发展占了绝大比重。[①] 这样的研发投入结构使得目前企业对外部以技术为基础的知识和市场相关知识具有较好的吸收能力，而对以科学为基础的知识的吸收能力不足。

从潜在吸收能力和实际吸收能力（Zahra & George，2002）的角度考虑，企业内部从事创新活动而逐步积累的技术能力，使得企业具备了识别、获取

① 中国科技统计年鉴 2020；国家统计局，https://data.stats.gov.cn/easyquery.htm?cn=C01.

外部知识的潜在吸收能力，但整合、转化和利用外部知识（尤其是外部先进科学知识）的实际吸收能力不足。当企业遇到技术难题时，常常从大学寻求技术支持，但是企业不善于利用内部技术能力推进对外部科学知识的学习。由于企业自身学习能力的缺乏，致使大部分的产学研合作对增强企业的技术能力显得低效。

实证研究结果发现，内外研发两种创新战略存在互补性，但互补性的程度因受外部搜寻对象的不同而存在差异，受企业对外部知识吸收能力的影响。企业没有足够的吸收能力，外部知识搜寻就会变得低效。各种创新要素、各种技术获取手段是相互影响、相互补充的，任何创新要素都不能与企业整个的创新战略孤立地分析。因此企业在创新实践中，需要考虑内外资源的匹配和整合，根据企业拥有的内部资源状况和吸收能力，采取合适的创新战略，使得内外创新资源发挥最大的协同效应，提升创新能力。为提高创新绩效、增强创新能力，企业需要同时加强内部研发活动和外部知识搜寻。

第二节
行业特征对企业开放式创新绩效的影响分析

在全球创新网络下，知识越来越分散和复杂，技术更新速度不断加快，开放式创新成为更多企业寻求的创新模式。但是，并非利用外部创新资源越多，企业创新绩效就会越高。不同企业在创新生态系统中的位势不同，其所处行业的特点及发展阶段不同，对内外部创新资源的利用效率存在明显差异，导致企业创新绩效差异巨大。

华为在发展之初，借助国外先进技术设备提升创新能力的道路受到很大阻碍，而海尔公司通过与大学科研院所的合作，获得巨大的开放式创新效益。两者开放式创新绩效差异明显的原因之一就是华为所处的电子通信行业属于技术密集型行业，该行业技术具有复杂度高和快速演变的特性，处于技术发展之初的华为难以消化吸收前沿技术，当华为通过内部高研发投入增强自身创新能力之后，再与国外企业进行研发合作，成功实现了对世界先进技术的跟进和超越。海尔所处的电气制造行业的技术含量和技术复杂性相对较低，国内大学和科研院所完全能够满足它们的技术需求。

企业内部研发投入不仅能够通过开发新产品或新工艺，促进创新绩效提升，而且通过内部研发活动过程逐步积累技术能力，进而增强企业识别、获取、消化和利用外部知识的能力，对企业外部创新绩效起到间接提升作用（Cassiman & Veugelers，2006；Schmiedeberg，2008）。企业内外部研发活动之间存在一定的交互关系。由于技术开发存在高成本、高风险与研发速度缓慢等缺陷，内部技术研发难以适应市场快速的技术更新速度，而借助外部技术来源，能实现优势技术互补、缩短研发时间和降低研发成本，进而提高企业创新绩效。另外，企业外部研发活动往往需要改变现有的生产技术，丢掉从“干中学”效应中积累的技术经验；当内外部创新资源处于同一价值链环节时，容易产生“拥挤效应”，导致企业创新绩效降低（Vega & Gutiérrez，2009；Hess & Rothaermel，2011）。

即使条件相同的企业，创新绩效可能存在巨大差异，这样的分化并非仅由企业内部因素造成，行业也是其中不可忽视甚至更为重要的原因。相关研究主要考察了行业市场结构、所有制结构、行业技术水平、行业开放程度等不同特征对企业创新绩效的影响。

综观已有文献，主要存在两方面局限：一是关注研发投入和产业特征对企业总体创新绩效的影响，缺乏对企业内部和外部创新绩效差异的剖析；二是将企业研发活动和产业特征剥离开来，分别探讨两者对企业创新绩效的作用效果，忽视了产业特征与企业研发活动的内在联系。基于此，本节在厘清创新生态系统异质性主体相互关系的基础上，分析创新组织、创新种群、创新群落和创新环境之间的关系，通过构建多层线性模型（HLM），将微观层面的企业研发活动和中观层面行业研发投入分层次纳入创新绩效模型中，有效刻画行业研发投入对企业研发活动的内在影响；探讨行业异质性导致的企业内外部研发活动差异对企业创新绩效的直接影响和间接作用效果。

一、行业特征影响企业开放绩效的理论分析

已有文献通常采用行业内部研发投入经费占主营业务收入的比重（行业平均研发强度）反映行业的技术密集程度。行业平均研发强度越强，行业生产对技术的要求越高；反之行业平均研发强度越弱，其对技术的要求也较低。

行业平均研发强度对开放式创新绩效的影响主要可分为两个路径：一是行业平均研发强度对创新绩效的直接影响；二是行业平均研发强度通过影响外部研发活动及内外部研发活动的交互作用进而影响企业的开放绩效。

（一）行业平均研发强度对创新绩效的直接影响

内部研发活动对创新绩效的影响已经被国内外学者从多种研究角度以及模式证实，国内外研究普遍认为内部研发活动是提高企业研发能力的基础，内部研发活动与创新绩效之间存在正相关关系。内部研发具有投入大、风险高、周期长、难以改变技术轨迹的特点，但是有助于企业技术知识的积累和吸收能力的提高，内部研发产生的创新成果具有所有权和独占性，有利于保障企业长期利益。因此，无论哪个行业的企业都会重视自身内部研发能力的提升。行业平均研发强度较高的一般为技术密集型行业，其企业的内外部研发活动也较强。

（二）行业平均研发强度对外部研发效果的影响

知识是创新的最基本要素，在当前竞争环境下，仅依靠企业内部的资源已无法满足创新的需求，加强外部研发活动，利用外部知识资源成为很多企业的选择。

不同行业的企业所处的外部环境存在差异，行业在创新特性、参与企业和创新活动等方面均存在异质性，导致不同行业的企业在技术创新实施过程中存在不同的开放度，外部研发对创新绩效的影响也会有所差异。不同的外部知识策略对企业创新绩效存在影响，企业的外部资源搜寻战略在行业间存在异质性（Vega - Jurado et al.，2009）因此，行业技术特征对选择外部知识源有重要影响（Nagarajan & Mitchell，1998）。

一般来说，行业平均研发强度较强的企业通常为高新技术企业，企业研发活动密集，创新能力较强，创新所需的技术复杂。企业想要通过内部研发

获取各技术领域的尖端技术非常困难，因此需要通过开放式创新整合企业内外创新源，实现新产品快速而持续地开发。此外，技术的快速发展使得产品的生命周期日益缩短，为了企业的创新绩效保持稳定，需要对更多不确定性项目的不同类型信息进行处理，所以更倾向于实施开放式创新，联合互补的合作企业，共担创新风险和成本，共享互补资源，发挥企业间的协同作用。从企业资源观和吸收能力视角可以发现，行业平均研发强度较强的企业，更有可能从开放中获益，因此也更趋向于采取开放的创新模式。

另外，在开展外部研发活动时，行业平均研发强度较强的企业拥有大量的核心技术，在企业研发过程中编码化知识（codified knowledge）占据了主导性地位，创造和利用基于科学的显性知识（know-why）至关重要。但编码化知识较易转移，因此行业平均研发强度较强的企业在创新过程中开展外部研发活动，容易将核心技术知识泄露给合作伙伴，合作者更有可能抄袭模仿企业的核心技术，造成企业创新绩效的下降。而行业平均研发强度较弱的企业，更多依赖员工的经验和责任实现创新，通常在产品生产或使用过程中，对问题的解决方案成功实施即是创新，而这一问题更有可能是企业所独有的，知识的专用性更强，知识泄露的危险性较小。

因此，我们认为：外部研发活动和创新绩效存在倒 U 型关系。外部研发强度越强，企业创新绩效越高，但外部研发强度超过某一阈值之后，企业创新绩效随外部研发强度的增强而降低。行业平均研发强度对外部研发效果的影响也存在倒 U 型关系，即行业平均研发强度越强，外部研发活动对创新绩效的促进作用越强，当行业平均研发强度超过某一阈值时，外部研发活动对创新绩效的促进作用减弱。

（三）行业平均研发强度对内外部研发活动交互效应的影响

内外部研发活动的交互作用主要从两个方面影响企业的创新绩效：第一，企业外部研发活动的增加，能使企业从外部获得更多有利于创新的资源和知识，对企业内部研发知识存储量形成补充，进而提升企业的创新绩效；第二，企业内部研发能力有助于有效评估、筛选和获取外部知识源，并在此基础上对内外资源进行有效整合，提高创新效率，使企业获得较高的创新绩效。基于以上分析，我们认为：内外部研发活动的交互效应对创新绩效有显著的正向影响，行业平均研发强度对内外部研发活动交互效应有显著的正向影响。

二、研究设计

（一）数据处理

本研究通过收集837家创新型企业的数据，构建多层线性模型（HLM），将微观层面的企业研发活动和中观层面的行业研发投入分层次纳入创新绩效模型中，深入揭示行业特征对企业开放绩效的影响。

分层级数据需要将微观企业数据与行业对接，由于原始数据中企业所处行业与科技统计年鉴上行业分类并不一致，而且部分企业经营业务涉及多个行业，需要根据企业主营业务，并参考其他相关资料，将其归属于科技统计年鉴中的某一行业，对于确实难以判别行业类别的个案予以剔除；依据上述标准对数据进行筛选后，得到样本数据一共包含837个观测值，按17个制造业行业大类进行排序，每个行业包含21～124个样本数，符合多层线性回归模型要求。

图3－1是以17个行业为分组依据的箱线图。图3－1显示，行业创新绩效序列的中位线和均值点在箱体中位置分布明显不同，并且各箱体和线段长短不一，四分位距的高低宽窄差异显著。由此可见，行业创新绩效及波动情况差异显著，不仅同一行业内各企业创新绩效不同，不同行业间的创新绩效也存在较大差异。

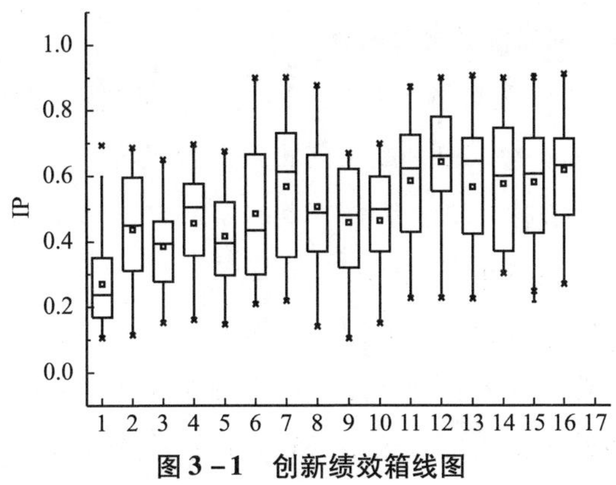

图3－1　创新绩效箱线图

（二）变量选择

被解释变量为企业创新绩效，本节选择新产品销售收入占主营业务收入比重衡量企业创新绩效。

解释变量包括：（1）企业内部研发活动，采用企业内部研发经费占主营业务收入比重衡量；（2）企业外部研发活动，选用企业外部研发经费占主营业务收入比重衡量；（3）行业特征，选择行业平均研发强度（行业内部研发经费与行业主营业务收入的比重）衡量，该指标值越大，意味着行业技术创新能力越强。

（三）计量模型

本研究回归涉及行业和企业两个层面的数据，除了企业“个体效应”外，还存在行业间“组效应”，由于企业嵌套于行业之中，镶嵌型数据样本无法满足方差独立性和齐次性假设，为了更精确地刻画不同层级特征对企业创新绩效的作用效果，选择多层线性模型（HLM）来研究。HLM 模型采用收缩估计，解决了因样本非独立性引起的参数有偏估计，能够考虑不同层次的变量信息和随机误差，进而得到更加精确的区间估计和假设检验。

HLM 模型的基本原理是，将因变量的变异分解为同一组别的个体差异和不同组别的组间差异两部分，从而同时分析个体效应和组效应。

三、HLM 结果与分析

（一）零模型下创新绩效差异分解

以企业创新绩效 IP 为被解释变量，跨行业随机截距项为解释变量，构建 HLM 零模型（null model），以判断组内相关是否显著。

企业层级：$IP_{ij}=\beta_{0j}+e_{ij}$，$\mathrm{var}(e_{ij})=\sigma^2$

行业层级：$\beta_{0j}=\gamma_{00}+\mu_{0j}$，$\mathrm{var}(\mu_{0j})=\tau_{00}$

其中，β_{0j}为截距项，表示 j 行业中企业的平均创新绩效；e_{ij}是个体层次的随机误差，表示企业 i 创新绩效与行业平均创新绩效的差距；γ_{00}为企业层级的截距在行业层级的固定效应，表示各行业所有企业的平均创新绩效；μ_{0j}为行业层级的随机误差，表示 j 行业平均创新绩效与总的创新绩效之差。利用

$I_{cc}=\tau_{00}/(\tau_{00}+\sigma^2)$计算组内相关系数。

零模型协方差估计结果见表3－5，创新绩效的组间方差为0.008，同一产业组内方差为0.032，组内相关系数$I_{cc}=20\%$，表明各企业创新绩效随着所属行业的不同出现变化，20%的创新绩效差异源于行业之间的差别，企业自身特征所导致的创新绩效差异达到80%。同时P<0.001，通过显著性检验，表明不同行业特征对企业创新绩效差异的影响非常显著，适合运用HLM模型进行拟合。

表3－5　分层级分解创新绩效差距

固定效应	系数	标准误	自由度	T值	P值
平均创新绩效	0.507	0.023	16	21.94	<0.0001

随机效应	方差成分	标准误	Z值	P值
层级－2效应（行业间）	0.008	0.003	2.54	0.0056
层级－1效应（行业内）	0.032	0.002	20.25	<0.0001

（二）引入行业特征解释创新绩效差异

零模型分析结果表明，创新绩效中存在着显著的组间变异，因而引入行业研发强度（IDU）解释创新绩效差异，模型设定为：

$$IP_{ij}=\beta_{0j}+e_{ij}$$

$$\beta_{0j}=\gamma_{00}+\gamma_{01}IDU_j+\mu_{0j}$$

协方差参数估计结果见表3－6。

表3－6　行业研发强度对创新绩效差异的影响

固定效应	系数	标准误	自由度	T值	P值
创新绩效	0.387	0.032	15	12.24	<0.0001
行业平均研发强度	0.075	0.017	820	4.47	<0.0001

随机效应	方差成分	标准误	Z值	P值
层级－2效应（行业间）	0.003	0.002	2.09	0.0183
层级－1效应（行业内）	0.032	0.002	20.23	<0.0001

加入行业研发强度变量后，组间方差大幅度降低，由0.008降至0.003，且在5%显著性水平下通过检验，说明行业研发强度差异是影响企业创新绩效的重要因素。行业研发强度对创新绩效的影响系数显著为正（0.075），研发强度越高的行业内，企业创新绩效越高。

（三）同时引入企业和行业特征解释创新绩效差异

首先通过内部研发经费变量（IRD）和外部研发经费变量（ERD）分析企业内部研发与外部研发对创新绩效的作用效果差异（模型1）。考虑到企业研发活动受行业异质性的约束，依次引入行业研发强度变量（IDU）与内部研发活动与外部研发活动变量的交互项（模型2和模型3），分别考察行业研发投入对企业内、外部创新绩效的作用效果。为分析企业内外部研发活动之间的交互关系，进一步将内部和外部研发交互项纳入模型当中，为避免交互效应引发的多重共线性，对内外部研发活动的交互项进行中心化处理，其中ZI-ERD表示内外部研发活动交互效应中心化之后的变量（见模型4）。最后，检验行业异质性对企业内外部研发交互效应的调节作用（见模型5）。表3-7给出了各模型的检验结果和回归结果。

表3-7　引入行业特征和企业特征的HLM模型回归结果

效应		模型1	模型2	模型3	模型4	模型5
固定效应	Intercept	0.2242*** (<0.0001)	0.3525*** (<0.0001)	0.439*** (<0.0001)	0.4845*** (<0.0001)	0.4662*** (<0.0001)
	IDU	0.0766 (0.9024)	1.2705 (0.4284)	-6.6384*** (<0.0001)	-4.5519*** (<0.0001)	-4.4065*** (<0.0001)
	IRD	1.4986*** (0.0006)	3.3916*** (<0.0001)	1.8385*** (<0.0001)	0.6525* (0.0801)	1.1013*** (0.0032)
	IDU×IRD	—	-29.7162 (0.3037)	—	—	—
	ERD	7.1665*** (<0.0001)	—	—	—	—
	ERD×ERD	-14.0278*** (<0.0001)	—	—	—	—

续表

效应		模型 1	模型 2	模型 3	模型 4	模型 5
固定效应	IDU × ERD	—	—	187.44 *** (<0.0001)	168.33 *** (<0.0001)	159.71 *** (<0.0001)
	IDU × ERD × ERD	—	—	-365.75 *** (<0.0001)	-680.37 *** (<0.0001)	-631.97 *** (<0.0001)
	ZIERD	—	—	—	42.2813 *** (<0.0001)	—
	IDU × ZIERD	—	—	—	—	1877.28 *** (<0.0001)
随机效应	层级 -2 效应（行业间）	0.0029 ** (0.0162)	0.0035 ** (0.0372)	0.0204 ** (0.029)	0.0018 ** (0.0284)	0.0019 ** (0.0266)
	层级 -1 效应（行业内）	0.0307 *** (<0.0001)	0.0302 *** (<0.0001)	0.0222 *** (<0.0001)	0.0258 *** (<0.0001)	0.0247 *** (<0.0001)

注：*** 表示 0.001 的显著性水平，** 表示 0.05 的显著性水平，* 表示 0.1 的显著性水平。

模型 1 回归结果显示，内部研发的估计系数显著为正，即创新绩效随企业内部研发强度的增强而提升；外部研发 ERD 的一次项系数和二次项系数符号分别为正和负，且在 1% 水平通过显著性检验，意味着外部研发强度与企业创新绩效之间呈现倒 U 型关系，也就是创新绩效先随外部研发强度的增加而提高，当外部研发强度超过某一阈值后，外部研发的增加反而不利于企业创新绩效的提升。

模型 2 中，行业研发强度与内部研发交互项（IDU × IRD）的估计系数为负，但未通过显著性检验，说明不论行业密集程度高低，企业内部研发投入对企业创新绩效均有重要作用。模型 3 中行业研发强度与外部研发活动一次交互项的估计系数显著为正，二次交互项的估计系数显著为负，表明行业研发强度提高能够强化外部研发对企业创新绩效的倒 U 型作用效果，即随着行业研发投入强度的增加，外部研发活动与企业创新绩效之间的倒 U 型关系不断强化。模型 4 中，内部研发与外部研发交互项（ZIERD）的估计系数显著为正，说明内部研发活动与外部合作研发活动之间呈现互补性关系，只有同时增强内外部研发活动，企业创新绩效才能提高。模型 5 结果表明，企业内外部研发活动间的互补关系受行业研发强度的调节，平均研发强度更高的行业，企业内外部研发活动的互补关系更佳，对企业创新绩效的促进效果更强。

四、结论

研究结果显示，行业异质性对企业创新绩效差异具有显著的解释力，不同行业间的创新绩效存在显著差异，平均研发强度较高的行业，行业内企业的创新绩效水平也更高。

企业内部和外部研发活动对创新绩效的作用方向和强度均表现出明显的行业差异。内部研发投入强度与企业创新绩效之间呈现正向线性关系，即内部研发投入的增加能够显著促进企业创新绩效提升；外部研发投入强度与企业创新绩效呈倒 U 型关系，只有适度的外部研发投入才能够显著促进企业创新绩效提升。同时，企业在技术创新过程中，内部、外部研发活动具有互补性关系。该结果意味着，企业创新能力的提升需要协调内部研发资源之间的比例关系，单纯依靠外部或内部研发都不足以维持企业的核心竞争力与技术领先地位。

行业研发强度对企业外部研发活动的创新绩效表现出正向调节作用，随着行业研发强度不断增强，外部研发与创新绩效之间的倒 U 型关系不断强化。这意味着，对于技术密集型行业的企业，构建和利用创新生态系统中异质性主体的知识和资源，对创新绩效的促进作用更为明显，但是过度利用外部资源带来的负面影响也同样显著。

第三节
企业创新生态系统的管理模式

在技术日益复杂、产品生命周期越来越短、全球化竞争的大环境下，善于利用外部资源，让研发、创新网络化，是当前创新发展的新趋势。企业构建或融入创新生态系统中，充分利用创新生态系统中异质性主体的创新资源，以弥补内部资源的不足，进而促进技术创新能力。但开放式创新的实施并不是自动发生的，外部创新资源不会自动流入企业。为什么不同的企业实施开放式创新的效果存在差异？如何组织实施才能实现对创新生态系统的最佳利用？外部丰富的创新资源的存在，将增加企业创新管理的复杂性，因此如何有效管理创新生态系统成为新的焦点。

开放需要一定的成本。外部连接需要机会成本和财务成本（Williamson，1981）。开放式创新存在着外部创新资源的信息搜寻成本、组织间合作的交易成本和管理成本。并且，过度依赖创新生态系统的最大危险是技术泄密（Laursen & Salter，2006），当与潜在竞争者合作时，企业关键技术知识的泄漏问题最为严重（Tidd et al.，1997），对于非竞争企业间的合作，敏感的商业信息和技术知识也可能通过共同的供应商或用户泄漏给竞争者（Belderbos et al.，2004）。

实际上不同企业的发展基础、资源状况、市场条件和吸收能力等存在差异，内部资源和能力将影响开放行为的效果，不同企业创新生态管理模式与企业在创新系统中的地位以及技术发展阶段有关。因此，针对企业自身特质，如何选择合适的开放对象和组织形式，对指导企业有效实施开放式创新十分重要。

一、理论假设

开放并不能直接提升创新绩效，向外部组织开放的目的是获取创新资源，以弥补内部创新资源的不足。为更有效地利用外部创新资源，企业内部必须具有相应的吸收能力，促使内外创新资源有效整合，发挥协同效应。

企业拥有内部资源的状况将影响外部资源获取和利用的能力。与大学（研究机构）合作，获取前沿的科学知识，企业内部必须具备较强的研发能力，拥有吸收转化并利用科学知识的能力。与竞争者和非相关企业合作是获取互补资源的有效渠道，但由于知识泄漏的担忧，为控制研发溢出效应，研发能力强的企业较少向竞争者开放，对竞争者的关注更多是为了跟踪竞争者的技术发展和市场动态。同时，在合作伙伴搜寻过程中，没有一定的内部能力，企业不可能成为有魅力的合作伙伴（Negassi，2004），也无法从外部知识源充分获益（Veugelers，1997），因此内部研发能力较强或一般的企业，可以通过与横向合作企业合作，获取创新所需的互补资源，在关键技术和核心技术上通过与其他企业合作以寻求突破性创新的解决方案。用户、供应商等价值链上的合作伙伴，能为企业提供市场需求信息和技术领先的零部件，从而改善新产品质量，提高创新效率。但是信息泄露问题仍然不可避免，敏感的商业信息和技术知识可能通过共同的供应商或用户泄露给竞争者。开放式创新环境下，技术中介组织、知识产权机构成为十分重要的外部组织，企业与技术相关组织密切合作，能有效促进创新绩效。

基于开放式创新强调内外创新资源互补协同，通过内外创新资源有效整合促进创新的特点，我们提出以下假设：

H1：内部研发能力越强的企业，与大学（研究机构）合作越密切，创新绩效越高；

H2：内部研发能力比较强的企业，制造能力一般，营销能力较强，较多地通过与横向合作企业合作，促进创新绩效；

H3：内部研发能力一般，制造能力与营销能力较强的企业，较多地通过与技术相关组织合作，促进创新绩效；

H4：内部研发能力一般，制造能力与营销能力一般的企业，较多地通过与价值链上的合作伙伴合作，促进创新绩效；

H5：内部研发能力、制造能力与营销能力都较弱的企业，与外部组织联系较少，创新绩效差。

二、数据和实证分析

（一）企业内部能力的探索性因子分析

基于本章第一节中的数据描述，对企业内部能力的10项指标进行探索性因子分析。KMO样本充足度测量值为0.869，巴特莱特（Bartlett）球体检验的χ^2统计值为544.79，显著性概率是0.000<α，说明数据具有相关性，适宜

做因子分析。提取公因子的方法采用主成分分析法（Principal Components），因子旋转方法采用方差最大化正交旋转（Varimax），以保证各因子之间相互独立。根据特征值大于1的选择原则，三个公共因子被保留，三个公共因子能反映10项观察指标60.84%的信息。旋转后的因子载荷矩阵见表3－8。

表3－8　企业内部能力的探索性因子分析结果

指标	因子载荷值			因子命名
	1	2	3	
研发经费投入	**0.801**	0.206	0.129	企业研发能力
研发人员	**0.748**	0.220	0.056	
研发设备	**0.783**	0.183	0.051	
高素质的技术工人	**0.734**	0.121	0.035	
生产设备水平	0.333	0.067	**0.664**	企业制造能力
工人工艺操作技术熟练程度	0.055	0.172	**0.821**	
营销人员素质	0.245	**0.627**	0.276	企业营销能力
市场销售网络	0.209	**0.704**	－0.025	
售后服务	0.104	**0.784**	0.015	
开拓新市场	0.313	**0.713**	0.058	

由表3－8可知，企业内部能力的10个题项可以分为三类，分别是企业研发能力、制造能力和营销能力。本节以3个公共因子的得分分别作为企业三类能力的反映和后续分析的测度变量。

（二）聚类分析

为比较分析开放式创新的不同模式，采用聚类分析方法，以企业在创新实践中四类外部创新要素“价值链上的合作伙伴”“横向合作企业”“技术相关组织”“科学合作伙伴”的重要性为聚类依据，对样本企业进行聚类分析，运用系统聚类的Ward法和逐步聚类法，两种聚类分析方法得到的结果一致，209家企业可分为5类，结果如表3－9所示。

表3-9　　企业创新模式的划分

类别	样本个数	指标	价值链上的合作伙伴	横向合作企业	科学合作伙伴	技术相关组织
类别1	35	均值	0.3697	-0.4193	**1.1657**	-0.6924
		标准差	0.6716	0.8052	0.6926	0.5860
类别2	32	均值	-0.0211	**1.4177**	0.4334	0.3990
		标准差	0.4838	0.5566	0.7561	0.8626
类别3	31	均值	0.3169	-0.3460	0.3801	**1.5486**
		标准差	0.7879	0.6609	0.9082	0.5903
类别4	56	均值	**0.8035**	0.0114	-0.8745	-0.4299
		标准差	0.6426	0.9434	0.5957	0.7280
类别5	55	均值	-1.2197	-0.3746	-0.3178	-0.2266
		标准差	0.5804	0.7745	0.6565	0.6704

第一类企业，在“科学合作伙伴”这一因子上，均值为1.1657，大部分选择与大学（研究机构）合作，以获取前沿的科学知识促进创新；在“价值链上的合作伙伴”因子上，均值为0.3697，企业较多地选择与领先用户和供应商合作，以获取市场需求信息和供应商的先进技术；在“横向合作企业”和“技术相关组织”因子上，均值为负。对应地，观察表3-10中这一类企业的内部能力和创新绩效，可以发现，此类企业在“研发能力”因子上的均值最大，为0.4156，而在“制造能力”和“营销能力”因子上的均值较小。企业自身有较强的研发能力，开展密集的内部研发活动，因此具备对大学（研究机构）提供的科学知识较强的吸收能力，通过与大学（研究机构）合作研发，获取突破性创新所需的前沿科学知识。此类企业创新绩效较好。

第二类企业，在“横向合作企业”这一因子上，均值为1.4177，大部分选择与竞争者和非相关企业合作，获取创新所需的互补资源；在“科学合作伙伴”和“技术相关组织”因子上，均值为0.4334和0.3990，企业较多地选择与大学（研究机构）、技术中介组织等合作，获取新科学技术知识促进创新；在“价值链上的合作伙伴”因子上，均值为-0.0211，企业较少与用户和供应商合作。对应地，观察表3-10中这一类企业的内部能力和创新绩效，可以发现，此类企业内部研发能力不及第一类企业，在“研发能力”因子上的均值最大，也仅为0.2450，“营销能力”因子上的均值为0.2116，“制造能力”因子上的均值为-0.0514。企业自身研发能力和营销能力比较强，制造能力不足，因此较多地通过与横向企业合作，获取互补资源。此类企业虽内部研发能力不及第一类企业，但通过开放创新模式，与大学（研究机构）、技术中介组织等密切合作，通过外部创新资源的获取，创新绩效超越第一类企业。

表3-10　　五类创新模式对应的内部能力

类别	样本个数	指标	研发能力	制造能力	营销能力	创新绩效
类别1	35	均值	**0.4156**	0.1361	-0.0427	5.3038
		标准差	0.9381	1.0067	1.05305	0.8234
类别2	32	均值	**0.2450**	-0.0514	**0.2116**	5.3698
		标准差	0.9252	1.1241	0.7754	0.5816
类别3	31	均值	0.0821	**0.4294**	**0.3960**	5.4570
		标准差	0.6832	0.6532	0.7330	0.7888
类别4	56	均值	0.0545	0.0419	-0.1234	5.0685
		标准差	0.9048	0.9887	1.0275	0.9681
类别5	55	均值	-0.5088	-0.1118	-0.1934	4.3606
		标准差	1.1380	1.0794	1.1238	0.8126

第三类企业，在“技术相关组织”这一因子上，均值为1.5486，大部分企业选择与知识产权机构、技术中介组织合作，通过购买先进技术知识促进创新；在“价值链上的合作伙伴”和“科学合作伙伴”因子上，均值为0.3169和0.3801，企业也选择与领先用户、供应商合作，获取市场需求信息和供应商的先进技术，与大学合作获取新的科学技术知识；在“横向合作企业”因子上均值为-0.3460。对应地，观察表3-10中这一类企业的内部能力和创新绩效，企业在“制造能力”和“营销能力”因子上的均值较大，为0.4294和0.3960，“研发能力”因子上的均值为0.0821。此类企业内部具有

较强的制造能力和营销能力，而研发能力一般，企业没有开展密集的内部研发活动，因此较多地通过与技术相关组织合作，通过购买技术获取创新所需的新技术知识。此类企业虽内部研发能力不及前两类企业，但通过开放式创新模式，通过获取外部技术资源弥补内部不足，创新绩效超越第一类企业和第二类企业。

第四类企业，在“价值链上的合作伙伴”这一因子上，均值为0.8035，“横向合作企业”因子上均值为0.0114，“科学合作伙伴”和“技术相关组织”因子上，均值为-0.8745和-0.4299。大部分企业选择与领先用户和供应商合作，获取市场需求信息和供应商的先进技术。对应地，观察表3-10中这一类企业的内部能力和创新绩效，此类企业内部“研发能力”和“制造能力”一般，“营销能力”为-0.1234，低于所有样本企业的平均水平。因此，企业通过与用户和供应商合作，获取市场需求信息，弥补营销能力的不足，创新绩效低于前三类。

第五类企业，在四个外部创新要素因子的得分全为负值，对应地，表3-10中企业内部“研发能力”“制造能力”“营销能力”的得分也全为负值，说明此类企业内部能力低于所有样本企业的平均水平，也没有采取开放式创新的模式，因此创新绩效最差。

（三）多因素方差分析（MANOVA）

为进一步深入比较五类不同的开放式创新模式与企业内部研发能力之间的匹配度和交互效应，本书采用多因素方差分析方法，比较不同创新模式、企业内部研发能力，及两者之间的交互效应对创新绩效的影响。

由表3-11可知，五类开放式创新模式对创新绩效存在显著影响，企业内部研发能力的不同对创新绩效也存在显著影响，五类开放式创新模式和企业内部研发能力之间存在交互效应。

表3-11　五类开放模式、企业内部研发能力与创新绩效的多因素方差分析结果

方差来源	离差平方和	自由度	均方和	F值	显著性（Sig.）
开放模式	21.958	4	5.490	8.997	0.000
内部研发能力	6.705	2	3.352	5.494	0.005

续表

方差来源	离差平方和	自由度	均方和	F 值	显著性（Sig.）
开放模式×内部研发	8.882	8	1.110	1.819	0.075
随机项	118.375	194	0.634	—	—
总和	155.920	208	—	—	—

为更清晰地揭示五类开放式创新模式之间的差异，最后采用 LSD 检验（分析结果如表 3－12 所示）。

表 3－12　　五类创新模式与创新绩效关系的多重比较

判别方法	（I）创新模式	（J）创新模式	均值差（I－J）	标准误	显著性水平
LSD	向科学合作伙伴开放	向横向合作企业开放	－0.1460	0.19469	0.454
		向技术相关组织开放	－0.2332	0.19632	0.236
		价值链上的合作伙伴开放	0.1554	0.17151	0.366
		不开放	0.8632***	0.17211	0.000
	向横向合作企业开放	向科学合作伙伴开放	0.1460	0.19469	0.454
		向技术相关组织开放	－0.0872	0.20059	0.664
		价值链上的合作伙伴开放	0.3013	0.17639	0.089
		不开放	1.0092***	0.17697	0.000
	向技术相关组织开放	向科学合作伙伴开放	0.2332	0.19632	0.236
		向横向合作企业开放	0.0872	0.20059	0.664
		价值链上的合作伙伴开放	0.3885**	0.17819	0.030
		不开放	1.0964***	0.17877	0.000
	向价值链上的合作伙伴开放	向科学合作伙伴开放	－0.1554	0.17151	0.366
		向横向合作企业开放	－0.3013*	0.17639	0.089
		向技术相关组织开放	－0.3885**	0.17819	0.030
		不开放	0.7078***	0.15111	0.000

注：*、**、*** 分别表示在 10%、5%、1% 水平下显著。

表 3－12 的 LSD 检验结果表明：企业在创新实践中，采取不同的开放模式对创新绩效的影响存在显著差异。企业与横向合作企业、价值链上相关企

业、科学合作伙伴和技术相关组织合作，均能显著提高创新绩效。企业向价值链上的合作伙伴开放，与横向合作企业、技术相关组织开放，对创新绩效的影响在0.1显著性水平下存在差异。

为进一步直观地揭示企业内部研发能力与五类创新模式之间的交互效应，在方差分析的基础上绘制不同创新模式对创新绩效的交互效应图，见图3－2。

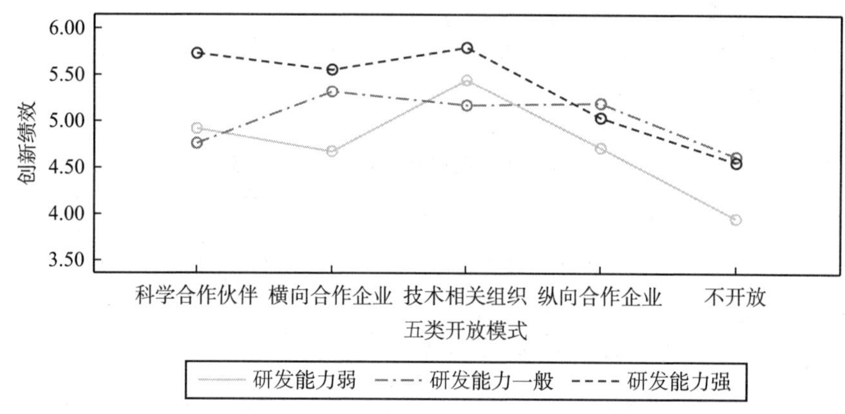

图3－2　五类开放模式与企业内部研发能力的交互影响

图3－2显示，企业内部研发能力与五类创新模式之间存在明显的交互效应。企业内部研发能力强时，采取与“科学合作伙伴”“横向合作企业”“技术相关组织”密切合作的模式，能有效促进创新绩效，支持了H1和H2。企业内部研发能力一般时，与科学合作伙伴合作，企业内部不具备对新科学知识的吸收能力，不能充分利用大学的前沿科学知识，因而对创新绩效没有显著的促进作用；采取与“技术相关组织”和“价值链上的合作伙伴”密切合作的模式，能有效地促进创新绩效，支持了H3和H4。当企业内部研发能力较弱时，采取与“技术相关组织”和“价值链上的合作伙伴”密切合作的模式，能有效地促进创新绩效。图3－2表明，企业不采取开放的创新模式，同样的内部研发能力，取得的创新绩效最差，支持了H5。

三、企业有效地整合利用外部知识的能力是创新成功的关键

企业在创新实践中，有目的地向外部组织开放，通过与外部组织互动，

获取互补的创新资源，能促进创新。越来越多的企业通过采取开放式创新策略，加快内部创新，提升创新绩效。但是企业不可能有充足的时间和精力与各种类型的外部组织保持密切联系，不同特质的企业应选择与内部能力相匹配的开放模式。

（一）开放式创新实践中，存在多种以不同合作对象为主要开放目标的创新组织模式，不同创新模式对创新绩效的影响不同

对外部创新要素进行因子分析，外部组织可以归为四类：即以大学（研究机构）为主的科学合作伙伴、以用户和供应商为主的价值链上的合作伙伴、以竞争者和非相关企业为主的横向合作企业、以技术中介组织和知识产权机构为主的技术相关组织。以这四类外部组织在企业创新实践中的重要性作为分类的依据，对样本企业进行聚类分析。结果发现，实践中存在四类以不同合作对象为主要开放目标的创新组织模式，分别是与科学合作伙伴、价值链上的合作伙伴、横向合作企业、技术相关组织合作。方差分析结果显示，不同类型的创新组织模式对创新绩效存在显著影响。

（二）企业内部能力和不同开放模式之间存在交互效应

研究发现，实施不同类型开放组织模式的企业，其内部能力存在显著差异。与科学合作伙伴密切联系的企业，内部开展密集的研发活动，具有很强的研发能力，因此对从大学（研究机构）获取的前沿科学知识具有较好的吸收能力，能有效提升创新绩效。与横向合作企业密切联系的企业，自身研发能力和营销能力比较强，但制造能力不足，因此通过与横向企业合作获取互补资源。与技术相关组织密切联系的企业，内部具有较强的制造能力和营销能力，而研发能力一般，通过购买技术获取创新所需的新技术知识，提升创新绩效。与价值链上合作伙伴密切联系的企业，内部研发能力和制造能力一般，营销能力落后，企业通过与用户和供应商合作，获取市场需求信息，弥补营销能力的不足。没有采取开放式创新模式的企业，内部能力弱，创新绩效最差。多因素方差分析进一步证实了企业内部研发能力和开放组织模式之间存在显著的交互效应。

（三）不同特质的企业应选择与内部能力相匹配的开放模式

内部不同特质的企业，在开放式创新实施过程中，向不同的合作对象开放，对创新绩效的影响存在差异。内部研发能力强的企业，与科学合作伙伴合作能提升创新绩效；内部研发能力较强而制造能力一般的企业，较多与横向合作企业合作；内部研发能力一般的企业，与技术相关组织和价值链上的合作伙伴合作，能显著提升创新绩效。

企业不能盲目地向外部组织开放，开放对象选择的核心是企业能否从开放中获取对创新有益的互补资源。在技术创新实施过程中，企业应根据自身资源的拥有状况，在不同的创新阶段选择最佳合作伙伴，通过有选择地与外部创新要素有效连接，获取外部创新资源以弥补内部资源的不足，从而促进创新。

第四章

创新生态网络的演化及创新效应分析

创新生态系统各主体具有复杂性、动态性和自组织性，异质性主体交互关系和交互强度不是绝对和固定的，会随着企业内部技术能力的积累和外部竞争环境的变迁而随之改变。正确把握创新生态系统的演进规律，是创建、发展和优化系统的基础。本章将从创新生态网络结构分析、演化及其创新效应几方面展开。

第一节 创新生态网络结构分析

一、社会网络分析

1736 年，瑞士数学家欧拉从哥尼斯堡七桥问题的解决方案中得到灵感，在此基础上提出了闻名于世的“欧拉图问题”，即网络的前身——图。自此，图论俨然成为复杂网络理论中不可或缺的一部分。20 世纪 50 ~ 60 年代，两位匈牙利著名数学家提出一种随机图模型，为解决网络问题提供了数学基础，这种方法简称 ER。1998 年瓦特和斯特罗加茨基于图论提出了小世界理论，1999 年巴拉巴西和艾伯特提出了无标度网络，标志着学者们渐渐意识到复杂网络的重要性。此后，国内外学者们对复杂网络理论的探究方向逐渐变得多元化，并意识到随机网络在现实生活中比规则网络运用得更加广泛，也逐渐意识到小世界网络的重要性。所谓小世界网络，是指介于规则网络和随机网络的具有高局部聚集和网络平均度较小的网络，在这种类型的网络中，其知识扩散和资源流通相对便捷，且利于网络中异质性资源的流动。

社会网络分析是从网络中节点分布及节点之间所处的关系，探究网络的结构特征及演化趋势，它是现代社会学领域不可或缺的一种重要研究手段。在创新生态网络中，“节点”是指存在于网络中的各类创新主体，而“节点间的联系”指网络中各创新主体间是否存在合作创新的情况，包括合作质量和合作次数等。社会网络方法可以解决很多现实问题，通过社会网络方法可以剖析某一现象的组织运行模式及该现象自身所处的网络位置，从而把握创新生态网络的发展趋势。

二、网络结构指标选择

（一）整体网络指标

整体网络指标所研究的对象是整体网络，而非关注网络中核心创新主体的情况。对整体网络的分析可以让我们大致掌握该网络中创新主体的整体发展水平及网络对其创新主体的影响情况。衡量整体创新网络的指标有网络密度、网络平均度、平均路径长度。

网络密度：反映某一网络对位于该网络中创新主体的态度、行为等所产生的影响。网络密度的数值越大，则该网络对网络内创新主体的影响力越大。网络密度指标衡量整个合作创新网络中实际关系数与理论可能关系数的比值，记为 D。计算公式如式（4－1）所示：

$$D=\frac{n}{\frac{1}{2}N(N-1)} \tag{4-1}$$

式中，n 表示整个网络内实际存在的关系数，N 表示网络中所包含的创新主体总数。

网络平均度：测量基于网络规模的合作创新网络中所有节点之间的平均

联系强度。网络平均度用于衡量整体网络创新主体间合作关系强弱，也可以代表已将规模效应考虑在内的合作创新网络密度，用 AD 表示。计算公式如式（4－2）所示：

$$AD = \frac{N-1}{2} \times D \tag{4-2}$$

平均路径长度[①]：网络中所有可达节点对最短路径长度的平均值，衡量网络中主体间建立联系的难易程度。该指标数值越小，说明各节点之间实现连接的效率越高。平均路径长度的数值越接近1，则表示该网络与随机网络的差异越大，网络中划分出的区域化程度越高，计算公式如式（4－3）所示：

$$L = \frac{1}{\frac{1}{2}N(N-1)} \sum_{i,j} d_{ij} \tag{4-3}$$

在一般情况下，基于信息获取的准确性及稳定性，创新主体之间很大可能存在多条路径，将这些路径中经过创新主体最少的那条路径的长度确定为创新主体 i 和创新主体 j 之间的距离，记为 d_{ij}。若 $d_{ij}=0$，则表示创新主体 i 和创新主体 j 之间是不可到达的，即这两个创新主体之间没有任何途径可以进行合作创新。

（二）网络中心性指标

网络中心性主要用于分析网络中创新主体所拥有的“权力”大小。所谓创新主体所拥有的“权力”，是指该创新主体与其他创新主体之间所存在的关系，即网络依赖性。网络中心性的测度方式有多种，包括度数中心性、中间中心性、接近中心性以及与之相对应的各类中心势。针对研究对象的不同，网络中心性指标可分为网络中心度和网络中心势，中心度主要用于刻画网络中某一创新主体的中心性，而中心势主要用于刻画网络的整体中心性。

度数中心度：指某一创新主体和其他创新主体发展交往的能力，揭示该创新主体是否处于网络核心位置，用 $DC_{(i)}$ 表示。其具体计算公式如式（4－4）所示：

① “路径”这一概念在网络中的含义，是指在没有环路和创新主体不重复计算的前提下，从网络中某一创新主体出发到达另一创新主体之间所需要的路径序列。

$$DC_{(i)} = d(n_i) = \sum_i x_{ij} \tag{4-4}$$

式中，若 $x_{ij}=0$ 表示该网络中的创新主体 i 和创新主体 j 并不直接相连，若 $x_{ij}=1$，表示 i 和 j 直接相连。

度数中心势：以整体网络为研究对象，点度中心势可以用于探究不同时间段和不同性质的网络之间存在的中心趋势差异。计算公式如式（4-5）所示：

$$DC = \frac{\sum_{i=1}^{n}(DC_{max} - DC_{(i)})}{\max[\sum_{i=1}^{n}(DC_{max} - DC_{(i)})]} \tag{4-5}$$

式中，$DC_{(i)}$ 表示网络中创新主体 i 的中心度，DC_{max} 表示该网络创新主体中最大的中心度数值。

中间中心度：刻画某一创新主体控制网络中其他创新主体间交往的能力，如果一个创新主体位于很多其他节点对的必经之路上，则该创新主体的中间中心性数值就比较大，该创新节点可以通过控制或曲解信息的传递来影响整个合作创新网络的信息传递，用 $BC_{(i)}$ 来表示。具体计算公式如式（4-6）所示：

$$BC_{(i)} = \sum_{i \neq j, i \neq k \in V} \frac{p_{ik(i)}}{p_{jk}} \tag{4-6}$$

式中，p_{jk} 表示创新主体 j 到创新主体 k 的最短路径数量；$p_{ik(i)}$ 表示创新主体 j 到创新主体 k 的最短路径中通过 i 的数量。

接近中心度：考察某一创新主体通过网络这一交流媒介对该网络中其他创新主体所产生的间接影响力。接近中心性探究的是某一创新主体与其他创新主体之间的远近程度，这一距离之和越小，则表明该创新主体越靠近中心位置，即该创新主体的接近中心性数值越大；反之，则该创新主体的接近中心性越小。接近中心度用 $LC_{(i)}$ 表示。具体计算公式如式（4-7）所示：

$$LC_{(i)} = \frac{1}{N-1} \sum_{i \neq j \in V} d_{ij} \tag{4-7}$$

由最短路径 d_{ij} 的计算方式易知，网络总可能会存在两个创新主体之间没有合作（即节点对之间的路径是无穷大）的情况，为了所有最短路径的有效性，将式（4-7）中的 d_{ij} 取倒数，如式（4-8）所示：

$$LC_{eff(i)} = \frac{1}{N-1}\sum_{i \neq j \in V}\frac{1}{d_{ij}} \quad (4-8)$$

（三）网络集聚指标

凝聚子群是指网络中含有共同特点且联系紧密的创新主体所自发形成的“小团体”，具体为分析合作创新网络中所存在的子群数量、子群间的联系、子群内创新主体之间的联系等关系特点的一种网络分析指标。通过凝聚子群分析，可以清晰地刻画出网络一部分结构特征。凝聚子群分析有多种衡量方法，如“n－派系”“k－丛”“k－核”等。

集聚系数：也称聚合系数，反映合作创新网络的局部特征和集团化程度。网络集聚系数反映了创新主体之间的合作强度，处于某一合作创新网络的各个创新主体都倾向于形成密度相对较高的网络子群，该网络中的“小世界性就越明显”，用 CC 表示某一网络的集聚系数，$C_{(i)}$ 表示网络中某一创新主体的集聚系数。具体计算公式为：

$$CC = \frac{\sum_{i=1}^{N} C_{(i)}}{N} \quad (4-9)$$

$$C_{(i)} = \frac{2a_i(k_i-1)}{k_i} \quad (4-10)$$

式（4－10）中，k_i 表示网络中创新主体的节点度，a_i 表示该创新主体 i 邻接创新主体之间实际存在的边数。

平均联结次数：联结次数表示某节点与其他节点建立联系的次数，次数越高表明联系越频繁。平均联结次数则指某节点与其他节点联结次数的平均值，反映合作交流的频次和深度。平均联结次数的计算公式为：

$$AF = \frac{\sum_{j} F_{ij}}{D_i} \quad (4-11)$$

式中，F_{ij} 表示节点 i 和节点 j 之间的联结次数，D_i 表示节点 i 的度数中心度。

结构洞限制度：结构洞理论最早由美国社会学家罗纳德·伯特提出（Burt，1992），他认为结构洞是“社会网络中某个或某些个体和有些个体发生直接联系，但与其他个体不发生直接联系。无直接或关系间断的现象，从网络整体看好像网络结构中出现了洞穴。”结构洞限制度指节点在网络中运用结构洞的能力，用于衡量节点的网络控制能力和竞争优势。结构洞限制度越小，则节点运用结构洞的能力越强。节点 i 受到节点 j 的结构洞限制度为：

$$C_{ij} = (p_{ij} + \sum_{q} p_{iq}p_{qj})^2 \tag{4-12}$$

式中，p_{iq} 表示节点 i 的全部关系中，投入到 q 的关系占总关系的比例，p_{qj} 表示 q 的全部关系中，投入到 j 的关系占总关系的比例。结构洞限制度的最大值为1，表示节点 i 受到节点 j100% 的限制。

第二节 创新生态网络结构演化

一、网络拓扑结构演化

20 世纪 90 年代，钱学森曾界定过复杂网络这一概念，他认为具有自组织、无标度、吸引子、自相似、小世界中部分或全部特征的网络可以称为复杂网络。钱学森指出，对复杂网络的研究应从三方面展开：第一，分析网络的拓扑结构，归纳总结网络的演化特征及一般发展规律；第二，研究网络的生成机制及演化模型，探究仿真网络行为；第三，研究网络动力学行为，全面掌握网络发展规律。

近几年，国内外学者大多从三个角度深入剖析合作创新网络，包括针对网络拓扑结构对合作创新网络的现状及演化进行探究；针对网络演化机制对合作创新网络的演化路径进行分析并总结归纳出一般网络的演化规律；针对网络的影响因素进行分析，从而深入探究网络的形成原因及对其他因素影响情况。

合作创新网络的拓扑结构特征，体现了各合作创新主体的复杂关系，探讨网络拓扑结构特征及其演化规律可以揭示各主体合作创新的发展现状及演变趋势。

由于技术资源的积累及创新主体技术领域的完善，创新网络内异质性主体间的连接对象不断发生变化。随着创新网络主体数量的增加，网络的连接关系将随之变换。由于技术创新的复杂性及多技术跨领域融合的特征，与外部主体合作结盟的目标是获取互补性资源，在网络众多异质性主体中，核心企业将优先选择技术创新能力强、技术领域相似度高的合作伙伴。因此，依据技术创新能力及技术领域相似性的互补择优原则，创新网络的核心企业将不断更新合作对象，创新网络拓扑结构将随着技术能力和技术积累的变化而随之演化（张路蓬等，2018）。

鲜果等（2018）利用中国城市联合申请发明专利数据，基于社会网络分析方法，使用网络中心性和网络集聚系数等网络指标刻画中国城市合作创新网络，构建负二项回归模型探究合作创新的网络拓扑结构和邻近性，认为中国城市合作创新网络存在“核心—边缘”性网络结构，并且该网络的各类邻近性对网络合作创新的产出都具有正向促进作用。刘慧等（2017）基于合作网络的内生性和外生性两类影响因素，构建双向择优网络演化模型，仿真模拟企业进入网络及退出网络的情况，认为该网络演化模型具有无标度、小世界特征，演化过程确实存在类似于植物生长周期的四个阶段的演化特征，每个阶段网络呈现不同的规律性特征，稳定期研发网络的平均收益最大。

随着创新节点的不断涌入，网络规模逐步扩张，连接对象不断变化，企业通过择优连接机制选择技术学习方，在空间拓扑结构与时间维度下，创新网络形成“驱动—涌现—择优”机制导向的资源扩散网络演化机理（张路蓬等，2018）。

二、网络空间格局演化

企业既处于网络之中，也处于地理空间之中，创新网络是不同空间尺度上创新合作关系的构建和协同演化过程（吕可文，2013）。因而，多数学者将网络空间尺度分为本地、本省、本国，进而研究不同演化阶段网络空间尺度的变化趋势。如马双等（2016）利用 1986～2012 年上海市装备制造业产学研合作创新专利数据，刻画了城市、区域和国家 3 个尺度的空间结构及演变趋势，发现不同因素在不同空间尺度对创新网络的结构演化影响不同。

那么，创新合作空间尺度将受哪些因素影响呢？王秋玉（2016）从企业特征、创新环境、合作伙伴、城市的创新层级四个方面，选取了创新能级、人均GDP、高校数量、研发占比、不同合作伙伴（高校、研究所、国有企业、民营企业、合资企业）、不同城市（直辖市、省会城市、重要城市）等变量，对我国装备制造业不同创新合作尺度进行分析，结果表明不同因素对不同水平城市创新合作的影响程度不同。吕国庆（2016）研究了基于科学学习和经验学习两类创新来源的网络结构与空间结构的异质性，以及何种空间尺度最重要，研究发现国家层面是最重要的空间尺度，省域层面的重要性最低。

三、网络演化机制及驱动因素

孙玉涛和刘凤朝（2014）基于国际贸易数据构建跨国技术流动网络，运用哈肯模型（Haken model）对技术流入流出网络的演化机制分别进行探究，研究发现，影响网络演化机制的决定性因素之一是技术创新。解学梅等（2014）认为协同网络对创新绩效存在积极作用。此外，由于维度不同，协同网络中存在的中介效应也随之改变。

驱动网络演化的重要因素可归结为三个方面。一是网络成员的个体因素，如企业战略、异质能力（Gulati，1999）、知识和学习过程等（石乘齐和党兴华，2015；陈弘挺，2017）；二是网络整体特征，包括网络结构效应、网络地位和邻近性（陈弘挺，2017）；三是网络外部因素（石乘齐和党兴华，2015）。

其中，网络结构效应包含根植性和网络地位等指标（Balland et al.，2016）。根植性在网络结构中主要由三元闭包数量和其变动趋势来反映，它可以保障合作伙伴提供高质量的信息，从而提高双方合作的确定性（Grabher & Gernot，2002）。网络地位是指行为主体在网络中所处的地位，由于一般网络都为非均衡有层级的网络，处于不同网络地位的行为主体所拥有的信息是不同的，因而网络地位也是影响网络演化的重要因素（Markusen，1996；Morrison & Rabellotti，2009）。个体特征（如属性、规模、创新能力）不同决定了网络中行为主体发挥的作用也不尽相同。一般而言，规模越大、创新能力越强的行为主体在网络中发挥的作用也越大，往往能在网络演化过程中占据主导地位。

多维邻近性是解释网络动态演化的重要视角（Boschma & Frenken，2009）。邻近性包括地理邻近、认知邻近、制度邻近、文化邻近等，一定程度的邻近性可以拉近行为主体之间的距离，促进集聚效应的产生，为知识信息的流动提供便利，从而推动网络演化的发展。布勒克尔等（2012，2013）在分别运用二次指派程序和指数随机图模型对荷兰航空业创新网络进行研究后发现，不同模型得到的结论并不一致，二次指派程序结果表明，认知、社会、地理、组织邻近是创新网络的重要影响因素（Broekel，2012），而指数随机图模型结果显示，若考虑节点属性和网络结构的内生性，则仅地理邻近和制度邻近对网络演化有显著影响（Broekel，2013）。

周灿等（2018）利用我国电子信息产业的联合专利数据，在刻画网络演化特征的基础上，进一步运用随机行动者（Stochastic Actor-oriented，SAO）模型探究网络演化的影响因素，实证结果表明，根植性、地理邻近、社会邻近、个体特征对网络演化有显著的正向影响。薛澜等（2018）基于技术扩散的视角分析了创新网络的演化机理，构建了创新网络的演化模型并进行仿真分析，最后利用新能源汽车产业创新网络加以实证。

第三节

创新生态网络结构的创新效应研究

创新生态网络特征会影响网络内创新资源的流动方式和流动效率，进而对网络内创新主体的创新绩效产生一定影响。核心企业作为合作创新的关键主体以及成果转化主体，其创新绩效的提升关乎着整个行业的创新发展和生产力水平的提高。

一、构建创新生态网络是促进创新的新范式

在合作创新网络中的企业、高校、科研院所和政府机构等异质性创新主

体可以通过相互合作，促使企业更加有效地提升创新绩效，从而为企业顺利实施长期创新战略提供有力支撑。

基于产业创新网络系统，阿德纳探究核心创新企业通过构建合作创新网络，建立与其相关的上下游企业的合作关系整合异质性资源，进而促进创新（Adner，2006）。在通过与上下游企业进行合作创新的过程中，核心企业可以取得合作的主动权和领导权，核心企业在整合资源的同时，对相应的配套组织拥有一定的控制权，帮助其在该领域的竞争中占据关键位置。双重网络嵌入对企业创新绩效存在正向促进作用，但针对不同的网络结构其促进作用机制有所不同（孙骞和欧光军，2018）。

从事产品创新或流程创新的核心企业与其他创新主体之间形成的正式、非正式合作，这种合作创新网络模式可以在创新过程的任何阶段被复制，即具有普适性（Aken & Weggeman，2000）。网络开放性将对创新生态系统中各创新主体产生重要影响。网络开放性是多元的，需通过网络规模、网络密度、网络中心性三个维度的网络结构指标联合反映，不同网络结构特征对创新生态系统中的知识流动和知识溢出将产生不同影响（李亚军，2016；王鹏和张淑贤，2016）。

合作创新网络在新产品开发过程中发挥着重要作用，如何构建与持续管理创新生态网络，使其能最大限度地促进知识流动，成为创新生态系统研究值得重点关注的关键问题。

二、网络特征对企业创新绩效的影响

国内外学者对企业创新绩效影响因素的研究主要是从外部因素和内部因素两方面进行分析的。内部因素主要包括创新意识、创新资源、创新意愿、企业文化、网络资源整合能力、企业规模、产权性质、高管特征、人力资本等。外部因素主要包括市场需求、产业基础、制度环境、政策法规、地理位置与集群关系、环境规制政策的影响等。

随着网络理论和社会网络分析方法的兴起，越来越多的学者开始考虑网络特征对企业创新绩效的影响。网络特征对网络内成员的知识交流起到非常关键的作用（Dougherty，2010；Andrews，1993），而知识的流动和信息的传递为创新活动提供了先决条件，因而网络特征对企业创新绩效有重要影响。现有研究主要关注网络的小世界特征、结构洞、度数中心度等网络特征指标对企业创新绩效的影响。

网络的小世界性可以激发出更多的创新产出，对企业创新绩效有显著的促进作用（陈子凤和官建成，2009）。赵炎和王琦（2013）利用美国 SDC Platinum 数据库，构建中国通信设备产业战略联盟网络，发现网络的小世界性对企业创新绩效起促进作用并有显著滞后效应。其格其等（2016）利用专利数据构建了我国 ICT 产业产学研合作创新网络，探究了网络的聚簇系数和可达性对企业创新绩效的影响，结果表明聚簇系数正向影响企业当期创新绩效，可达性对滞后一期的企业创新绩效具有显著正向影响。

关于结构洞对企业创新绩效的影响，现有研究存在两种完全相反的观点。一种观点认为，处于结构洞位置的企业能够接触更多新知识和信息源，具有独特的合作伙伴优势，容易产生引致技术创新活动的新创意，从而有利于企业创新绩效的提升（Zaheer，2005；Hans，2008）。盛亚和范栋梁（2009）在此基础上将结构洞分为自益性结构洞和共益性结构洞，并提出这两种结构洞均有利于企业技术创新活动。另一种观点则认为网络结构洞会增加网络的稀疏性，对企业创新绩效存在抑制作用。相较于占据更多的结构洞，与已有个体保持紧密的合作交流关系更有利于技术创新活动（McFayden，2009）。除此之外，亦有学者考虑信任对网络结构洞影响企业技术创新活动的调节作用（章丹和胡祖光，2013），结构洞对企业探索式技术创新活动有显著促进作用，信任起到正向调节作用，但是结构洞对利用式技术创新活动的影响并不显著。

关于度数中心度对企业创新绩效的影响，目前学术界尚未形成定论。大多数学者认为度数中心度越高，企业获取异质性资源的能力越强，因而企业创新绩效越高（陈伟等，2012；张华和郎淳刚，2013；周灿等，2017）。也有学者认为，度数中心度与企业创新绩效呈现倒 U 型关系（马艳艳等，2014）。高霞等（2019）认为度数中心度与企业创新绩效的关系受企业所处阶段的影响。对于发展比较成熟且处于行业领先地位的企业而言，度数中心度与企业创新绩效呈倒 U 型关系；但对于仍处于上升期、发展不稳定的中小型企业而言，度数中心度与企业创新绩效可能会呈 U 型关系。

第五章

ICT 产业合作创新网络动态演化及其对技术创新的影响

近年来，ICT 产业已成为第四次科技革命的重要驱动力，是提高生产力和国际竞争力的关键。作为数字经济载体的信息通信技术产业（ICT），已逐渐成为促进国家或区域经济增长的主要驱动力，各国政府纷纷制定 ICT 产业发展战略，以促进 ICT 产业快速发展。较其他产业而言，ICT 产业在专利申请的数量、频率及更新速度上都有明显优势。本章以 ICT 产业为研究背景，对创新生态网络的动态演化及对创新绩效的影响进行探究。

第一节 ICT 产业的界定及创新发展

一、ICT 产业的概念及界定

（一）ICT 产业国际界定方法比较

ICT 产业起源于 20 世纪 60 年代的信息经济。随着通信技术和计算机技术的融合和深入发展，以及互联网的普及化，ICT 产业的内涵日益丰富。国际上，ICT 产业有三个主流界定方法，分别是由联合国、经济合作与发展组织

（OECD）和美国联邦政府提出的，详细界定方法如表 5－1 所示。联合国曾提出国际标准产业分类体系（ISIC），近年来该体系做出多次修订，信息通信行业最终在 2006 年的 ISIC Rev. 4 审议中正式被划分为一个单独的产业。其次，OECD 早在 1998 年就发布了 ICT 产业的定义和分类标准，随后基于 ISIC Rev. 4 中信息通信行业的定义，OECD 在 2007 年修订了 ICT 产业的基础分类标准。1997 年美国联邦政府提出 ICT 产业的相关概念，但至今为止，国际上对于 ICT 产业的界定仍没有统一的标准。

表 5－1　　ICT 产业主要界定方法辨析

分类主体	ICT 产业内容要求	ICT 产业内容范围	意义	评论
美、加、墨三国（1997）	生产、发布信息和文化产品的活动；提供方法和手段，传输和发布这些产品的活动；信息服务和数据处理活动	出版业、电影和音像业、广播电视和电信业、信息和数据处理服务业（包括新闻机构、图书馆、档案馆、网上信息服务、数据处理服务等活动）	首次在统计分类上界定信息业，并将其作为一个独立的产业部门纳入官方统计调查	侧重于有关信息传播与服务的部门，未包括制造业部门
OECD（1998）	作为制造业，备选行业的产品须满足信息处理、通信传输和显示功能； 作为服务业，备选行业的活动须有意识地通过电子手段满足信息处理和通信的功能	制造业中的办公用、会计用电子设备和计算机器；绝缘线和电缆；电子管、显像管及其他电子元器件；电视、无线电发射机，有线电话和电报设备；电视、无线电接收机，音像录放装置和相关制品；测量、检查、检验、导航和其他用途的工器具；工业加工控制设备；服务业中的电子机械、设备和物资的批发；办公机器和设备的出租；电信；计算机和有关的活动	打破了传统产业分类中制造业和服务业的二分法，为 OECD 的信息通信技术分类体系和数据采集机制奠定了基础	侧重于电子技术相关的活动

续表

分类主体	ICT 产业内容要求	ICT 产业内容范围	意义	评论
联合国（2004，2009）	结合了《北美产业分类体系》与经合组织对 ICT 产业的分类要求，制定出了“信息业”和“信息和通信技术”两个相关分类	《ISIC/Rev 3.1》的具体分类与 OECD 的分类是一致的；《ISIC/Rev 4.1》将 ICT 活动（行业）具体拆分为：信息和通信技术制造业、信息和通信技术贸易及信息和通信技术服务业	为世界各国确定自己的信息产业分类及进行国际比较提供了依据	明确了产业分类结构，既保持了分类的连续性，又增强了与其他分类的相关性和可比性

资料来源：OECD. Guide to Measuring the Information Society [M]. 2009. OECD. Information Economy Product Definitions Based on the Central Product Classification (Version 2).

（二）我国 ICT 产业的界定

我国信息产业的发展相对国际发展水平较为落后，我国国国民经济“第十个五年计划”提出了“加快信息产业发展，大力推进信息化”的目标，党的十六大报告强调了发展信息通信技术产业的巨大潜力，明确指出“我们要优先发展信息产业，在经济和社会领域广泛应用信息技术”。为了贯彻党中央国务院关于信息通信技术产业发展的政策法规，一些地区和有关部门相继组织了有关信息产业和信息化的调查研究，以期为我国信息产业建立一个统一的分类标准。

2004 年，国家统计局颁布《统计上划分信息相关产业暂行规定》，以国家标准 GB/T4754－2002《国民经济行业分类》为基础，参考《北美产业分类体系》（NAICS）的“信息业”和 OECD 的“信息和通信技术（ICT）”，并借鉴 ISIC/Rev3.1 中的“信息业”和“信息和通信技术”两个概念的相关分类，同样制定了信息业、信息和通信技术两个分类。在暂行规定中，信息相关产业主要是指与电子信息有关的各类行为的总和，包括电子信息设备制造、电子信息设备销售和租赁、电子信息传输服务、计算机服务和软件业、其他信息相关服务等五大类二十个细类；其中除“其他信息相关服务”外，我国划分的信息和通信技术的四个行业类别基本上与联合国的“信息和通信技术”分类保持一致。我国制定的这一分类既符合我国国情，也能运用这一分类标准进行国际对比。

目前，关于我国 ICT 产业划分有三个口径，如表 5－2 所示。大口径分类的范围很广，几乎涵盖了与信息有关的所有活动。小口径分类可以满足我国政府和社会观察与信息有关的行业活动的需求。但是，由于其范围有限，该分类标准无法在国际上进行比较。中口径分类是基于小口径的分类，可以与国际相关口径进行比较。

表 5－2　　信息产业划分口径及其范围

划分口径	划分范围	优缺点
大	涵盖了所有与信息活动相关的内容，如以出版活动、电子为手段的信息加工和生产、计算机及辅助设备的处理、通信技术传播等活动	几乎涵盖了与信息有关的所有活动，范围太大
中	包括计算机、广播电视、电子元器件等电子信息设备的制造，计算机及通信等电子信息设备的租赁和销售，电信、互联网和广播电视等的电子信息传输服务，计算机和软件服务为主的计算机服务和软件业，以及新闻出版、电影音像业等其他信息相关服务	范围与大口径相比较为精细，可以与国际相关口径进行比较
小	计算机、广播电视、电子元器件等电子信息设备的制造，计算机及通信等电子信息设备的租赁和销售，电信、互联网和广播电视等的电子信息传输服务，计算机和软件服务为主的计算机服务和软件业	能够满足社会各界和政府对信息产业观察的需要，但是由于其范围有限，该分类标准无法在国际上进行比较

资料来源：孙雪梅．ICT 产业分类的国际经验及其对中国的借鉴［D］．大连：东北财经大学，2016.

此外，按照 OECD 专利统计公报中对 ICT 产业的国际专利分类号的界定范围及我国学者高霞和陈凯华（2015）一文所提及的 ICT 各个子领域中 IPC 分类号的界定范围，可将 ICT 领域细分为 4 个子领域来检索其专利数据，分别是电信（无线电）、计算机（办公机器）、消费电子及其他 ICT 技术。

按照国家统计局出台的高技术产业（服务业）分类标准，将信息服务业划分为 ICT 服务业。借鉴国家统计局颁布的《统计上划分信息相关产业暂行规定》中对 ICT 产业的划分，参照 OECD 专利统计公报中对 ICT 产业的界定，并结合高霞和陈凯华（2015）一文所提及的 ICT 各个子领域中 IPC 分类号的界定范围，尽可能地确保本研究在国家知识产权局上获取的 ICT 产业合作专利数据与中国科技统计年鉴上所获取的技术创新数据具有可比性。

二、ICT 产业发展迅猛，引领我国经济发展

ICT 作为现代技术体系中的核心与通用目的技术，正引领新一轮产业革命，是第四次工业革命的驱动力，ICT 产业的创新、发展和应用对我国经济增长产生了显著影响。

1990 年以来，我国 ICT 产业取得了重大发展。ICT 产业从无到有，其规模逐渐扩大，尤其是近几年，ICT 产业呈指数式增长。2002 ~ 2007 年，我国 ICT 发展指数（IDI）的排名从 90 名上升至 73 名（共 154 个国家和地区参与排名），因此中国也成为 ICT 产业增长速度最快的国家之一。从国际电信联盟最新发布的 IDI 指数来看，2017 年我国 IDI 指数值（5. 60）高于全球平均水平（5. 17），在 176 个国家和地区中排名为第 80 名，相比前一年的第 83 名（共 175 个国家和地区参与排名）有小幅提升。IDI 指数前十名涵盖七个欧洲国家和除我国外的两个亚太地区经济体，这体现了发达且高收入的经济体具有比较强劲的 ICT 投资及创新水平。由这一指标可知，多数 ICT 产业发展较好的国家都会鼓励创新市场的自由竞争，同时也具有相对高的收入以及能有效利用 ICT 所需技能的人口数。

第二节 ICT 产业创新生态网络结构特征分析

构建创新生态网络是 ICT 产业增强创新能力的有效途径。将创新合作模式界定为产学研合作和企业间合作模式，其中，产学研合作模式分为学企合作和研企合作；企业间合作模式分为横向合作（企业与同行竞争企业合作）、纵向合作网络（企业与上下游企业合作）和企业内部合作网络（母子公司合作或各分公司合作）。

本章通过合作专利申请量和有效专利占比，对 ICT 产业合作专利基本特征进行阐述。基于专利合作数据构建合作创新网络，运用社会网络分析方法，

计算网络密度、网络平均度、平均路径长度、网络中心性、集聚系数等网络结构指标，总结归纳 ICT 产业合作创新整体网络、产学研合作创新网络、企业间合作创新网络的结构特征。

一、数据来源与合作创新网络的构建

（一）数据来源

专利数据来源于国家知识产权局专利检索系统。专利分为发明专利、实用新型和外观设计专利三类，由于发明专利的技术含量最高，最能代表技术水平，本章将专利类型限定为发明专利。按照 OECD 专利统计公报中对 ICT 产业的国际专利分类号的界定范围及高霞（2015）提及的 ICT 各个子领域中 IPC 分类号的界定范围，可获得 ICT 领域申请专利的具体 IPC 分类号，如表 5－3 所示。由于 ICT 产业是高技术产业，联合专利数量巨大，本章只对联合申请专利中被引项≥1 或者引证项≥1 的专利信息进行研究。又因为专利的被引项和引证项一般在五年后趋于稳定，故本书选择专利申请时间为 1985～2014 年的数据为研究对象。

表 5－3　　ICT 领域 IPC 分类代码

ICT 领域	IPC 代码
电信	G01S；G08C；G09C；H01P；H01Q；H01S；H1S5；H03B；H03C；H03D；H03H；H03M；H04B；H04J；H04K；H04L；H04M；H04Q
消费电子	G11B；H03F；H03G；H03J；H04H；H04N；H04R；H04S
计算机、办公机器	B07C；B41J；B41K；G02F；G03G；G05F；G06；G07；G09G；G10L；G11C；H03K；H03L
其他 ICT	G01B；G01C；G01D；G01F；G01G；G01H；G01J；G01K；G01L；G01M；G01N；G01P；G01R；G01V；G01W；G02B6；G05B；G08G；G09B；H01B11；H01J；H01L

（二）合作创新网络的构建

对我国 ICT 产业合作专利创新网络进行明确界定，即限定专利申请地址为中国（除港澳台）的前提下，高校、科研机构、企业等各种不同类型单位之间通过合作专利申请所产生的全部合作关系的总和。

例如，基于国家专利产权局的合作专利数据，我们可以得到某一时间段内 n 个创新主体的合作创新关系，即在该时段内，通过计算这 n 个创新主体间所进行的合作创新活动次数，我们可以得出由这 n 个不同创新主体所构建的合作创新网络。例如，创新主体 a 和创新主体 b 进行了一次合作创新，创新主体 a 和创新主体 c 进行了两次合作创新，创新主体 b 和创新主体 c 进行了三次合作创新；创新主体 i 与创新主体 a 和创新主体 n 分别进行了一次创新合作；创新主体 n 只与创新主体 i 构建了一次合作创新，则最终我们所构建的合作创新网络如表 5 - 4 所示。

表 5 - 4　　　　联合申请专利数据二维矩阵关系

主体	创新主体 a	创新主体 b	创新主体 c	…	创新主体 i	…	创新主体 n
创新主体 a	0	1	2	…	1	…	0
创新主体 b	1	0	3	…	0	…	0
创新主体 c	2	3	0	…	0	…	1
…	…	…	…	…	…	…	…
创新主体 i	1	0	0	0	0	…	1
…	…	…	…	…	…	…	…
创新主体 n	0	0	0	…	1	…	0

资料来源：作者整理所得。

同理，基于 1985 ~ 2014 年 ICT 产业联合申请专利数据，进行数据清洗和数据整理，以专利申请号确定专利的唯一性，将每件专利中所有合作申请单位（包括高校、企业、科研机构等）进行不区分先后顺序的两两组合，将每一个合作申请单位都称为一个创新主体（节点），从而将其构建成一个基于合作申请专利关系的二维数据库；基于所有的节点对是否具有合作关系及其合作次数来构建二维网络矩阵。

二、ICT 产业合作专利基本特征分析

本节从专利申请量和专利有效性两个方面，分析我国 ICT 产业合作专利

的基本特征，为分析 ICT 产业合作创新网络的网络结构特征奠定基础。

（一）ICT 产业专利申请量呈现逐年递增趋势

在国家知识产权局专利网站上，可以查询到 ICT 产业所有专利的申请数量情况；从专利申请量中筛选出由两个及两个以上创新主体联合申请的专利的总量，即合作专利申请量；再从合作专利申请量中筛选出被引项≥1 或者引证项≥1 的专利的总量，即为有效合作专利申请量，如图 5－1 所示。

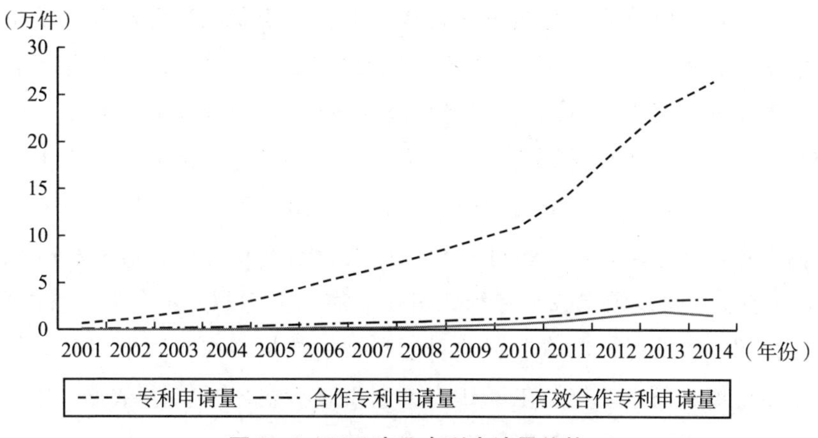

图 5－1　ICT 产业专利申请量趋势

资料来源：由 SIPO 专利网逐年查询数据整理所得。

我国第一例 ICT 产业的合作创新专利申请可以追溯到 1985 年，这一年的合作创新专利申请共有 133 件，有效合作创新专利申请仅 1 件。自 1985 年以来，我国 ICT 产业专利申请量和合作创新专利申请量都呈现逐年递增趋势。1985～1998 年，有效合作专利申请量比较稳定，每年都在 10 件以内，这一时期我国关于合作专利申请及知识产权保护方面的意识普遍比较淡薄。随着 1995 年全国科学技术大会的召开及我国关于 ICT 产业发展的相关鼓励政策的推进，ICT 产业开始兴起，有效合作申请专利量明显增多，从之前年份的个位数猛增到 1999 年的 77 例，1999～2005 年我国 ICT 产业的有效合作申请专利量逐年递增，其增幅也呈逐年增长态势。2006 年，随着全国科学技术大会的再次召开，我国 ICT 产业的有效合作申请专利量突破 1000 件，达到 1695 件，在其后的五年中，有效合作申请专利量的增幅均在 150% 左右，呈现高速增长态势。2011 年之后，有效合作申请专利量增幅有所回落，但每年申请的有效合作专利量均达到一万件以上。

（二）ICT 产业专利有效性分析

本节使用有效合作专利占比（有效合作专利占合作专利总申请数的比重）这一指标来衡量 ICT 产业的专利有效性。

如图 5－2 所示，我国 ICT 产业的有效合作专利占比大体呈现上升趋势，该值在 2012 年之前一直处于上升阶段，2012 年这一指标达到峰值，体现了我国 ICT 产业合作申请的专利质量一直在提升，表明我国对合作专利质量的关注和重视，而 2012 年以后这一数值可能会维持稳定。其中，2014 年的有效合作专利占比下降至 47.40%，这可能是因为随着 ICT 产业的发展壮大，研究人员较为关注合作创新专利的数量而忽视了合作创新专利的质量。中国社会科学院也曾发布《法治蓝皮书（2017）》，该书指出，我国在 2012～2014 年发布专利数 278.8 万件，而真正签订专利许可的仅有 5.6 万件，占专利授权数量的 2% 左右，这也反映出我国专利数量排名靠前但专利质量令人担忧的状况。此外，按照一般情况，申请专利的引证和被引数量会在专利申请后五年内趋于一个稳定值，而本研究是在 2019 年 6 月 1 日检索 SIPO 专利数据库中的合作申请专利，所以可能会遗漏部分 2014 年的有效合作专利，因此该年有效合作专利占比有所下降也很正常。

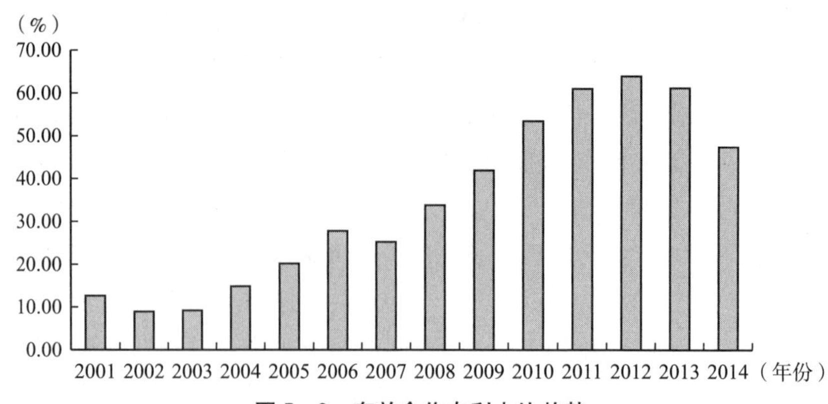

图 5－2　有效合作专利占比趋势

资料来源：由 2001～2014 年浙江省科技统计年鉴和 SIPO 专利网逐年查询数据整理所得。

三、ICT 产业合作创新整体网络分析

1985 年，我国颁布《中华人民共和国专利法》，明确了专利的所属权，从而激发了创新创造的热情和专利的推广应用。在国家政策的支持下，我国 ICT 产业第一例合作创新专利在 SIPO 专利网上申请成功，专利保护开始得到重视。在知识产权制度的保驾护航下，我国 ICT 产业创新开始萌芽，专利申请量有所增长，因此将 1985 ~ 1995 年划分为 ICT 产业合作创新网络的第一个阶段。1995 年，全国科技大会提出“科教兴国”战略，强调科技创新是促进国家持续发展的不竭动力，为适应改革开放和经济社会发展的需要，我国相继颁布了《专利法实施细则》和《专利代理条例》等法规规章，ICT 产业也逐渐重视专利保护。2005 年，国务院颁布《国家中长期科学和技术发展规划纲要（2006 ~ 2020 年）》，提出构建以市场为导向、产学研结合的技术创新体系，故将 1995 ~ 2005 年划分为第二个阶段。2006 年，我国召开了全国科学技术大会，同年国务院颁布《国家中长期科技发展规划纲要（2006 ~ 2010 年）》，进一步明确了合作创新的重要性，标志着 2006 ~ 2010 年这段时间是我国提升核心竞争力的关键时期，该规划针对智能感知技术、自组织网络技术、虚拟现实技术等 ICT 产业技术制定了相应的发展方案，体现了我国对 ICT 产业发展的高度重视，故将 2006 ~ 2010 年划分为第三个阶段，2011 ~ 2014 年为第四个阶段。

（一）ICT 产业合作创新整体网络演化分析

本节从整体网络演化趋势、网络中心性情况、网络集聚程度三方面对 ICT 产业合作创新网络进行整体网络分析。

30 多年来，在党中央、国务院的坚强领导下，中国坚持改革开放，不断开拓进取，专利事业从无到有，从小到大，迅速发展，取得了令人瞩目的成就，同时也加速了我国 ICT 产业的专利申请进程，为促进经济社会发展做出了重要贡献。图 5 – 3 展示了 1985 ~ 2014 年四个最具有代表性的 ICT 产业合作创新网络，从中我们可以看到 ICT 产业合作创新网络的演化过程。

我国 ICT 产业合作整体网络的规模呈现明显的扩大趋势。正如表 5 – 5 所

示，从 1985 年第一例合作专利申请至今，我国 ICT 产业合作网络发展至今已有三十多年的历史。我国 ICT 产业合作整体网络规模有明显的变化，从最初的 17 个创新主体逐渐增加至 9016 个创新主体，网络节点数明显增加。1996 ~ 2010 年，我国 ICT 产业合作创新网络已初具雏形，创新主体数量增速较快，ICT 产业的相关组织都愿意参与到合作创新网络中来，很多企业希望通过加入合作创新网络以获取更多创新资源和信息。

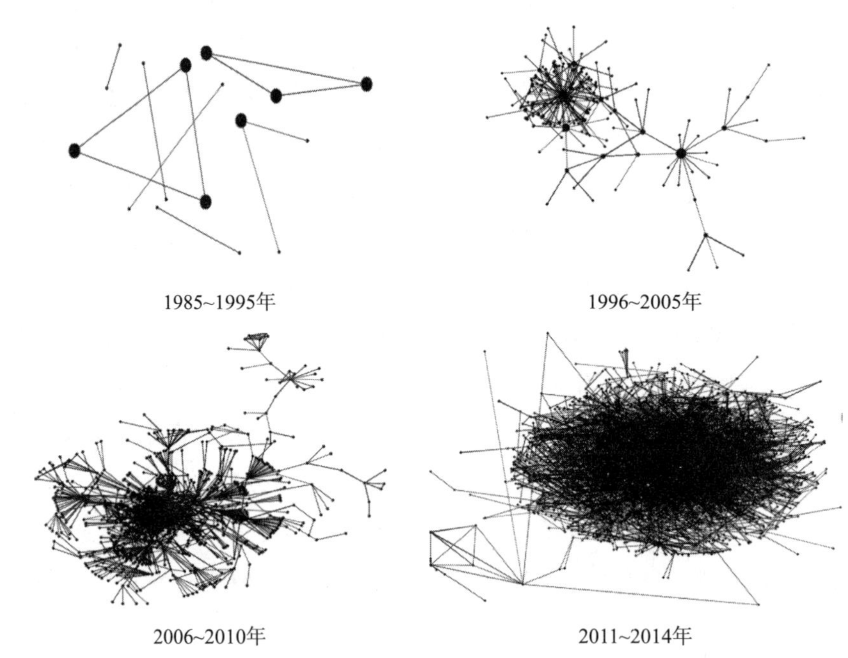

图 5 – 3　整体合作创新网络演化

表 5 – 5　　整体合作创新网络规模演化情况

阶段	合作次数	创新主体总数	平均度	创新主体增长率（%）
1985 ~ 1995 年	12	17	0.71	—
1996 ~ 2005 年	1516	261	5.81	15.35
2006 ~ 2010 年	15003	2198	6.83	8.42
2011 ~ 2014 年	84831	9016	9.41	4.10

合作创新网络中各创新主体间的合作次数逐渐增多。从网络平均度可以看出，我国 ICT 产业合作创新网络中各创新主体之间的合作从平均每个主体 0.71 逐渐增长至 9.41。其中，1996～2005 年增速最快，该阶段网络中各创新主体重视合作，倾向于找自己熟悉或者合作过的组织进行二次合作。网络创新主体间合作次数增多，体现了合作创新网络的网络规模在逐步扩张，ICT 产业也日益成为促进我国经济增长的重要驱动力。

（二）ICT 产业合作创新整体网络中心性分析

基于整体网络研究视角，中心性可以用于探究不同阶段的合作创新网络之间存在的中心趋势差异。

由表 5－6 可知，随着我国 ICT 产业合作创新网络的发展，网络度数中心性和网络中间中心性逐渐增大，而网络接近中心性逐渐减小。这体现出我国 ICT 产业合作创新网络中各创新主体对网络资源的控制能力逐渐增强，处于网络关键节点的创新主体数量也日益增多，该网络从以单一主体处于核心位置、其他各创新主体大多处于边缘位置的网络结构形式，转变为以多主体控制网络核心资源的模式，从而更好地提升了合作创新网络中各类资源的流动性，有利于各创新主体之间进行信息交流与信息传递。

表 5－6　　整体合作创新网络中心性指标

阶段	度数中心性	中间中心性	接近中心性
1985～1995 年	1.41	0.06	0.72
1996～2005 年	1.38	6.83	0.61
2006～2010 年	1.82	490.36	0.43
2011～2014 年	2.75	4929.80	0.29

（三）ICT 产业合作创新整体网络集聚程度分析

结合图 5－3 的网络演化趋势来看，我国 ICT 产业合作创新网络逐渐形成了核心—边缘化结构。该结构表明，大部分创新主体处于网络边缘，只有极少数创新主体能获得核心资源。因此，该网络整体对创新个体的影响力较小，这可能会阻碍知识的转移和创新，个体成员将难以从网络中获取有价值的资源。

我国 ICT 产业合作创新网络的网络密度都比较稀疏。由表 5－7 可知，我国 ICT 产业合作创新网络的网络密度由刚开始的 0.0882 逐步降低为 0.0003。在国家政策引导下，该创新网络吸引了大量创新主体，随着网络规模的扩大，网络的覆盖范围和影响力持续扩大。由于创新主体数量急剧增加，网络中各创新主体之间的合作次数却没有相应增加，导致网络密度骤降。而在 2006 年及以后，网络密度降速减缓。合作创新网络初具规模之后，网络中各创新主体间的联系变得更为紧密，注重相互间的交互合作。此外，网络集聚系数总体呈下降趋势，虽然后期有所回升但仍小于 0.353，且平均路径长度逐渐缩短。这体现出 ICT 产业合作创新网络具有“小世界性”，并且这一趋势日益明显，这有利于网络中创新主体间的信息传递和交流，有利于知识和信息的传播。就平均度指标而言，该网络创新主体间的合作频率虽低但合作效率较高。通过了解网络发展动向，从而稳定网络结构，更好地提升企业的创新能力。

表 5－7　　整体合作创新网络密度及集聚系数

阶段	网络密度	集聚系数
1985～1995 年	0.0882	0.353
1996～2005 年	0.0053	0.047
2006～2010 年	0.0008	0.191
2011～2014 年	0.0003	0.260

综上所述，自 1985 年起的 30 多年间，ICT 产业日益成为促进我国经济增长中不可或缺的一部分，ICT 产业合作创新整体网络规模逐渐扩大，网络创新主体间合作次数增多，网络平均度数值增大，并已从以高校及科研机构主导发展的网络合作创新模式转化为由企业主导的网络合作创新模式。

第三节
不同合作模式下创新网络结构特征分析

本节将 ICT 产业合作创新网络按照申请人单位的属性划分为产学研合作

和企业间合作两大类合作模式。其中，产学研合作模式按照专利申请人所属单位属性可划分为学企合作和研企合作两类；企业间合作模式按照专利申请人所属企业与核心企业的关系可划分为企业间横向合作网络（企业与同行竞争企业合作）、纵向合作网络（企业与上下游企业合作）和企业内部合作网络（母子公司合作或各分公司合作），具体如图 5－4 所示。

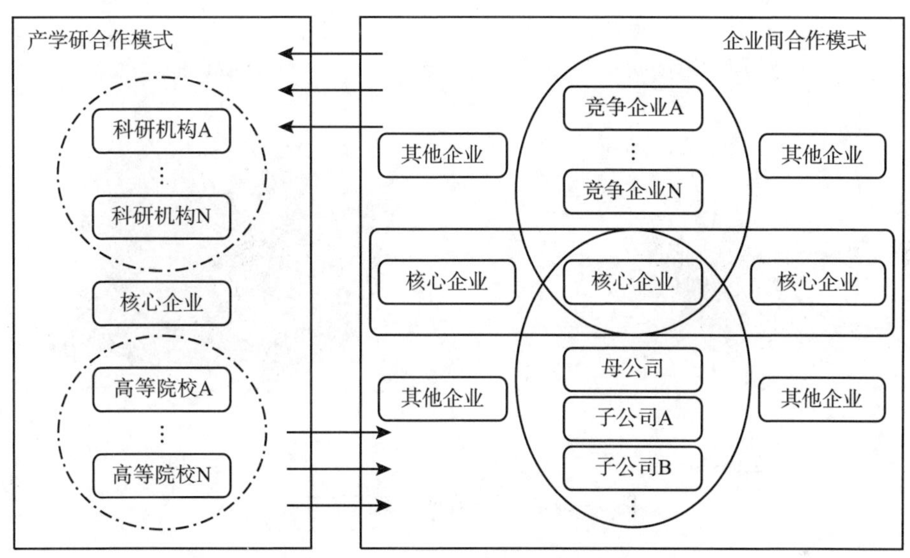

图 5－4　ICT 产业合作模式分类

一、产学研合作创新网络结构特征分析

（一）ICT 产业产学研合作创新网络演化分析

产学研合作创新模式是一种常见的合作模式，是指企业与高校、研究院所之间进行合作而促进技术创新的模式，其本质是一种技术与经济的结合。我国 ICT 产业产学研合作创新网络的发展演化情况，如图 5－5 所示。

产学研合作创新模式有助于将高校和科研机构所研发的新技术与市场需求相融合，有效避免研发技术与市场需求脱节，有利于加快科技成果转化，帮助企业增强创新能力，提升核心竞争力。

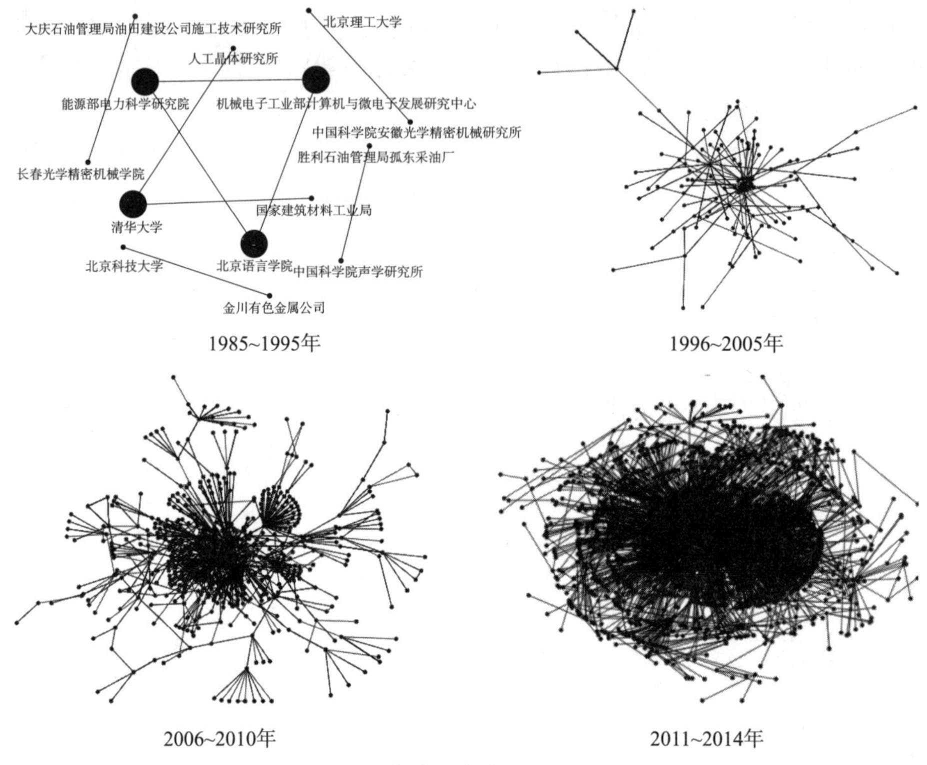

图 5－5　产学研合作创新网络演化

我国 ICT 产业合作创新网络在发展之初以高校为主导，随着时间的推移，产学研合作创新网络有所发展，但相较于企业间合作创新网络规模的发展速度仍然较慢一些，在整体合作创新网络中所占据主导地位也逐渐被削弱，但不可否认的是，产学研合作模式仍然是我国 ICT 产业合作创新网络中创新主体之间进行合作的重要模式之一。

如表 5－8 所示，1995 年以前，我国 ICT 产业产学研合作创新网络刚刚兴起，网络非常稀疏，网络中的创新主体合作次数仅 9 次，其中仅包含清华大学、能源部电力科学研究院、机械电子工程部计算机与微电子发展研究中心、北京语言学院等 14 个创新主体。

表 5-8　产学研合作创新网络规模演化情况

阶段	合作次数（次）	创新主体总数（个）	平均度	创新主体增长率（%）
1985~1995 年	9	14	0.64	—
1996~2005 年	363	141	2.57	10.07
2006~2010 年	2964	885	3.35	6.27
2011~2014 年	5253	3761	1.40	4.24

随后十年是我国 ICT 产业产学研合作创新网络中创新主体数量增长最快的时段，该网络中的创新主体数量是 1995 年以前的 10 倍。高等教育在科技引领未来和经济一体化时代背景下显得尤为重要，尤其是在当今的知识经济社会下，人才的竞争是引领经济发展的关键因素，这极大地促进了我国 ICT 产业产学研合作创新网络发展。

2005 年，国务院颁布《国家中长期科学和技术发展规划纲要（2006~2020 年）》，提出我国需构建以市场为导向、产学研结合的技术创新体系。2006 年，我国召开了全国科学技术大会，进一步强调了产学研合作在技术创新中的重要推动力。在我国政府出台的 ICT 产业扶持政策的孵化下，我国 ICT 产业产学研合作创新网络在该阶段的网络平均度数值达到 3.35，为四个时间段中的最大值，说明该合作网络中的创新主体之间存在相对紧密的合作关系。

2011~2014 年，网络平均度和创新主体增长率都有所下降，ICT 产业产学研合作创新网络的发展方向从拓展网络中的创新主体数量转变为加强网络中创新主体之间的合作。

（二）ICT 产业产学研合作创新网络中心性分析

随着我国 ICT 产业产学研合作创新网络的发展，产学研合作创新网络的度数中心性从 1.29 提升至 2.54，中间中心性从 0.07 提升至 3857.75，而接近中心性则从 0.76 下降至 0.15。该合作创新网络的度数中心性和中间中心性逐渐增大，而接近中心性逐渐减小，这与我国 ICT 产业整体网络的中心性发展趋势一致，如表 5-9 所示。

表 5-9　　产学研合作创新网络中心性指标

阶段	度数中心性	中间中心性	接近中心性
1985~1995 年	1.29	0.07	0.76
1996~2005 年	1.36	4.31	0.58
2006~2010 年	1.75	244.45	0.33
2011~2014 年	2.54	3857.75	0.15

这一现象体现出我国 ICT 产业产学研合作创新网络中各个创新主体对网络资源的控制能力有所增强，处于网络关键节点的创新主体数量也日益增多，该网络从以单一主体处于核心位置、其他各创新主体大多处于边缘位置的网络结构形式，转变为以多主体控制网络核心资源的模式，从而更好地提升了合作创新网络中各类资源的流动性，有利于各创新主体之间进行信息交流与信息传递。

由表 5-10 可知，我国 ICT 产业产学研合作创新网络中占据中心位置前十的创新主体大部分为高校，有且仅有一个创新主体为研究机构，没有一家企业位列前十，表明我国 ICT 产业产学研合作创新网络是以高校为主导的合作创新网络。

表 5-10　　产学研合作创新网络排名前十的创新主体

高校名称	所属省份	高校名称	所属省份
清华大学	北京	东南大学	江苏
中国电力科学研究院	北京	华北电力大学	北京
国家电网公司	北京	华南理工大学	广东
上海交通大学	上海	武汉大学	湖北
浙江大学	浙江	西安交通大学	陕西

产学研合作创新网络中排名前十的创新主体有 40% 位于北京。北京拥有丰富的科研资源，承载了综合性国家科学中心建设和基础研究的使命，拥有大量国家重点实验室，承担高水平的基础研究和应用研究任务，因此在 ICT 产业合作创新网络中占据主导地位。除武汉大学、西安交通大学外，其他创

新主体都处于经济发达的东部沿海省市，北京、江苏、上海三个省市在 ICT 产业的产学研合作创新模式中占有绝对优势。

高校在产学研合作模式中起到一个连接沟通的作用，是企业与科研院所之间进行合作交流的桥梁，在产学研合作创新网络中可以控制网络资源流动，是该合作创新网络中至关重要的一部分。

（三）ICT 产业产学研合作创新网络集聚程度分析

集聚系数反映了合作创新网络中创新主体之间的合作强度，我国 ICT 产业产学研合作创新网络的网络密度与集聚系数如表 5－11 所示。

表 5－11　　产学研合作创新网络密度及集聚系数

阶段	网络密度	集聚系数
1985～1995 年	0.0989	0.214
1996～2005 年	0.0097	0.030
2006～2010 年	0.0019	0.075
2011～2014 年	0.0002	0.090

我国 ICT 产业产学研合作创新网络的网络密度呈现逐渐减低的趋势，网络集聚系数呈先下降后上升的趋势，这体现出我国 ICT 产业产学研合作创新网络具有螺旋上升的演化特征。我国 ICT 产业产学研合作创新网络首先以吸引大量外部创新主体加入为手段，通过扩大网络规模来扩大该网络的覆盖范围和影响力，由于创新主体数量迅速增加，网络中各创新主体之间的合作次数却没有相应提升，导致网络密度骤降。其次，在该合作创新网络已形成一定的规模和网络效应后，更注重网络中创新主体合作频次的提升，使得该网络中创新主体间的合作更为密切，但由于 ICT 产业产学研合作日益壮大，整体网络从高校主导型网络转化为企业主导型网络，网络密度一直呈下降趋势。

ICT 产业产学研合作创新网络中，高校发挥至关重要的作用。在产学研合作创新网络中可以控制网络资源流动，是该合作创新网络至关重要的一部分。在产学研合作创新网络发展的最初十年，仅包含清华大学、能源部电力科学研究院、机械电子工程部计算机与微电子发展研究中心、北京语言学院等 14

个创新主体。随着创新网络的发展，依然存在于该合作创新网络中的有4家，其中，清华大学为这些创新主体的典型代表，清华大学充分利用自身科研优势，在2011～2014年与其附属研究院和各类企业合作创新225次，占据该合作创新网络的关键位置。还有一些创新主体仍然活跃在ICT产学研合作创新网络中，但因其隶属单位的更改或者组织名称的更变，使得这一主体无法持续观察，如能源部电力科学研究院于1998年3月更改隶属关系，现已隶属于国家电网公司。如今，国家电网及其下属的各个分公司都在ICT产学研合作创新网络中发挥着不可或缺的作用。

二、企业间合作创新网络结构特征分析

按照核心企业与某一企业之间所形成的合作创新关系，企业间合作模式可分为三种类型：横向合作网络类型（指某一企业与竞争者或同行业企业进行合作）、纵向合作网络类型（指某一企业与该企业所处产业的上下游企业进行合作）和企业内部合作网络类型（母子公司之间进行合作或统一公司所涵盖的各个分公司之间进行合作）。

（一）ICT产业企业间合作创新网络演化分析

企业间合作创新的本质在于企业与企业之间为了实现各自利益最大化而进行不同形式的合作，使得企业能在日益激烈的市场竞争中增强核心竞争力，最终实现互利共赢。我国ICT产业企业间合作创新网络演化情况如图5－6所示。

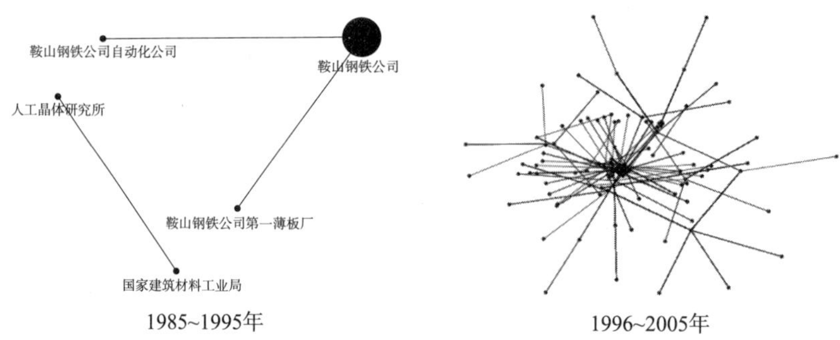

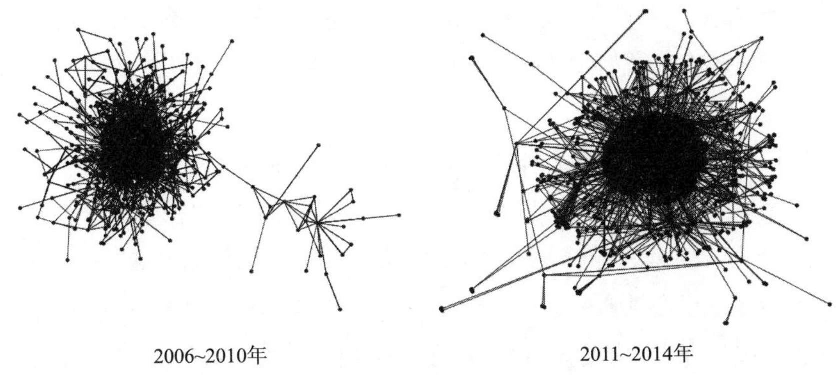

图 5-6　企业间合作创新网络演化

企业间合作创新网络规模演化情况见表 5-12。我国 ICT 产业企业间合作创新网络的网络规模在 1985～1995 年非常稀少，仅有 3 例，但随着时间的推移和经济繁荣发展，自 1996 年得到快速发展，网络规模持续扩大，在 2011～2014 年的 ICT 产业合作创新网络中企业间合作占据 73.28%，成为我国 ICT 产业进行合作创新的主要方式，因此我国 ICT 产业整体合作创新网络已然从高校主导型合作创新网络转化为企业主导型合作创新网络。

表 5-12　企业间合作创新网络规模演化情况

阶段	合作次数	创新主体总数	平均度	创新主体增长率（%）
1985～1995 年	3	5	0.60	—
1996～2005 年	1145	119	9.62	23.80
2006～2010 年	11934	1399	8.53	11.76
2011～2014 年	7439	5580	1.33	3.99

由表 5-12 可知，从创新主体总数看，我国 ICT 产业企业间合作创新网络较产学研合作创新网络起步晚，但该合作创新网络发展速度快，仅用了十多年时间就从 5 个创新主体发展到 5580 个创新主体，1985～2010 年，其合作次数从 3 次快速增长至 11934 次。

此外，ICT 产业企业间合作创新网络的平均度和创新主体增长率指标在

1996～2010 年都高于产学研合作创新网络的相应数值，但在 2011～2014 年，企业间合作创新网络的平均度和创新主体增长率指标略低于产学研合作创新网络相应指标数值。

（二）ICT 产业企业间合作创新网络中心性分析

中心性可以用于探究不同时间段的合作创新网络之间存在的中心趋势差异。由表 5－13 可知，随着 ICT 产业企业间合作创新网络的发展，企业间合作创新网络的度数中心性指标从 1.20 提升至 2.40，中间中心性指标从 0.2 提升至 636.50，而接近中心性指标从 0.63 降低至 0.40。由此可知，ICT 产业企业间合作创新网络的度数中心性和中间中心性逐渐增大，而接近中心性逐渐减小，这与 ICT 产业整体合作创新网络和产学研合作创新网络的中心性发展趋势相同。

表 5－13　企业间合作创新网络中心性指标

阶段	度数中心性	中间中心性	接近中心性
1985～1995 年	1.20	0.20	0.63
1996～2005 年	1.33	1.64	0.63
2006～2010 年	1.66	15.13	0.52
2011～2014 年	2.40	636.50	0.40

这表明我国 ICT 产业企业间合作创新网络中各企业对网络资源的控制能力有所增强，处于网络关键节点的企业数量日益增多，该合作创新网络已经从以单一企业处于核心位置、其他企业大多处于边缘位置的网络结构形式，转变为多主体控制网络核心资源的模式，从而促使该合作创新网络中各类资源和知识在企业间更快速便捷地交流与转移。

由表 5－14 可知，ICT 产业企业间合作创新网络中占据中心位置前十的企业大部分是国有企业和国家控股的集团或公司，这说明 ICT 产业的企业大多是在国家扶持的基础上发展壮大起来的。此外，为推进经济发展，我国政府致力于将许多原属于国家所有的研究机构改为公司制，并鼓励一些大学和研究机构建立外部公司制的创新机构，导致国有企业和国家控股的集团或公司数量增多。

表5-14 企业间合作创新网络中心性排名前十的创新主体

排序	企业名称	排序	企业名称
1	国家电网公司	6	北京四方继保自动化股份有限公司
2	神华国华电力研究院有限公司	7	中国移动通信集团广东有限公司
3	广东电网公司电力调度控制中心	8	中国海洋石油总公司
4	华为技术有限公司	9	广东电网公司电力科学研究院
5	中国神华能源股份有限公司	10	南京南瑞继保电气有限公司

广东省是ICT产业专利申请大省，企业创新活力强劲。广东省的ICT产业不容忽视，其合作创新模式已成功转化为企业主导型合作创新网络。众所周知，广东省孕育了许多大型ICT企业，其中，以华为技术有限公司、中兴通讯股份有限公司、科大讯飞股份有限公司等公司为典型代表，为中国创新发展做出了突出贡献，部分创新成果已经在全球具有技术领先优势和核心竞争力。2020年华为研发费用高达1418.93亿元，其专利产出水平远高于其余企业，拥有专利多且发明专利占比高，为企业的自主创新奠定了坚实基础。华为已经是全球领先的ICT基础设施和智能终端提供商，5G综合实力居全球首位，拥有全球最多的5G标准必要专利。随着经济全球化进程的纵向深入推进，华为技术有限公司在自身逐渐发展壮大的过程中意识到公司应更加注重其海外研发能力的提升。华为公司虽然在企业间合作网络中与其他企业的合作频数不是特别多，但合作效率非常高，该公司占据ICT产业合作创新网络的关键位置。

（三）ICT产业企业间合作创新网络集聚程度分析

由表5-15可知，我国ICT产业企业间合作创新网络存在大量弱连接。ICT产业企业间合作创新网络的网络密度由0.7692降低至0.0113，网络密度呈现逐渐减低趋势，与产学研合作创新网络的演变趋势相同；网络集聚系数从0逐渐增加至0.283，表明ICT产业企业间合作创新网络拥有较强的向外扩张力，其发展态势与产学研合作创新网络螺旋上升的演化特征有所不同。ICT产业企业间合作创新网络仍处于高速扩大网络规模阶段，外部创新主体不断加入合作创新网络，扩大网络的覆盖范围并持续提升影响力。

表 5-15　　企业间合作创新网络密度及集聚系数

阶段	网络密度	集聚系数
1985～1995 年	0.7692	0.000
1996～2005 年	0.0113	0.025
2006～2010 年	0.0012	0.178
2011～2014 年	0.0004	0.283

随着合作创新网络的发展，构建网络中各创新主体之间的强连接已经不再是唯一能够巩固网络并提升网络影响力的方法。某一网络如果存在大量的弱连接会加快网络的复杂化进程，即更好地连接网络中的各个主体，加速该网络中的信息传递速度，最终使网络得到快速发展。

我国 ICT 产业企业间合作创新网络的主要合作模式是企业内部合作。近年来，ICT 产业企业间合作创新网络发展迅速，企业内部合作网络，即母子公司合作或各分公司合作模式在企业间合作创新网络中特别常见，凝聚子群现象最为显著。企业与上下游企业、同行竞争企业合作的次数都较少。以中国石油化工股份有限公司为例，它是一家上中下游一体化，并拥有完备销售系统的股份制企业，通过企业内部合作就可以得到生产链中所需的各类资源。在产学研合作创新方面，它更偏向于与清华大学、同济大学、西南石油大学等我国著名高校合作；在企业间合作创新方面，它大多与本公司附属的科学研究机构及各地分公司进行合作创新。企业间的合作大多以联合经营、横向并购等方式进行，这些一般都不体现在合作专利申请上，本章是基于创新主体间合作申请专利进行探索，因此，这也是可能造成这些类型的合作相对较少的原因。

第四节
网络结构对技术创新的影响分析

随着国内外学者对合作创新网络方面的研究日益深入，学者们认识到合作创新网络结构逐渐成为影响创新能力的关键性因素。基于上一节网络结构指标的测算，本节针对产学研合作创新网络和企业间合作创新网络，分析网络中心性和网络集聚程度对技术创新的影响。

一、理论基础与研究假设

（一）网络中心性与技术创新

网络中心性作为分析网络结构特征的重要指标，是指某一或某些企业充当网络中心枢纽的情况。在微观层面，网络中心性可以分为三种类型，分别是点度中心性、中间中心性、接近中心性。基于网络中各创新主体的视角，点度中心性可以直观地衡量网络中某一创新主体对网络中资源及关键要素的控制能力；基于整体网络的视角，点度中心势可反映不同时间段和不同性质的网络之间存在的中心趋势差异。中间中心性更侧重于衡量网络中某一创新主体控制其他创新主体之间交往的能力，是一种对其他创新主体的间接影响力。接近中心性主要用于考察网络中某一创新主体与网络中心的远近程度。

网络中心性相对较高的企业，在合作网络中有相对较高的控制能力，因此获得资源的能力更强，有助于促进技术创新绩效。该类企业应快速整合利用网络中的资源，转化为企业自身的知识和核心竞争力；而那些网络中心性相对较低且处于该合作网络边缘位置的企业，应该紧紧抓住与网络核心企业合作的机遇，共享网络中领先企业拥有的优质资源，最终让企业得到最快速度的发展。网络的中心性对技术创新能力的影响并非仅仅是简单的线性关系，需要通过影响企业的知识流动与知识整合间接影响技术创新绩效。

（二）网络集聚系数与技术创新

许多复杂网络都具有“小世界性”，如社区交往网络、产学研合作创新网络、行业企业联盟网络等。基于中国汽车行业的企业间合作创新数据，郑向杰（2014）研究发现，合作创新网络的平均路径长度越短，网络中的信息与知识的传播速度越快，传播效率越高，平均路径长度对企业创新绩效存在促进作用。

曹洁琼等（2015）将社会网络方法与负二项回归分析相结合，分析 ICT 产业产学研合作创新网络的“小世界”特性对创新绩效的影响，发现平均路径长度对创新绩效有积极影响，网络集聚系数对创新绩效也具有促进作用。

叶春霞等（2015）以中国知识产权局所公开的1985～2010年的36731条企业间合作专利数据为研究样本，对该合作创新网络形成的凝聚子群和“小世界性”进行核算和分析，认为这一合作创新网络具有非常明显的“小世界性”，且这一“小世界性”会对企业开放式创新存在直接影响。

综上所述，为消除网络规模与网络密度这两个网络整体结构指标对技术创新的影响，将网络平均度作为控制变量，选用网络集聚系数衡量ICT产业合作创新网络中的“小世界性”，并认为网络集聚系数对技术创新的提升可能存在促进作用。

二、变量选择与模型构建

基于国家知识产权局2000年1月1日至2014年12月31日的ICT产业合作申请专利数据，以五年时间窗口构建ICT产业产学研合作创新网络和企业间合作创新网络，通过构建计量模型，探究ICT产业合作创新网络的网络中心性和集聚系数对技术创新产出的影响。

（一）各类变量选择

1. 因变量

创新绩效：本节选用发明专利申请量（*TP*）反映企业创新绩效。由于专利数据构建网络的滞后性，采用ICT产业每年发明专利申请量的滞后一期衡量创新绩效。

2. 自变量

（1）网络中心性：代表合作创新网络整体和网络内部某一创新主体的中心趋势。网络中心性的测度方式有多种，包括度数中心性、中间中心性、接近中心性以及与之相对应的各类中心势。本节探究网络整体的网络中心性，采用度数中心势*DC*表示网络中心性，具体计算公式详见式（4－5）。

（2）集聚系数：网络集聚系数反映了创新主体之间的合作强度，处于某一合作创新网络的各个创新主体越倾向于形成密度相对较高的网络子群，该网络中的“小世界性就越明显”，用*CC*表示集聚系数，计算公式详见式（4－9）

和式（4－10）。

3. 控制变量

（1）网络平均度：代表控制了网络规模效应的网络密集程度，用 AD 表示网络平均度，计算公式详见式（4－2）。

（2）前五年合作专利申请量：该网络前五年的有效合作专利申请量。将网络前五年的有效合作专利申请量放入控制变量有利于消除之前合作创新专利申请的影响，公式为 $BFTP = \sum_{i-5}^{i-1} CZFMTP_i$，其中 $CZFMTP_i$ 表示第 i 年的合作发明专利申请量。

（3）研发经费内部支出：代表研发活动的资本投入。采用 ICT 产业每年投入的研发经费内部支出来衡量，具体采用每年的通用设备制造业，电气机械和器材制造业，计算机、通信和其他电子设备制造业，仪器仪表制造业，信息传输、软件和信息技术服务业，新闻和出版业及广播、电视、电影和影视录音制作业的研发经费内部支出之和，用研发 FI_i 表示第 i 年的研发经费内部支出。

（4）研发人员全时当量：是国际上通用的、用于比较科技人力投入的指标，指研发全时人员（全年从事研发活动累积工作时间占全部工作时间 90%及以上人员）工作量与非全时人员按实际工作时间折算的工作量之和。具体采用每年的通用设备制造业，电气机械和器材制造业，计算机、通信和其他电子设备制造业，仪器仪表制造业，信息传输、软件和信息技术服务业，新闻和出版业及广播、电视、电影和影视录音制作业的研发人员全时当量的总和，用 R&D SI_i 表示第 i 年的研发人员全时当量。

（5）就业人员数：代表从事劳动并取得劳动报酬或经营收入的全部劳动力。采用通用设备制造业，电气机械和器材制造业，计算机、通信和其他电子设备制造业，仪器仪表制造业，信息传输、软件和信息技术服务业，新闻和出版业及广播、电视、电影和影视录音制作业的就业人员数的总和，用 EMP_i 表示第 i 年的就业人员数。

（二）不同合作模式网络结构对技术创新影响的模型构建

借鉴柯布—道格拉斯经典生产函数的构建方法，将 ICT 行业各个创新实体之间的合作创新过程与研发投入产出过程进行类比。首先构建技术创新的基本计量模型如式（5-1）所示：

$$Y = A(t) K^{\alpha} L^{\beta} \upsilon \tag{5-1}$$

式中，Y 表示技术创新产出，K 表示与技术创新资金投入，L 表示技术创新活动中所投入的人力资本，α 表示技术创新活动资金投入的产出弹性系数，β 表示技术创新活动人员投入的产出弹性系数，υ 表示随机干扰项，$A(t)$ 代表综合技术水平。

将式（5-1）左右两边同时进行对数变换：

$$\ln Y = \ln A(t) + \alpha \ln K + \beta \ln L + \ln \upsilon \tag{5-2}$$

由式（5-2）可知，影响技术创新活动产出的因素包括研发活动的资金投入、研发人员投入以及合作创新网络结构［归属于 $\ln A(t)$］。将网络中心性指标和网络集聚系数指标纳入计量模型，探究在不同合作模式下网络中心性和集聚系数分别对技术创新产生的影响，如式（5-3）和式（5-4）所示。

1. 合作创新网络中心性对技术创新的影响

$$\ln TP_{t-1} = \alpha + \beta_1 \ln DC_t + \beta_2 \ln AD_t + \beta_3 \ln BFTP_t + \beta_4 \ln R\&DFI_t + \beta_5 \ln R\&DSI_t + \beta_6 \ln EMP_t + \varepsilon_t \tag{5-3}$$

2. 合作创新网络集聚系数对技术创新的影响

$$\ln TP_{t-1} = \alpha + \beta_1 \ln CC_t + \beta_2 \ln AD_t + \beta_3 \ln BFTP_t + \beta_4 \ln R\&DFI_t + \beta_5 \ln R\&DSI_t + \beta_6 \ln EMP_t + \varepsilon_t \tag{5-4}$$

式（5-3）和式（5-4）所包含的所有自变量、控制变量和因变量的具体变量解释如表5-16所示。为消除量纲影响，将所有变量都进行标准化处理，使得不同计量单位的数据可以放入同一模型进行实证分析。

表5-16　变量解释

变量类型	指标名称	变量符号	指标含义
因变量	发明专利申请量	TP	反映整体的技术创新能力
自变量	中心性	DC	反映网络整体的整合度或一致性
	集聚系数	CC	反映合作创新网络中创新主体的合作对象之间相互合作的程度

续表

变量类型	指标名称	变量符号	指标含义
控制变量	研发经费内部支出	R&DFI	反映对技术创新的资本投入
	研发人员全时当量	R&DSI	反映对技术创新的人员投入
	前五年合作专利申请量	BFTP	该网络前五年的有效合作专利申请量
	网络平均度	AD	代表控制了规模效应的合作网络的网络密度
	就业人员数	EMP	代表在从事劳动并取得劳动报酬或经营收入的全部劳动力

三、网络中心性对技术创新影响的实证结果分析

（一）产学研合作模式下，网络中心性对技术创新的影响

为探究网络中心性和网络集聚程度与技术创新之间的关系，首先对 ICT 产业产学研合作创新网络中各类变量之间进行两两相关分析，结果见表 5－17。

表 5－17　　产学研合作创新网络变量相关性检验

变量	TP（－1）	DC	AD	R&DSI	R&DFI	BFTP	EMP
TP（－1）	1.0000	—	—	—	—	—	—
DC	0.8363 (0.0050)	1.0000	—	—	—	—	—
AD	－0.8179 (0.0071)	－0.7482 (0.0204)	1.0000	—	—	—	—
R&DSI	0.9785 (0.0000)	0.8405 (0.0045)	－0.7895 (0.0114)	1.0000	—	—	—
R&DFI	0.9872 (0.0000)	0.8399 (0.0046)	－0.8334 (0.0053)	0.9938 (0.0000)	1.0000	—	—
BFTP	0.9328 (0.0002)	0.8623 (0.0028)	－0.8824 (0.0016)	0.8843 (0.0015)	0.9235 (0.0004)	1.0000	—
EMP	0.8152 (0.0137)	0.7915 (0.0193)	－0.6501 (0.0809)	0.7899 (0.0197)	0.8054 (0.0158)	0.8726 (0.0047)	1.0000

注：括号内为显著性概率值。

由表5-17可知，在0.05的显著性水平下，全部自变量、控制变量与因变量之间均存在显著相关关系，而控制变量中的研发经费内部支出、研发人员全时当量和前五年合作专利申请量存在相关关系，而研发经费内部支出和研发人员全时当量与自变量网络中心性之间存在显著的相关关系。这说明研发经费内部支出和研发人员全时当量对网络中心性的影响最大，即某一网络内部创新主体的研发经费内部支出大，研发人员全时当量多的时候，该网络中处于关键位置的创新主体就越多，从而使得该网络整体的整合度得到提升。

通过相关分析可知，研发经费内部支出、研发人员全时当量、前五年合作专利申请量、从业人员数、网络平均度、网络中心性与技术创新绩效的相关性都很高，这些自变量和控制变量之间的相关性也较强，因此，通过逐步回归方法探究产学研合作模式下网络中心性对技术创新的影响。

通过逐步回归，剔除研发经费内部支出和就业人员数这两个控制变量，并构造网络中心性、网络平均度、前五年合作专利申请量、研发人员全时当量与技术创新绩效的计量模型，结果见表5-18。

表5-18　　产学研合作创新网络回归结果

解释变量	Coef.	Robust Std. Err.	t值	P>|t|
DC	0.377055	0.073699	5.12	0.007
AD	-0.19975	0.042748	-4.67	0.009
R&DSI	0.793006	0.050611	15.67	0.000
BFTP	0.560725	0.089995	6.23	0.003

由表5-18可知，点度中心势指标DC的t值为5.12，P值为0.007，远小于临界值0.05，表明点度中心势对ICT产业产学研合作创新网络的技术创新产出具有促进作用，网络中创新主体间的中心趋势差异越明显，技术创新绩效越好。

就控制变量而言，前五年合作专利申请量和研发人员全时当量对ICT产业产学研合作创新网络的技术创新产出都存在积极影响，网络平均度对ICT产业产学研合作创新网络的技术创新存在抑制作用。

这一现象的出现可能与我国ICT产业产学研合作创新网络中各创新主体

之间的交流距离有关。我国 ICT 产业产学研合作创新网络中的高校、研究机构随着交流距离的增大，其知识默会程度和信息不对称程度都呈倍速增大，创新主体之间知识交流和传播的成本会因此被扩大，从而不利于技术创新的产生。当然，如果存在大量的弱连接，就使得该合作创新网络的复杂性大大增加，从而加速该网络中的知识和信息传递速度。同样地，基于对人脑功能组织模块的研究，加洛斯（Gallos，2012）认为在网络中更容易将弱连接转化为小世界，从而能帮助该网络将发展态势良好的主体保存下来，为网络日后的发展奠定坚实基础，这也从另一个侧面印证了网络中心性对技术创新绩效存在积极影响。由于 ICT 产业产学研合作创新网络中大量的创新主体只拥有弱连接，并且该合作创新网络中仍然有少量创新主体拥有非常高的点度中心度，导致 ICT 产业产学研合作创新网络的整体中心性增加，从而对技术创新绩效产生积极影响。

（二）企业间合作模式下，网络中心性对技术创新的影响

本研究主要基于网络整体的合作创新活动，也可算作关注交往活动的一种，因此本书以整体网络为研究对象，网络中心性可由点度中心势来衡量，点度中心势可以用于探究不同时间段和不同性质网络之间存在的中心趋势差异。

企业间合作创新网络变量相关性检验结果见表 5－19。由表 5－19 可知，在 0.05 的显著性水平下，全部自变量、控制变量与因变量之间均存在显著相关关系。控制变量中的研发经费内部支出、研发人员全时当量与自变量网络中心性之间存在显著的相关关系，说明研发经费内部支出与研发人员全时当量对网络的中心性影响较大，即在某一网络的研发经费内部支出越大，研发人员全时当量较多的时候，该网络中处于关键位置的创新主体就越多，从而使得该网络整体的整合度得到提升。

表 5－19　企业间合作创新网络变量相关性检验

变量	TP（－1）	DC	AD	BFTP	EMP	R&DFI	R&DSI
TP（－1）	1.0000	—	—	—	—	—	—
DC	0.7415 （0.0222）	1.0000	—	—	—	—	—

续表

变量	TP（-1）	DC	AD	BFTP	EMP	R&DFI	R&DSI
AD	-0.7707 (0.0151)	0.6086 (0.0820)	1.0000	—	—	—	—
BFTP	0.7736 (0.0145)	0.9442 (0.0001)	-0.6744 (0.0463)	1.0000	—	—	—
EMP	0.8152 (0.0137)	0.6886 (0.0590)	0.8293 (0.0109)	0.8721 (0.0047)	1.0000	—	—
R&DFI	0.9872 (0.0000)	0.735 (0.0241)	-0.9336 (0.0002)	0.7659 (0.0161)	0.8054 (0.0158)	1.0000	—
R&DSI	0.9785 (0.0000)	0.7142 (0.0306)	0.908 (0.0007)	0.7578 (0.0180)	0.7561 (0.0184)	0.7899 (0.0197)	1.0000

通过相关分析可知，网络中心性与技术创新绩效之间存在显著相关，网络中心性及技术创新绩效与其他控制变量之间的相关程度也较高，因此，通过逐步回归方法探究企业间合作模式下网络中心性对技术创新的影响。

通过逐步回归，剔除研发人员全时当量这一控制变量，并构造网络中心性、网络平均度、前五年合作专利申请量、研发经费内部支出、就业人员数与技术创新的计量模型，结果见表5-20。

表5-20 企业间合作创新网络回归结果

解释变量	Coef.	Std. Err.	t值	P>|t|
DC	3.64453	0.804721	4.53	0.045
AD	-2.356312	0.359748	-6.55	0.023
R&DFI	0.9056219	0.163924	5.52	0.031
BFTP	6.961944	1.388503	5.01	0.038
EMP	8.03811	1.636558	4.91	0.039

由表5-20可知，点度中心势指标DC的t值为4.53，P值为0.045 <

0.05，表明点度中心势对 ICT 产业企业间合作创新网络的技术创新产出具有促进作用，网络中创新主体间的中心趋势差异越明显，技术创新绩效越好。

就控制变量而言，研发经费内部支出、前五年合作专利申请量和就业人员数对 ICT 产业产学研合作创新网络的技术创新产出都存在积极影响，网络平均度对 ICT 产业产学研合作创新网络的技术创新存在抑制作用。这与产学研合作创新网络的结果一致。网络中存在较多稳定且联系频繁的强连接对网络技术创新的影响有限，而创新主体之间存在大量的弱联系将有助于合作网络更好地发展。

四、网络集聚系数对技术创新影响的实证结果分析

（一）产学研合作模式下集聚系数对技术创新的影响

网络集聚系数主要用于反映合作创新网络的局部特征和集团化程度，反映网络中创新主体之间的合作强度（即合作频次）。如果处于合作创新网络的各个创新主体都倾向于形成密度相对较高的网络子群，则该网络中的“小世界性就越明显”。网络集聚系数数值越大，表示该合作创新网络中的“小世界性”特征越明显，且有趋于合作关系稳定化的态势。

由表 5－21 可知，在 0.05 的显著性水平下，全部自变量、控制变量与因变量之间均存在显著相关关系，而控制变量中的研发经费内部支出、研发人员全时当量与自变量网络中心性之间存在显著的相关关系，即在某一网络的研发经费内部支出较多，研发人员全时当量越大的时候，该网络中处于关键位置的创新主体就越多，从而使得该网络整体的整合度得到提升。采用逐步回归方法，探究产学研合作模式下网络集聚系数对技术创新的影响。

表 5－21　　产学研合作创新网络变量相关性检验

变量	TP（－1）	CC	AD	R&DSI	R&DFI	BFTP	EMP
TP（－1）	1.0000	—	—	—	—	—	—
CC	0.8308 (0.0055)	1.0000	—	—	—	—	—

续表

变量	TP（-1）	CC	AD	R&DSI	R&DFI	BFTP	EMP
AD	-0.8179 (0.0071)	0.8212 (0.0067)	1.0000	—	—	—	—
R&DSI	0.9785 (0.0000)	-0.8792 (0.0018)	-0.7895 (0.0114)	1.0000	—	—	—
R&DFI	0.9872 (0.0000)	-0.8741 (0.0021)	-0.8334 (0.0053)	0.9938 (0.0000)	1.0000	—	—
BFTP	0.9328 (0.0002)	-0.8379 (0.0048)	-0.8824 (0.0016)	0.8843 (0.0015)	0.9235 (0.8054)	1.0000	—
EMP	0.8152 (0.0137)	-0.767 (0.0264)	-0.6501 (0.0809)	0.7899 (0.0197)	0.8726 (0.0158)	0.8726 (0.0047)	1.0000

通过逐步回归，剔除网络平均度、研发人员全时当量和就业人员数这三个控制变量指标，构造网络集聚系数、研发经费内部支出、前五年合作专利申请量与技术创新的计量模型，结果见表5-22。

表5-22　　产学研合作创新网络回归结果

解释变量	Coef.	Std. Err.	t值	P>|t|
CC	0.3595701	0.1131608	3.18	0.025
R&DFI	0.5401622	0.0419886	12.86	0.000
BFTP	0.2791666	0.1012812	2.76	0.040

由表5-22可知，网络集聚系数的t值为3.18，P值为0.025<0.05，表明网络集聚系数对ICT产业产学研合作创新网络的技术创新产出具有促进作用，即认为ICT产业产学研合作创新网络中的“小世界性”越明显，则该合作创新网络能产出的技术创新就会越多。就控制变量而言，前五年合作专利申请量和研发经费内部支出对ICT产业产学研合作创新网络的技术创新产出都存在积极影响。

（二）企业间合作模式下集聚系数对技术创新的影响

由表 5 - 23 可知，在 0. 05 的显著性水平下网络集聚系数与 ICT 产业企业间合作创新模式下的技术创新存在显著相关关系，而技术创新和集聚数这两个指标与其他控制变量之间的相关程度也比较高，这说明网络平均度、前五年合作专利申请量、研发人员全时当量、从业人员、研发经费内部支出都与因变量存在关联。

表 5 - 23　　　　企业间合作创新网络变量相关性检验

变量	TP（-1）	CC	AD	变量	EMP	R&DFI	R&DSI
TP（-1）	1. 0000	—	—	—	—	—	—
CC	0. 8080 （0. 0084）	1. 0000	—	—	—	—	—
AD	-0. 7707 （0. 0151）	-0. 7766 （0. 0138）	1. 0000	—	—	—	—
BFTP	0. 7736 （0. 0145）	-0. 9393 （0. 0002）	-0. 6744 （0. 0463）	1. 0000	—	—	—
EMP	0. 8152 （0. 0137）	-0. 8005 （0. 0170）	0. 8293 （0. 0109）	0. 8721 （0. 0047）	1. 0000	—	—
R&DFI	0. 9872 （0. 0000）	-0. 8245 （0. 0063）	-0. 9336 （0. 0002）	0. 7659 （0. 0161）	0. 8054 （0. 0158）	1. 0000	—
R&DSI	0. 9785 （0. 0000）	-0. 8068 （0. 0086）	0. 9080 （0. 0007）	0. 7578 （0. 0180）	0. 7561 （0. 0184）	0. 7899 （0. 0197）	1. 0000

共线性检验得到方差膨胀因子为 290. 99，说明该模型存在共线性。因此采用逐步回归方法进一步分析。通过逐步回归，剔除控制变量研发人员全时当量，构建网络集聚系数、网络平均度、前五年合作专利总数、研发经费内部投入、从业人员与技术创新的计量模型，结果见表 5 - 24。

表 5－24　企业间合作创新网络回归结果

解释变量	Coef.	Std. Err.	t 值	P＞|t|
CC	4.598584	0.7624914	6.03	0.026
AD	－2.091381	0.2296845	－9.11	0.012
R&DFI	1.044014	0.2285476	4.57	0.045
BFTP	4.05506	0.566871	7.15	0.019
EMP	4.391796	0.6479932	6.78	0.021

由表 5－24 可知，网络集聚系数的 t 值为 6.03，P 值为 0.026＜0.05，表明网络集聚系数对 ICT 产业企业间合作创新网络的技术创新产出具有促进作用，该合作网络的小世界性特征越明显，则该合作创新网络能产出的技术创新就会越多。

就控制变量而言，研发经费内部支出、前五年合作专利总数和就业人员数对 ICT 产业企业间合作创新网络的技术创新产出存在正向影响，网络平均度对该网络中技术创新的提升存在抑制作用，与中心性对技术创新的影响结果相似。

第五节 ICT 产业创新生态网络的构建及管理

随着 ICT 产业的发展，技术的复杂程度日益提高，国际竞争加剧，突破式创新的难度日益增加，ICT 产业各创新主体通过创新生态网络加强交流合作、共同促进创新的优势日益凸显，企业间的合作日益增多。在这一过程中，市场需求是推动产业技术创新的重要因素，合作创新中企业、高校、科研院所等创新主体都需要关注创新供给与市场需求的密切结合，因此企业、高校、科研院所等创新主体之间的交互合作非常关键。为营造 ICT 产业合作创新的健康发展环境，本节从企业和高校（科研机构）两个角度提出相关建议，以更好地帮助企业和高校（科研机构）结合自身能力和资源优势，构建高效的合作创新网络，建立健康的合作创新生态系统，为促进我国 ICT 产业合作创新的发展提供支持。

一、企业角度构建创新网络的建议

在 ICT 产业合作创新网络中，企业是不可或缺的创新主体类型，其在合作创新网络中所占据的位置可分为处于网络核心位置的企业（网络核心企业）和处于网络边缘或外围的企业（网络边缘企业）两类。

对于位于合作创新网络核心位置的企业，应该对已有的合作联系进行维护并在适当时候加强这种联系，从而为合作双方构建一个和谐稳定的合作交流渠道，减少重新构建新合作所产生的交流成本。在面对并不能增加核心企业自身利益的合作或者出现更优选择的合作时，应该进行合理的断链重连，进一步优化以该企业为核心的合作创新网络的资源配置，从而达到企业利益最大化。同时，核心企业应扩大网络合作的有效范围，多与同样位于网络核心位置的企业构建强有力的合作关系，促进合作双方交流各自的创新资源，达到资源的最大利用；多与处于网络边缘的企业构建合作关系，这样可以减少合作创新网络的结构洞产生，有利于加快合作创新网络中的信息与知识的传递速度，扩大信息与知识的传递范围，在有效扶持网络边缘企业的同时，也能巩固企业在网络的不可替代性，引领和带动产业链上下游企业、同行相关企业和竞争者，有效组织产学研力量实现融通创新发展。

对于处于合作创新网络边缘的企业，应该紧紧把握机会，在网络核心企业抛出橄榄枝的时候，增强企业与网络中各个核心企业的合作交流，从而更好地利用核心企业所提供的资源，最大限度地获取合作创新网络中的信息和资源，站在巨人的肩膀上学习完善自身，进而力争快速高效地提升本企业的合作创新能力，提高企业的创新产出及科技成果转化率，逐步增强自主创新能力，在合作创新网络中拥有更多的话语权，巩固和提升在网络中的位势。

二、高校及科研机构角度构建创新网络的建议

高校及科研机构是科技创新的源头，是知识创新的中坚力量，高校和科

研机构是我国高层次高技术人才最为密集的地方，具有非常强大的科研基础和科研实力。高校应积极发挥科技资源优势，与时俱进培养科技创新人才，并与相关企业开展密切合作，通过“产教融合”方式联合培养高层次创新人才，从而使高校培养的人才既能在大学学习到扎实的科学文化知识，更能对接市场需求，在毕业后能更快更好地融入企业，为企业创造切实有效的利益。

高校及科研机构应重视与相关产业领军企业之间的合作交流。由于领军企业具有一定的创新引领和带头作用，高校及科研院所与之合作，可以及时感知该产业关键共性技术、前沿引领技术，了解最先进最核心的技术所在，掌握产业的研究热点难点等信息，从而帮助高层次研发人才更好地了解行业现状，深刻理解行业的真实需求，从而将高校的基础研究能力与领军企业的创新资源有效结合，更好地合作研发出适合我国市场的科技成果，推进高水平科技自立自强。

第六章

医药制造业产学研合作创新网络特征的测度及其创新效应研究

医药制造业作为我国六大高技术制造业产业之一，对新技术的依赖性较大，具有技术复杂程度高、技术更新换代快、产品技术含量高等特征，医药制造业企业很难仅仅依靠自己的力量实现自主创新，医药制造业的发展有赖于以高校和科研院所为主体的基础研究、应用研究和以企业为主的科研成果转化，产学研合作成为促进我国医药制造业创新发展的重要方式。

本章客观分析了我国医药制造业创新发展趋势，定量测度医药制造业产学研合作创新网络的特征，深入探讨产学研合作创新网络特征对企业创新绩效的影响，明晰不同网络特征对企业创新绩效的影响机制，为企业改善网络地位进而提升创新绩效提供决策依据，以期推动我国医药制造业产学研协同发展。

第一节 医药制造业创新发展趋势分析

一、我国医药制造业的发展现状

（一）医药制造业的范围界定

医药制造业是指将原料经物理变化或化学变化成为新的医药类产品的行

业。医药制造业对于保护国民健康、改善生活质量、促进社会和谐发展具有重要作用。按照最新的知识产权（专利）密集型产业统计分类表（2019）和高技术产业分类表（2017），医药制造业主要包含化学药品原料药制造、化学药品制剂制造、中药饮片加工、中成药生产、兽用药品制造、生物药品制造、基因工程药物和疫苗制造、卫生材料及医药用品制造、药用辅料及包装材料等细分行业，具体分类见表6-1。

表6-1　　我国医药制造业分类

大类	中类	小类	名称	行业分类代码
01			医药制造业	27
	011		化学药品制造	
		0111	化学药品原料药制造	2710
		0112	化学药品制剂制造	2720
	012	0120	中药饮片加工	2730
	013	0130	中成药生产	2740
	014	0140	兽用药品制造	2750
	015		生物药品制品制造	276
		0151	生物药品制造	2761
		0152	基因工程药物和疫苗制造	2762
	016	0160	卫生材料及医药用品制造	2770
	017	0170	药用辅料及包装材料	2780

资料来源：国家统计局：知识产权（专利）密集型产业统计分类（2019）和高技术产业（制造业）分类（2017）。

其中，化学药品制造以仿制药为主，在整个医药制造业中所占份额最大，但是由于技术含量较低因而不具备较强的国际竞争力；中成药生产所占比重仅次于化学药品制造，而且中成药具有浓厚的本土特色，在医药制造业中的地位相对较高；生物药品制造依托先进的生物技术，最近几年发展势头较为强劲，未来发展前景也较为可观。相较于2013版高技术产业分类表，2017版高技术产业分类表中，生物药品制造类别下新增了基因工程药物和疫苗制造，反映了目前国家对基因工程药物和疫苗制造的重视。

（二）我国医药制造业的发展特征

1. 技术含量高

依据高技术产业和知识产权（专利）密集型产业的定义和分类表，医药制造业同时属于高技术产业和知识产权（专利）密集型产业，医药制造业的稳步发展依赖大量高端人才和技术。一项新药的研发，从研制、试验、生产到投入市场，都需要大量先进技术的支撑，其所需的技术复杂程度高，更新换代快。

2. 高投入、高风险

医药产品从开始研制到投入市场，要经历合成、提取、生物筛选、药理、毒理试验、稳定性试验、生物利用度测试、放大实验、三期临床、注册上市和售后监督等一系列过程（郑宝华，2010），每一个过程都需要投入大量的人才、资金和时间成本。然而，尽管每年发现的医药化合物多达数千种，但是能进入临床研究的仅占很小的比例，最终投入市场使用的则更少。因此，医药制造业具有高投入、高风险的特点。

3. 持续成长性

医药制造业关乎每个人的卫生与健康，是人们的健康安全保障，在国民经济发展中的地位始终较高。它较少受经济波动的干扰，长期以来一直保持稳定发展的态势。随着人们生活水平的不断提高以及人口老龄化趋势的日益显著，人们追求更高品质的健康医疗服务，对医药产品和医疗条件有更高的要求，因而医药制造业这一刚需产业将持续发展。

（三）我国医药制造业的产业规模分析

为了从整体上把握我国医药制造业发展概况，通过医药制造业历年企业数、主营业务收入、从业人员平均人数等指标反映产业发展规模，具体见表6－2。

表6－2　　　　我国医药制造业产业规模分析

年份	企业数（个）	主营业务收入（亿元）	从业人员平均人数（人）
1995	5388	902.67	1157429
1996	5396	1033.84	1186508

续表

年份	企业数（个）	主营业务收入（亿元）	从业人员平均人数（人）
1997	5028	1184.04	1157337
1998	3280	1282.95	1037389
1999	3272	1390.95	998826
2000	3533	1682.80	995641
2001	3488	2006.94	1029916
2002	3681	2280.00	1055038
2003	4063	2750.70	1153951
2004	4765	3033.00	1143815
2005	4971	4019.80	1234389
2006	5368	4718.80	1302750
2007	5748	5967.10	1373407
2008	6524	7402.30	1507512
2009	6807	9087.00	1604792
2010	7039	11417.30	1731652
2011	5926	14484.40	1786022
2012	6387	17337.70	1966586
2013	6839	20484.20	2085498
2014	7108	23350.30	2159430
2015	7392	25729.50	2229376
2016	7541	28206.10	2257372
2017	7532	27117.00	2309977

资料来源：依据《中国高技术产业统计年鉴》和《中国科技统计年鉴》整理得到。

由表6－2可知，自1995年以来，我国医药制造业经历了快速发展壮大的阶段，产业规模持续扩大。为了更加清晰直观地把握产业规模发展趋势，对企业数、主营业务收入、从业人员平均人数这三项指标展开具体分析，绘制趋势图（见图6－1至图6－3）。

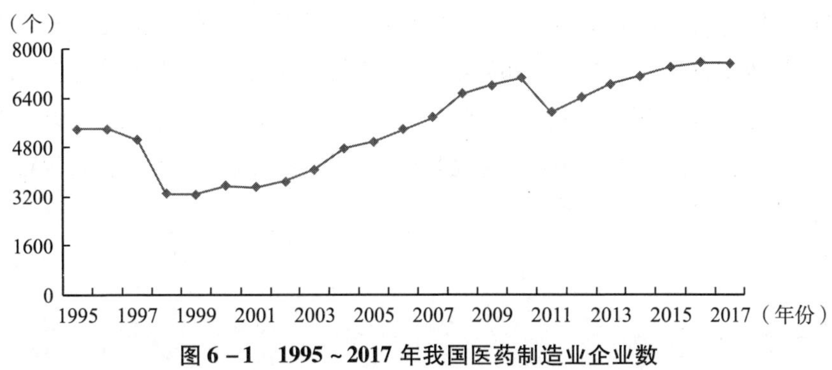

图 6－1　1995～2017 年我国医药制造业企业数

依据图 6－1 可以看到，就企业数而言，1995～2017 年我国医药制造业企业数呈现波动增长的趋势。早在 1995 年，我国医药企业数就达到了 5388 个，说明医药制造业起步早，发展基础较好。1996～1999 年，受国务院下发的《关于进一步加强药品管理工作的紧急通知》影响，各级政府和部门对医药市场进行了大力整顿和规范，医药制造业企业数有所下滑。1999 年之后恢复快速增长，2010 年发展至 7039 个，在高技术产业中占比达到 24.97%。2011 年受政策压制、中药材价格上涨等因素影响，医药制造业企业数再度下降。此后年份增速趋缓，2017 年医药制造业企业数发展至 7532 个。

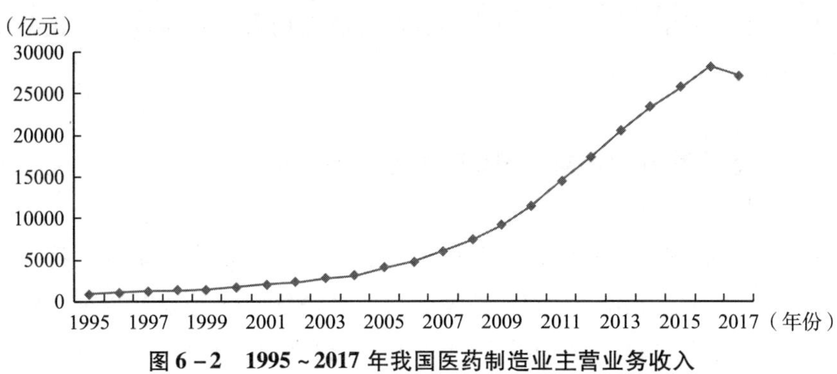

图 6－2　1995～2017 年我国医药制造业主营业务收入

依据图 6－2 可以看到，1995～2017 年，我国医药制造业主营业务收入经历了起步、发展、快速发展三个阶段。1995～2001 年，主营业务收入整体水平相对较低，增长较为平缓。2002～2008 年，主营业务收入快速增长，年均增长率高达 21.69%，及至 2008 年主营业务收入发展至 7402.3 亿元。2008 年之后主营业务收入仍然保持高速增长，2017 年达到 27117 亿元，1995～2017 年年均增长速度高达 16.73%。这说明最近几年我国医药制造业发展规模不断壮大，发展态势比较迅猛。

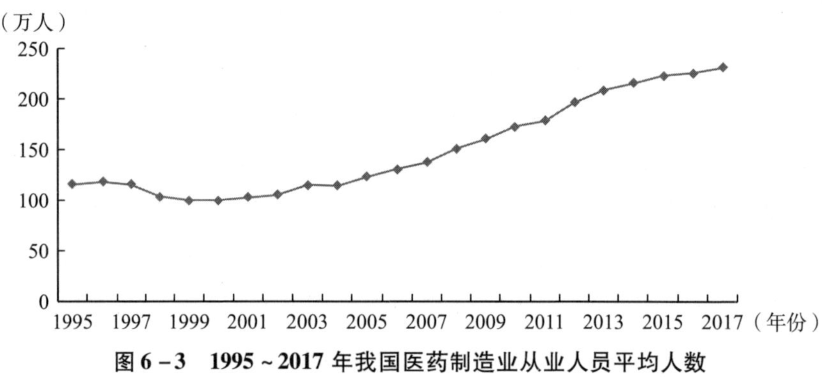

图 6－3　1995～2017 年我国医药制造业从业人员平均人数

依据图 6－3 可以看到，1995～2017 年，我国医药制造业从业人员平均人数先波动下降后平稳增长。1995～2001 年，从业人员平均人数由 115 万人降至 102 万人。2001 年以后稳步增长，仅 2003 年出现一次小幅回落，2017 年达到 230 万人。整体而言，医药制造业从业人员平均人数相对较高，在高技术产业中占比达到 16% 左右。

二、我国医药制造业的创新发展趋势分析

在我国医药制造业发展现状分析的基础上，进一步通过研发人员全时当量、研发经费内部支出、专利申请量、新产品销售收入等指标数据，对我国医药制造业的创新发展趋势进行刻画，并依据我国医药制造业的创新发展趋势划分发展阶段，为后续分析我国医药制造业产学研合作创新网络特征提供基础。

（一）创新投入分析

创新投入主要包括资金投入和人员投入两大方面。依据图 6－4 可以看

出，1995~2017 年，随着医药制造业整体规模不断扩大，创新投入也呈现高速增长态势。资金投入方面，研发经费内部支出从 1995 年的 4.28 亿元增加至 2017 年的 534.18 亿元，年均增长速度达到 23.53%。研发经费内部支出占主营业务收入的比重（简称研发强度）虽然整体水平较低，但自 1995 年以来也一直缓步增长。2003 年首次突破 1%，2009 年达到 1.48%，此后波动上升，2017 年达到 1.97%。人力投入方面，研发人员全时当量在 2005 年以前整体规模和增长幅度均较小，而且几度出现回落。2005 年以后增长速度急剧上升，最近几年稳定在 12 万人年左右。

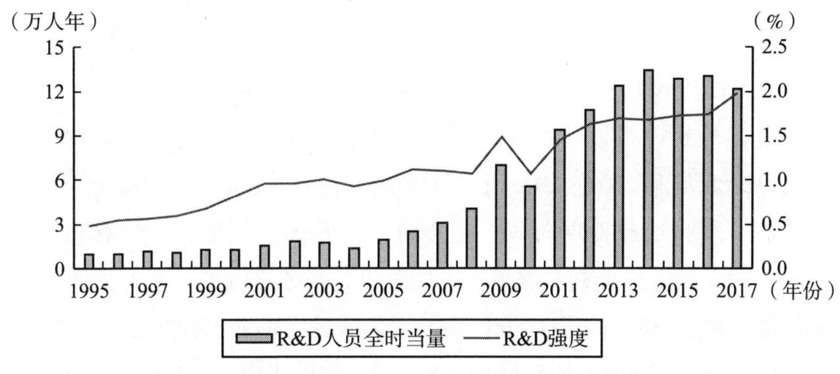

图 6-4　1995~2017 年我国医药制造业创新投入变化情况

（二）创新产出分析

创新投入的增加引致了创新产出的持续增长。由图 6-5 可知，1995~2017 年，专利申请数、有效发明专利数、新产品销售收入占主营业务收入的比重这些创新产出指标均不断走高。1995~2001 年，专利申请数和有效发明专利数保持在较低的水平，这段时期创新成果并不显著。2002 年以后专利申请数和有效发明专利数快速增长，2017 年分别达到了 19878 件和 44956 件。有效发明专利数增长速度高于专利申请数，最近几年在数量上远远超过了专利申请数，表明专利质量突出。新产品销售收入占主营业务收入的比重在 1995~2017 年经历了平稳增长、快速增长、平稳增长三个阶段，2017 年达到了 21.07%。

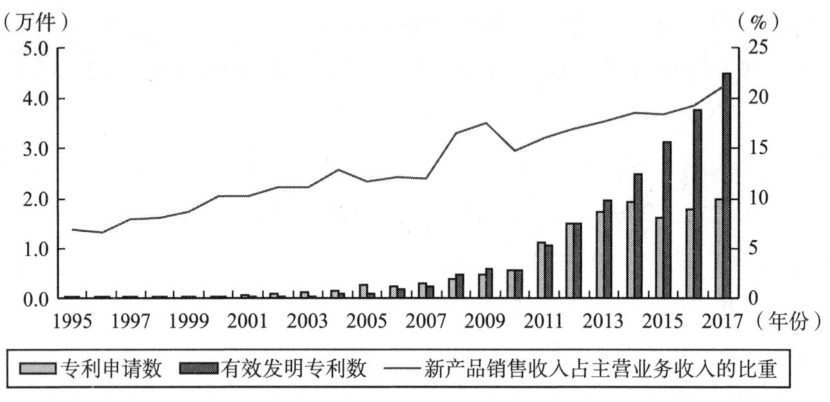

图 6-5　1995～2017 年我国医药制造业创新产出变化情况

（三）发展阶段划分

基于上述分析，可以将我国医药制造业的创新发展大致分成 1995～2001 年、2002～2008 年和 2009～2017 年三个阶段，分别对应我国医药制造业的起步阶段、发展阶段和快速发展阶段。起步阶段，我国医药制造业整体规模较小、创新能力较弱，行业发展初具雏形；发展阶段，受政府政策的大力推动，医药制造业整体规模和创新能力显著提升；快速发展阶段，随着医疗改革的逐渐深入和政府的积极引导，医药制造业发展步入新台阶，产业规模和创新能力再创新高。

由于不同阶段我国医药制造业的产业规模和创新能力差别较大，参与产学研合作创新网络的主体数量以及创新能力也会不同，因而产学研合作创新网络的基本形态特征也会存在较为鲜明的差异。因此，下一节将以此为基础，分阶段构建我国医药制造业产学研合作创新网络，并定量测度与分析我国医药制造业不同发展阶段的产学研合作创新网络特征。

第二节
医药制造业产学研合作创新网络特征的测度与演化分析

为了分析我国医药制造业产学研合作创新网络特征，首先应该构建不同阶段的产学研合作创新网络。基于我国医药制造业产学研联合申请专利数据，构建三个阶段的产学研合作创新网络，分别从拓扑结构视角和空间尺度视角对我国医药制造业不同阶段的产学研合作创新网络特征进行测度和分析。

一、我国医药制造业产学研合作创新网络构建

我国医药制造业产学研合作创新网络的数据获取及清洗，是分析网络构建过程及对网络特征进行测度分析的基础。其中，数据获取及清洗部分将重点阐述数据选取依据和数据处理步骤，网络构建过程主要包括网络构建的原理及不同阶段我国医药制造业产学研合作创新网络图的展示和分析。

（一）数据来源

囿于数据的可得性，现有关于产学研合作创新网络的实证研究大多采用联合申请专利数，少数学者采用了合著论文数。由于合著论文数据中可观测的企业很少，这将给后续的创新效应研究带来困难。而联合申请专利是产学研合作的主要表现形式之一，特别是对医药制造业这类高技术产业而言，专利认可度更高。因此，本研究选取联合申请专利数据反映产学研合作关系并构建产学研合作创新网络。由于发明专利相较于外观设计和实用新型专利，技术含量更高，本章所用的专利数据均为发明专利。

专利数据来源于上海知识产权（专利）公共服务平台专利检索系统。上海知识产权（专利）公共服务平台包含了全面的产业专利数据库，能够科学准确地检索到产业专利数据（国家知识产权局提供了国家重点产业专利信息服务平台，可以检索到包括汽车产业、钢铁产业、电子信息产业等在内的八大产业的专利数据，但医药制造业并不在检索范围之内）。数据获取及清洗过程主要分为以下几步：

1. 合作发明专利数据

专利检索系统下的医药制造业发明专利数据库中，检索国省代码为中国31个省（自治区、直辖市），申请人为两个及以上的发明专利，得到6731条合作专利数。合作专利数趋势图如图6－6所示。可以看到，我国医药制造业第一项合作发明专利始于1985年。1985～1995年由于医药制造业整体发展水

平较低，创新能力薄弱，合作发明专利数很少。1995～2017年合作发明专利数呈波动上升的趋势。

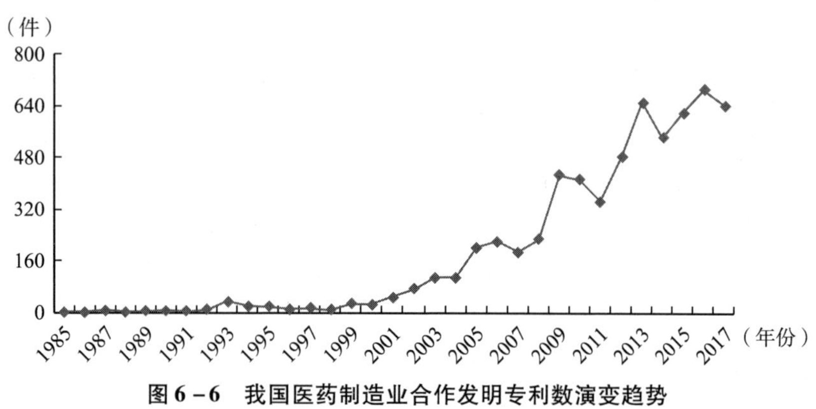

图6－6　我国医药制造业合作发明专利数演变趋势

2. 筛选符合产学研合作的专利数据

将以“公司、集团、厂”等关键词结尾的申请人界定为企业，以“大学、学院、学校、研究生院”等关键词结尾的申请人界定为“高校”，以“研究院、研究所、科学院、研究中心”等关键词结尾的申请人界定为“研究机构”，高校和研究机构统称为学研机构。考虑到医药制造业专利申请人包含医院这一类特殊主体，本章将医院归为研究机构类别。特别是对于大学直属附属医院（如浙江大学医学院附属第一医院、上海中医药大学附属曙光医院等），由于其与大学是上下级关系，相当于大学的一个二级学院，因而将大学直属附属医院视为高校。按照上述规则，筛选出联合申请人为企业和高校、企业和研究机构以及申请人同时包含企业、高校和研究机构的专利数据。为了后续数据处理和分析方便起见，将涉及三个及以上申请人的专利数据拆解为两两合作的专利数据，由此得到1995～2017年共2275条产学研联合申请专利数据。

3. 分阶段整理专利数据并对专利申请人信息进行确认

依据上节划分的我国医药制造业创新发展阶段，将产学研联合申请专利数据分为1995～2001年、2002～2008年、2009～2017年三个阶段，提取各个阶段专利数据中涉及的申请人并逐一对其信息进行确认。

对于企业，结合全国企业信用信息公示系统和天眼查平台进行查询，确认企业名称并查询经营状态、企业规模等基本信息，删除查询不到信息的企业，名称有变更的企业及时进行调整；对于高校和研究机构，通过官方网站进行确认，调整名称有变动的申请人（如温州医学院更名为温州医科大学、河北联合大学更名为华北理工大学等）。将确认调整过的申请人对应到原产学研联合申请数据中，并删除企业和企业所属研究机构的合作专利，最终得到2144 条产学研联合申请专利数据。

（二）网络构建过程

从数学角度来看，网络有矩阵和网络图两种表达方式。一般而言，构造数值化的矩阵是绘制网络图的基础。在社会网络分析中，矩阵包括邻接矩阵、发生矩阵、隶属关系矩阵、有向关系矩阵等多种类型。其中，最常用的一类矩阵是邻接矩阵。邻接矩阵中的行和列代表完全相同的社会行动者，并且排列顺序相同，矩阵中的元素代表相应行和列存在的关系（刘军，2014）。

医药制造业产学研合作创新网络主要依据产学研联合申请专利这一关系数据构建，网络中的节点为专利申请人，节点与节点之间的关系通过合作发明专利数体现。由于申请人 A 和申请人 B 合作申请的专利数等同于申请人 B 和申请人 A 合作申请的专利数，因而最终的邻接矩阵均为对称矩阵。因此，首先需要分阶段构建一个 $n \times n$ 的对称邻接矩阵 X：

$$X_{ij} = \begin{pmatrix} x_{11} & \cdots & x_{1n} \\ \vdots & \ddots & \vdots \\ x_{n1} & \cdots & x_{nn} \end{pmatrix} \tag{6-1}$$

式中，对角线上的元素均为 0。即当 $i=j$ 时，$x_{ij}=0$；当 $i \neq j$ 时，x_{ij}用申请人 i 和申请人 j 合作申请的专利数表示。例如，申请人 i 和申请人 j 在第一阶段合作发明专利数为 3 件，则对应的 $x_{ij}=x_{ji}=3$。若申请人 i 和申请人 j 在第一阶段不存在合作关系，则矩阵中对应的 $x_{ij}=x_{ji}=0$。将 1995 ~ 2001 年、2002 ~ 2008 年、2009 ~ 2017 年三个阶段的产学研合作发明专利数据转化为上述对称邻接矩阵，矩阵规模依次为 93 × 93、460 × 460、1158 × 1158。

在此基础上，利用 UCINET 软件绘制以申请人为节点、申请人之间的专利合作关系为边的网络图（见图 6 – 7、图 6 – 8 和图 6 – 9）。网络图中节点越大代表合作伙伴数量越多，连线越粗代表合作次数越多。不同类型的申请人用节点形状进行了区分。其中，圆形表示高校，三角形表示研究机构，方形表示企业。不同阶段网络图中合作伙伴数量较多的节点通过显示标签名称加以凸显。考虑到不同阶段网络规模和联系数量不同，第一阶段标记了连线数量大于等于2 的节点，第二阶段标记了连线数量大于等于5 的节点，第三阶段标记了连线数量大于等于9 的节点。

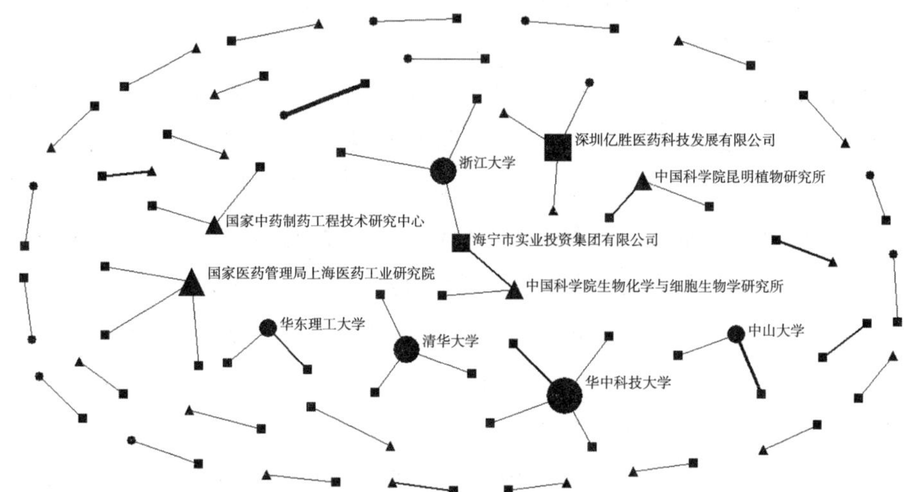

图 6 -7　1995 ~ 2001 年我国医药制造业产学研合作创新网络

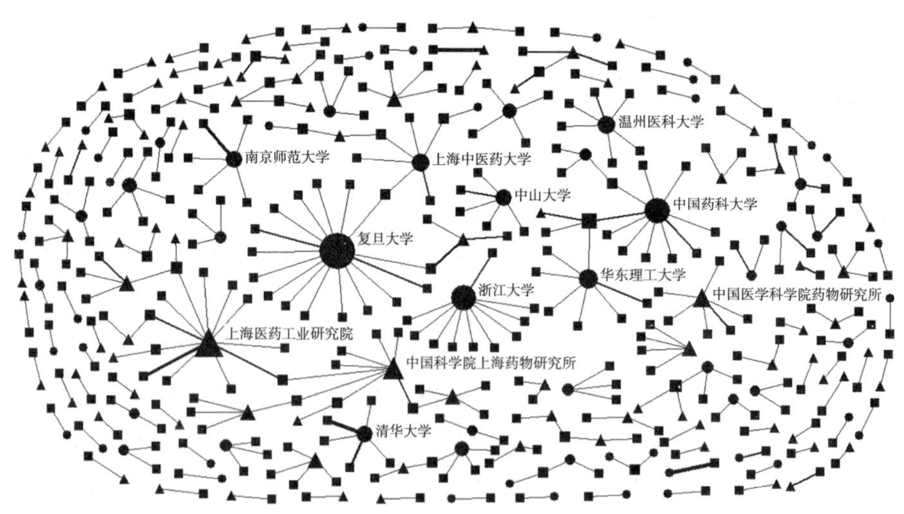

图 6 -8　2002 ~ 2008 年我国医药制造业产学研合作创新网络

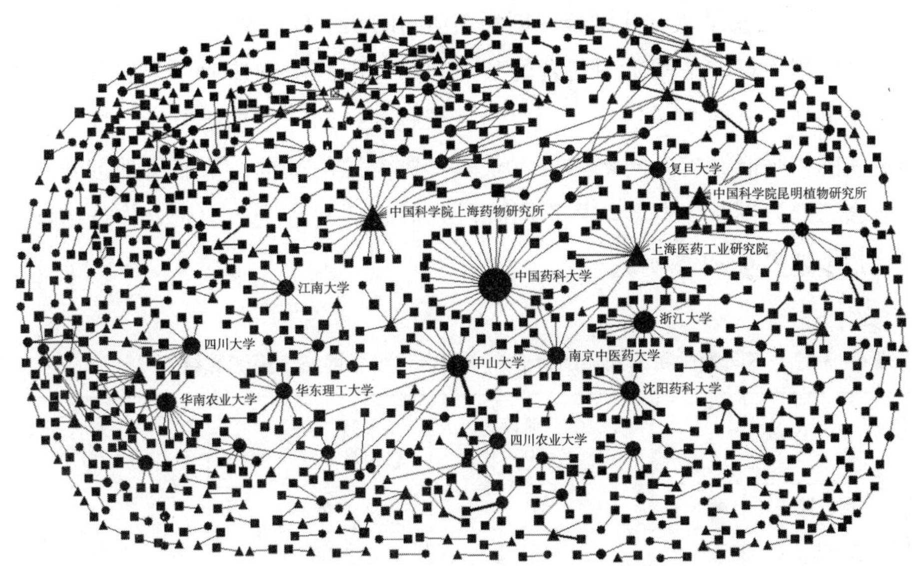

图 6－9　2009～2017 年我国医药制造业产学研合作创新网络

由图 6－7 至图 6－9 可以看出，首先，随着时间的推移，越来越多的创新主体加入医药制造业产学研合作创新网络中，网络规模越来越大，创新主体之间的联系日益频繁；其次，网络中联系较多的节点大部分都为高校和研究机构，企业性质的核心节点较少，说明高校和研究机构始终在我国医药制造业产学研合作创新网络中占据重要地位。

二、拓扑结构视角下的我国医药制造业产学研合作创新网络特征

拓扑结构又分为整体网络特征、个体网络特征和凝聚子群特征。以下从这三个不同的层面对我国医药制造业产学研合作创新网络的特征展开定量分析。

（一）整体网络特征的测度与分析

参考现有的整体网络研究成果（Freeman，1979；刘军，2014；Kim et al.，2014），选取网络规模、网络密度、网络中心势、平均度、平均路径长度等网络分析指标，对我国医药制造业产学研合作创新网络的整体特征展开分析。

1. 网络规模呈爆发式增长，创新主体间的联系日益增强

网络规模指的是网络中包含的节点数量，即医药制造业产学研合作创新网络中创新主体的数量。一般而言，规模越大，网络结构越复杂。同时，网络规模的扩张能够扩大网络中节点获取异质资源的范围，从而增加创新合作的机会，提升创新能力。计算不同阶段我国医药制造业产学研合作创新网络规模指标如表 6 - 3 所示。

表 6 - 3　不同阶段我国医药制造业产学研合作创新网络规模测算结果

变量	第一阶段（1995 ~ 2001 年）	第二阶段（2002 ~ 2008 年）	第三阶段（2009 ~ 2017 年）
网络规模（个）	93	460	1158
新增节点数（个）	—	367	698
网络规模增长率（%）	—	394. 62	151. 74

资料来源：对 UCINET 软件测算结果进行整理得到。

可以看到，第一阶段至第三阶段，我国医药制造业产学研合作创新网络的网络规模持续扩大，且都保持高于一倍的增长率。1995 ~ 2001 年，我国医药制造业产学研合作创新网络中包含的创新主体数为 93 个，2002 ~ 2008 年增加至 460 个，增长率达到 394. 62%。2009 ~ 2017 年增加至 1158 个，增长率为 151. 74%。这表明随着发展阶段的演进，越来越多的创新主体加入产学研合作创新网络中，网络规模持续扩大。结合我国医药制造业发展历程，随着国家对医药制造业的发展越来越重视，医改政策的不断推行，实现医药制造业创新发展逐步上升至各地政府的战略重点。2000 年 8 月，国家发展和改革委员会发布了《当前国家重点鼓励发展的产业、产品和技术目录》，医药制造业名列其中。此后，医药制造业迅猛发展，吸引了一大批创新主体加入合作创新网络，产学研合作创新活动日益活跃，我国医药制造业整体发展势头越来越强劲。

2. 网络密度逐渐下降，网络整体联系较为松散

网络密度指节点间实际存在的联系数量与可能存在的最大联系数量的比

例，衡量网络中各节点之间联系的紧密程度，具体计算公式见式（4－1）。利用UCINET软件计算不同阶段我国医药制造业产学研合作创新网络的网络密度见表6－4。

表6－4　不同阶段我国医药制造业产学研合作创新网络整体结构指标测算结果

阶段	网络规模	网络密度	网络中心势	平均度	平均路径长度
1995～2001年	93	0.0171	0.0058	1.18	1.429
2002～2008年	460	0.0049	0.0036	1.42	3.170
2009～2017年	1158	0.0023	0.0018	1.55	8.044

由表6－4可知，伴随着网络规模的不断扩大，网络密度呈现下降的趋势，网络整体联系较为松散。1995～2001年网络密度为0.0171，2002～2008年为0.0049，2009～2017年下降至0.0023。出现这一现象的原因主要是网络中各创新主体间实际联系数量的增长速度不及创新主体数量的增长速度。由于不同创新主体建立稳固的合作关系需要时间、精力和信任的积累，创新主体数量大规模增加，各主体间的联系短时间内并不会同步增加，因而网络密度没有呈现增长趋势。

3. 网络中心势整体水平较低且持续缓慢下降，网络集中趋势并不明显

网络中心势按照计算口径不同，分为度数中心势、接近中心势和中间中心势。其中，度数中心势反映了网络整体的集中程度，具体计算公式见式（4－5）。不同阶段我国医药制造业产学研合作创新网络的网络中心势测算结果见表6－4。可以看到，网络中心势整体水平较低且持续下降。网络中心势在1995～2001年、2002～2008年、2009～2017年分别为0.0058、0.0036、0.0018，呈现缓慢下降趋势。说明我国医药制造业产学研协同创新网络并没有表现出典型的集中趋势，网络内资源集中程度较弱。这主要是由于大量创新主体的涌入，加剧了网络内部成员之间的竞争，导致创新资源难以高度集中于少数创新主体。

4. 平均度稳定上升，各创新主体的平均合作伙伴数量趋于增加

平均度指网络中所有节点度数中心度的平均值，反映各节点的平均合作

伙伴数量。平均度越大，表明网络中各节点的平均合作伙伴数量越多。平均度的计算公式见式（4－2）。

不同阶段我国医药制造业产学研合作创新网络的平均度测算结果见表6－4。可以看到，不同阶段的平均度数值较为稳定。随着时间的推移，平均度呈现稳定的小幅增长趋势，1995～2001年、2002～2008年、2009～2017年我国医药制造业产学研协同创新网络的平均度分别为1.18、1.42、1.55。说明网络中各创新主体平均拥有的合作伙伴数量有所增加，但是基本保持在两个以内，整体合作广度有待提升。这在很大程度上是由于网络规模的扩大带来的创新合作机会的增加，每个创新主体的潜在合作对象有所增多。

5. 平均路径长度显著增加，创新主体间技术知识转移的难度越来越大

平均路径长度指节点最短路径长度的平均值，用于刻画网络中任意两个节点之间的联系，反映网络节点间技术知识转移的难易程度。平均路径长度越短，网络中各节点能够实现连接的效率就越高。具体计算公式见式（4－3）。

我国医药制造业产学研合作创新网络的平均路径长度测算结果见表6－4。由表6－4可知，不同时期网络平均路径长度值越来越大，1995～2001年为1.429，2002～2008年增长至3.170，2009～2017年增长至8.044。这说明随着网络规模的大幅扩张，网络整体连接效率不升反降，任意两个节点之间平均需要通过8个中间节点才能实现连接，节点间技术知识转移难度增大。这一方面是由于技术创新的复杂程度不断增加，另一方面，各创新主体日益强烈的知识产权保护意识也增加了技术知识转移的难度。

（二）个体网络特征的测度与分析

1. 度数中心度

中心度包括度数中心度、中间中心度、接近中心度和特征向量中心度。其中，度数中心度表示和某一节点直接相连的其他节点的个数。如果一个节点与其他许多节点相连，则该节点具有较高的度数中心度。利用R语言中的igraph包计算不同阶段我国医药制造业产学研合作创新网络中各节点的度数中心度并进行分析。

首先，通过计算基本描述统计量以实现对不同阶段各节点的度数中心度进行整体分析。由表6－5可知，我国医药制造业产学研合作创新网络中节点

的度数中心度整体呈现平稳增长趋势，且分布较为集中。在第一阶段（1995～2001年），度数中心度的均值为1，最大值为4；第二阶段（2002～2008年），度数中心度的均值为1.42，最大值跃升至16；到第三阶段（2009～2017年），度数中心度的均值增加至2，最大值达到了27。与此同时，三个阶段的离散系数均小于1。这说明我国医药制造业产学研合作创新网络中的创新主体合作越来越广泛。这一方面是由于随着时间的推移，网络整体规模大幅扩张，网络中各节点获取创新资源、开展交流合作的机会和范围明显扩大；另一方面，网络中各节点的创新能力不断提升，有能力寻求更多其他机构进行合作。

表6－5　我国医药制造业产学研合作创新网络节点度数中心度的基本统计量

统计量	第一阶段（1995～2001年）	第二阶段（2002～2008年）	第三阶段（2009～2017年）
均值	1.00	1.42	2.00
标准差	0.55	1.35	1.73
离散系数	0.55	0.95	0.87
最大值	4.00	16.00	27.00
最小值	1.00	1.00	1.00

其次，对度数中心度排名前20的节点进行分析，以厘清我国医药制造业产学研合作创新主体的演变趋势。由于第一阶段网络规模较小，且网络中绝大部分节点的度数中心度均为1，因而仅选取了度数中心度大于1的节点进行分析。各阶段度数中心度排名靠前的节点名称及其类别见表6－6和表6－7。

表6－6　第一阶段（1995～2001年）度数中心度大于1的节点名称及其类别

节点名称	度数中心度	类别
华中科技大学	4	高校
国家医药管理局上海医药工业研究院	3	研究机构
浙江大学	3	高校
清华大学	3	高校
深圳亿胜医药科技发展有限公司	3	企业

续表

节点名称	度数中心度	类别
中山大学	2	高校
中国科学院昆明植物研究所	2	研究机构
中国科学院生物化学与细胞生物学研究所	2	研究机构
海宁市实业投资集团有限公司	2	企业
华东理工大学	2	高校
国家中药制药工程技术研究中心	2	研究机构

表 6－7　第二阶段和第三阶段度数中心度排名前 20 的节点名称及其类别

第二阶段（2002～2008 年）			第三阶段（2009～2017 年）		
节点名称	度数中心度	类别	节点名称	度数中心度	类别
复旦大学	16	U	中国药科大学	27	U
上海医药工业研究院	12	R	中国科学院上海药物研究所	19	R
浙江大学	10	U	中山大学	16	U
中国药科大学	10	U	浙江大学	15	U
中国科学院上海药物研究所	8	R	上海医药工业研究院	15	R
华东理工大学	7	U	沈阳药科大学	13	U
中国医学科学院药物研究所	6	R	华南农业大学	12	U
温州医科大学	6	U	中国科学院昆明植物研究所	11	R
上海中医药大学	6	U	南京中医药大学	11	U
清华大学	5	U	四川大学	11	U
中山大学	5	U	华东理工大学	10	U
南京师范大学	5	U	复旦大学	10	U
北京大学	4	U	江南大学	9	U
北京中医药大学	4	U	四川农业大学	9	U
上海中药制药技术有限公司	4	I	华南理工大学	8	U
中国科学院生物物理研究所	4	R	华中科技大学	8	U
天津药物研究院	4	R	上海交通大学	8	U

续表

第二阶段（2002～2008年）			第三阶段（2009～2017年）		
节点名称	度数中心度	类别	节点名称	度数中心度	类别
中国医学科学院医药生物技术研究所	4	R	暨南大学	7	U
中国人民解放军军事医学科学院微生物流行病研究所	4	R	江苏省中国科学院植物研究所	7	R
中国人民解放军军事医学科学院基础医学研究所	4	R	南京大学	7	U

注：U代表高校，I代表企业，R代表研究机构，下同。

由表6－6和表6－7可知，就度数中心度而言，高校和研究机构相较于企业更具优势。在第一阶段（1995～2001年），度数中心度大于1的11个节点中，有2家企业、5所高校、4个研究机构；到第二阶段（2002～2008年），度数中心度排名前20的节点中，仅有1家企业；到了第三阶段（2009～2017年），度数中心度排名前20的节点全部为高校和研究机构。医药制造业的创新发展更多地需要原创性技术和前沿知识，高校作为人才和知识的聚集地，拥有大量新知识新技术，因而能够吸引众多的合作伙伴。企业在新药研发过程中更多地依赖以高校为主体的基础研究，相对于企业，高校和研究机构的创新合作对象更为广泛。

2. 平均联结次数

联结次数表示某节点与其他节点建立联系的次数，次数越高表明联系越频繁。平均联结次数则指某节点与其他节点联结次数的平均值，反映合作交流的频次和深度。平均联结次数的计算公式见式（4－11）。

首先，通过计算基本描述统计量对不同阶段各节点的平均联结次数进行整体分析。由表6－8可知，我国医药制造业产学研合作创新网络中节点的平均联结次数整体呈现平稳增长趋势。在第一阶段（1995～2001年），平均联结次数的均值为1，最大值为6；第二阶段（2002～2008年），平均联结次数的均值为1.66，最大值跃升至12；到第三阶段（2009～2017年），平均联结次数的均值增加至2，最大值达到了25。这说明我国医药制造业产学研合作创新网络中的创新主体整体合作交流越来越频繁。

表6－8　我国医药制造业产学研合作创新网络节点平均联结次数的基本统计量

统计量	第一阶段（1995～2001年）	第二阶段（2002～2008年）	第三阶段（2009～2017年）
均值	1.00	1.66	2.00
标准差	0.92	1.79	1.75
离散系数	0.92	1.08	0.88
最大值	6.00	12.00	25.00
最小值	1.00	0.17	1.00

其次，对平均联结次数排名前20的节点进行分析，以探究不同类型的节点在创新合作过程中的优劣势。不同阶段平均联结次数排名前20的节点名称及其类别见表6－9至表6－11。

就平均联结次数而言，企业相较于高校和研究机构更具优势。在第一阶段（1995～2001年），平均联结次数排名前20的节点中，企业有12个，占比高达60%；到第二阶段（2002～2008年），平均联结次数排名前20的节点中，企业数量又有所增加，达到13个；到了第三阶段，平均联结次数排名前20的节点中，企业数有所减少，但依然多于高校和研究机构。这说明不同于高校广交合作伙伴，企业更倾向于选取特定的合作伙伴开展深入合作，这与企业减少成本追求利益最大化的目标不谋而合，因为提高合作广度需要花费大量的时间和精力。

表6－9　第一阶段（1995～2001年）平均联结次数排名前20的节点名称及其类别

节点名称	平均联结次数	类别
贵州医科大学附属医院	6	R
苏州市巴微医药开发研究所有限公司	6	I
广州迈特中大生物科技有限公司	4	I
宁波弗斯特药业有限公司	3	I

续表

节点名称	平均联结次数	类别
岐黄药业科技投资有限责任公司	3	I
上海凝力科贸有限公司	3	I
云南施普瑞生物工程有限公司	3	I
武汉华中科大纳米药业有限公司	3	I
清华大学	2.5	U
华中科技大学	2	U
中国科学院昆明植物研究所	2	R
厦门大学	2	U
中科健康产业集团股份有限公司	2	I
中国人民解放军第三军医大学	2	U
福建省医药保健品厦门进出口公司	2	I
吉林大学	2	U
中山大学	1.5	U
哈尔滨高明高新技术发展有限公司	1.5	I
广州暨南大学医药生物技术研究开发中心	1.5	I
中金投资（集团）有限公司	1.5	I

表6-10 第二阶段（2002~2008年）平均联结次数排名前20的节点名称及其类别

节点名称	平均联结次数	类别
南京师范大学	22	U
沈阳市万嘉生物技术研究所	12	R
中国药科大学制药有限公司	12	I
中国医学科学院药物研究所	11	R
浙江省中医药研究院	11	R
威海华新药业集团有限公司	11	I
浙江江山天霖电子商务有限公司	10	I
江苏康缘药业股份有限公司	8	I
上海中药制药技术有限公司	6	I

续表

节点名称	平均联结次数	类别
浙江医药股份有限公司新昌制药厂	6	I
河南帅克药业有限公司	5.5	I
北京文卓医药生物制品技术开发有限公司	5.5	I
浙江大学	5	U
上海华明高技术（集团）有限公司	5	I
北京奥萨医药研究中心有限公司	5	I
天津市中央药业有限公司	5	I
天津市水产研究所	5	R
台州市中心医院	5	R
大连德泽制药有限公司	5	I
北京奥精医药科技有限公司	5	I

表6-11　第三阶段（2009~2017年）平均联结次数排名前20的节点名称及其类别

节点名称	平均联结次数	类别
银川市第一人民医院	25	R
烟台新时代健康产业有限公司	21	I
江苏欧克动物药业有限公司	21	I
深圳清华大学研究院	19	R
北京协和医院	15	R
湖南科技学院	14	U
天津国际生物医药联合研究院	10	R
连云港润众制药有限公司	10	I
珠海京工检测技术有限公司	10	I
中华全国供销合作总社南京野生植物综合利用研究院	9	R
齐鲁制药有限公司	8.5	I
新疆维吾尔自治区药物研究所	8.3	R
南京中医药大学	8	U
新疆医科大学	8	U

续表

节点名称	平均联结次数	类别
江苏奥赛康药业有限公司	7.5	I
安徽中医药大学	7	U
成都农业科技职业学院	7	U
安徽白帝乳业有限公司	7	I
北京圣医耀科技发展有限责任公司	7	I
上海家化联合股份有限公司	6	I

3. 结构洞限制度

结构洞表示节点之间非冗余的联系。结构洞限制度指节点在网络中运用结构洞的能力，用于衡量节点的网络控制能力和竞争优势。结构洞限制度越小，则节点运用结构洞的能力越强。结构洞限制度的最大值为1，表示节点 i 受到节点 j 100%的限制。利用R语言中的igraph包计算不同阶段我国医药制造业产学研合作创新网络中各节点的结构洞限制度并进行分析，以期进一步探究我国医药制造业产学研合作创新网络的结构特征。

首先，通过计算基本描述统计量对不同阶段各节点的结构洞限制度进行整体分析。由表6－12可知，我国医药制造业产学研合作创新网络中节点的结构洞限制度整体呈现下降趋势，且分布更为离散。结构洞限制度的均值由1995～2001年的0.94降至2009～2017年的0.87，最小值由0.33下降至0.06。与此同时，离散系数由1995～2001年的0.19增大至2009～2017年的0.29。这说明我国医药制造业产学研合作创新网络中的创新主体运用结构洞的能力越来越强，对创新资源的控制力日渐提高。

表6－12 我国医药制造业产学研合作创新网络节点结构洞限制度的基本统计量

统计量	第一阶段（1995～2001年）	第二阶段（2002～2008年）	第三阶段（2009～2017年）
均值	0.94	0.90	0.87
标准差	0.18	0.23	0.25

续表

统计量	第一阶段（1995～2001 年）	第二阶段（2002～2008 年）	第三阶段（2009～2017 年）
离散系数	0.19	0.26	0.29
最大值	1.00	1.00	1.00
最小值	0.33	0.10	0.06

其次，对各个阶段结构洞限制度排名靠前的节点进行分析，以探究不同类型的节点结构洞限制度的差异。由于结构洞限制度为逆指标，因而对其进行升序排列，数值越小排名越靠前。类似于前述关于度数中心度的处理方式，由于第一阶段网络规模较小，且网络中绝大部分节点的结构洞限制度为 1，因而仅选取了结构洞限制度小于 1 的节点进行分析。各个阶段结构洞限制度排名靠前的节点名称及其类别见表 6－13 和表 6－14。

表 6－13　第一阶段（1995～2001 年）结构洞限制度小于 1 的节点名称及其类别

节点名称	结构洞限制度	类别
武汉华中科大纳米药业有限公司	0.33	企业
中国科学院成都生物研究所	0.33	研究机构
北京大学医学部	0.33	高校
湖南师范大学	0.33	高校
中科健康产业集团股份有限公司	0.38	企业
湖南中医药大学	0.50	高校
广州玉金生物制品有限公司	0.50	企业
上海凝力科贸有限公司	0.56	企业
中国人民解放军第三军医大学	0.56	高校
天津红豆杉保健品有限公司	0.56	企业
宁波弗斯特药业有限公司	0.68	企业

表 6－14 第二阶段和第三阶段结构洞限制度排名前 20 的节点名称及其类别

第二阶段（2002～2008 年）			第三阶段（2009～2017 年）		
节点名称	限制度	类别	节点名称	限制度	类别
浙江大学	0.10	U	首都医科大学附属北京中医医院	0.06	R
沈阳市万嘉生物技术研究所	0.12	R	深圳市容大生物技术有限公司	0.07	I
昆明牙膏有限责任公司	0.15	I	上海医药集团股份有限公司	0.10	I
中国人民解放军第三军医大学	0.16	U	江苏弘惠医药有限公司	0.10	I
博奥生物集团有限公司	0.18	I	广西马山县田园牧歌农业开发有限公司	0.11	I
北京圣医耀科技发展有限责任公司	0.19	I	上海市计划生育科学研究所	0.11	R
中国医学科学院实验动物研究所	0.21	R	云南省供销合作社科学研究所	0.12	R
扬子江药业集团有限公司	0.24	I	宁波经济技术开发区自然好绿科技发展有限公司	0.12	I
上海和黄药业有限公司	0.25	I	浙江康恩贝制药股份有限公司	0.12	I
深圳市亿胜医药科技发展有限公司	0.25	I	中国科学院理化技术研究所	0.12	R
石药集团远大（大连）制药有限公司	0.25	I	上海吉玛制药技术有限公司	0.12	I
湖南迪诺制药有限公司	0.25	I	上海诗丹德生物技术有限公司	0.13	I
安徽省生物医学研究所	0.27	R	江苏诚创新药研发有限公司	0.14	I
南京师范大学	0.28	U	江苏省中国科学院植物研究所	0.14	R
浙江工商大学	0.28	U	浙江工商大学	0.14	U
中国科学院上海生命科学研究院	0.28	R	德州德药制药有限公司	0.16	I
广州润兴生物科技有限公司	0.28	I	中青（恩施）健康产业发展有限公司	0.17	I
四川省中医药科学院	0.28	R	陕西汉水大鲵开发有限公司	0.18	I

续表

第二阶段（2002～2008 年）			第三阶段（2009～2017 年）		
节点名称	限制度	类别	节点名称	限制度	类别
北京紫辰医药生物技术研究所	0.33	R	中国农业科学院兰州畜牧与兽药研究所	0.19	R
北京北大维信生物科技有限公司	0.33	I	吉林农大生物反应器工程有限公司	0.19	I

由表 6－13 和表 6－14 可知，结构洞限制度排名靠前的节点中企业占比最大，而且数量越来越多，高校和研究机构数量较为稳定。在第一阶段（1995～2001 年），结构洞限制度小于 1 的 11 个节点中，企业占了 6 个，高校占了 4 个，研究机构占了 1 个，占比分别为 54.55%、36.36%、9.09%；到第二阶段（2002～2008 年），结构洞限制度排名前 20 的节点中，企业有 10 个，高校和研究机构的数量依次为 4 个、6 个；到了第三阶段（2009～2017 年），结构洞限制度排名前 20 的节点中，企业数增加至 13 个，远远大于高校和研究机构数。这说明在我国医药制造业产学研合作创新网络中，企业在结构洞限制度方面的优势明显，企业运用结构洞的能力更强，对创新资源的控制力度更大。

（三）凝聚子群特征的测度与分析

一般而言，凝聚子群是满足如下条件的一个行动者子集合，即在此集合中的行动者之间具有相对较强、直接、紧密、经常或者积极的关系。学者们通常依据子群体内成员的总体凝聚性建立子群，这种凝聚性建立在成员之间的某些特定关系属性的基础上。由于凝聚性可以根据多种网络属性进行量化处理，因此，凝聚子群也有多种形式化定义。

总体来说，凝聚子群包含四个不同角度的形式化定义。其一是基于关系互惠性的凝聚子群。这一定义强调子群内部各个成员之间关系的相互性，即任何一对成员是否相互选择。建立在互惠性基础上的凝聚子群主要是“派系”；其二是基于可达性的凝聚子群。该定义关注的是子群内各成员之间是否可达，而不要求相互选择。建立在可达性基础上的凝聚子群概念主要是“n－

派系”和“n－宗派”；其三是基于度数的凝聚子群。这种凝聚子群通过限制子群内每个成员的度数得到。建立在度数基础上的凝聚子群概念包括“k－丛”和“k－核”；其四是基于子群内外关系的凝聚子群。该定义强调子群内部成员之间的关系相对于子群外部更为紧密，凝聚性更高。该定义下的凝聚子群概念主要是“成分”。每个成分内部成员之间存在关联，各个成分之间没有任何关联。

由于本节前面部分主要从网络整体和网络中的个体两个角度剖析了我国医药制造业产学研合作创新网络的特征，在此基础上，本部分更侧重基于子群内外关系的凝聚子群分析。因而，主要选用成分这一凝聚子群概念进行分析。利用R语言的igraph包测算不同阶段我国医药制造业产学研合作创新网络包含的成分数以及各个成分内所包含的成员数，测算结果见表6－15。

表6－15　我国医药制造业产学研合作创新网络凝聚子群分析结果

阶段	成员数	成分数	成员合计	成分合计
第一阶段（1995～2001年）	2	29	58	38
	3	4	12	
	4	3	12	
	5	1	5	
	6	1	6	
第二阶段（2002～2008年）	2	82	164	134
	3	24	72	
	4	9	36	
	5	7	35	
	6	5	30	
	7	3	21	
	11	1	11	
	23	1	23	
	30	1	30	
	38	1	38	

续表

阶段	成员数	成分数	成员合计	成分合计
第三阶段（2009～2017年）	2	162	324	273
	3	49	147	
	4	26	104	
	5	10	50	
	6	9	54	
	7	6	42	
	8	3	24	
	9	1	9	
	10	2	20	
	12	1	12	
	17	1	17	
	26	1	26	
	29	1	29	
	300	1	300	

由表6－15可知，从第一阶段到第三阶段，我国医药制造业产学研合作创新网络包含的成分数越来越多，且成分内包含的成员数趋于增加，最大成分的规模显著扩大。具体而言，第一阶段共包含38个成分，其中有29个成分仅有2个成员，占比高达76.32%，最大成分包含的成员数为6个；第二阶段共包含134个成分，其中82个成分仅有2个成员，占比为61.19%，最大成分包含的成员数增加至38个；第三阶段共包含273个成分，包含2个成员的成分数有162个，占比降至59.34%，最大成分包含的成员数达到了300个。这说明随着我国医药制造业产学研合作创新网络规模的扩大，越来越多的创新主体参与到了产学研合作创新网络中，网络内逐渐形成了大量内部合作紧密但外部缺乏合作的子群，团体效应较为明显，子群规模日益扩大，不同子群之间的合作交流有待进一步加强。

三、空间尺度视角下的我国医药制造业产学研合作创新网络特征

为了进一步反映我国医药制造业产学研合作创新网络的空间特征，本书将从不同空间范围内的合作分布和不同经济发达程度区域间的合作分布两方面出发，对我国医药制造业产学研合作创新网络的空间特征进行分析。

（一）不同空间范围内的产学研合作分布

依据最终的联合申请专利数据，提取各个专利申请人的地理信息（精确到地级市）。然后按照申请人的地理信息，将三个阶段申请人的专利合作映射为区域之间的合作，据此将专利合作分为本市、本省和本国三种不同空间范围内的合作。参照周灿等的研究（周灿等，2017），本节将四个直辖市内的合作定义为本市合作。在此基础上，一方面横向比较三种不同空间范围内合作的比例分布状况，另一方面纵向分析不同阶段各个空间范围内合作的变化情况，以期全面反映我国医药制造业产学研合作创新网络的空间特征。绘制不同阶段我国医药制造业产学研合作创新网络各个空间范围内的合作分布图如图 6 – 10 所示。

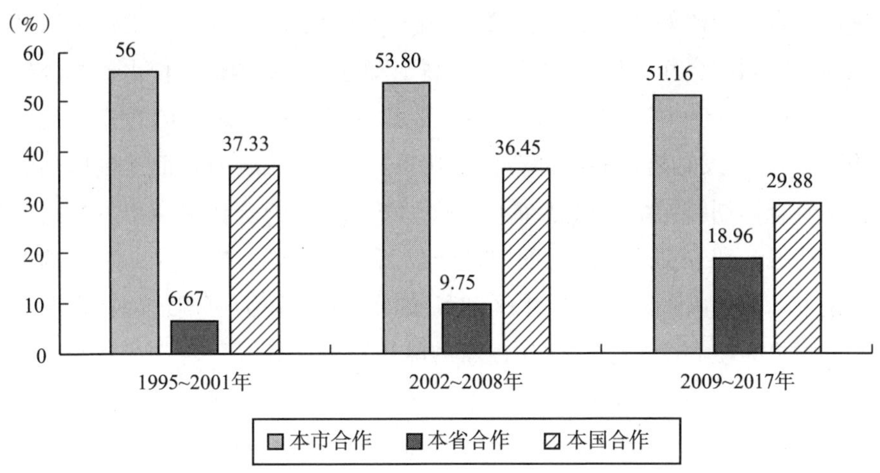

图 6 – 10　我国医药制造业产学研合作创新网络不同空间范围内的合作分布

由图6－10可知，本市范围内的合作在我国医药制造业产学研合作创新中占据主导地位。横向来看，首先三个阶段内本市合作始终占比最高，超半数的空间尺度均为本市；其次为本国，占比最小的空间尺度是本省。这说明我国医药制造业产学研合作受地理邻近影响较大，创新主体倾向于选择离自己地理距离更近的主体建立合作伙伴关系。纵向来看，从第一阶段到第三阶段，本市和本国占比呈微弱下降的趋势，本省占比提升显著。第一阶段本省占比仅为6.67%，到第三阶段该比重增长至18.96%，与本国占比的差距明显缩小。随着区域协同发展战略的推进和政府对医药制造业的重视、扶持，我国医药制造业产学研合作创新主体的合作范围持续扩大。

（二）不同经济发达程度区域间的产学研合作分布

进一步地，将本国合作细分为发达地区内部合作、欠发达地区内部合作、发达地区和欠发达地区之间合作三种不同类型。借鉴程名望等（2014）的研究，将发达地区界定为东部11个省份，欠发达地区界定为中西部20个省份，据此整理出不同地区的合作分布表。

由表6－16可知，从第一阶段到第三阶段，发达地区内部合作占比稳步提高，与此同时，发达地区和欠发达地区之间的合作占比持续下降，欠发达地区内部合作占比始终最小。在第一阶段（1995～2001年），发达地区和欠发达地区之间的合作占比为53.57%，高于发达地区的内部合作占比42.86%。到第三阶段（2009～2017年），发达地区和欠发达地区之间的合作占比降至35.91%，低于发达地区的内部合作占比58.28%。这表明目前我国医药制造业产学研合作创新网络区域分布不平衡，跨省之间的合作集中于发达地区内部，发达地区和欠发达地区之间的合作创新有待加强。出现这一现象的原因主要是发达地区内部经济发展水平和科技创新能力较为协调，创新资源的流动和分配更为便利，产学研合作创新的障碍和壁垒较少、合作成本较小，因此发达地区内的企业更倾向于同发达地区内的高校和科研院所合作。发达地区和欠发达地区之间由于存在技术势差和地理位置上的距离阻碍，合作交流的成本较大，因此合作占比较低。

表 6 - 16　　我国医药制造业产学研合作创新网络不同经济发达程度区域间的合作分布

单位：次

阶段	发达地区内部合作（占比）	欠发达地区内部合作（占比）	发达地区和欠发达地区之间合作（占比）	合计
1995～2001 年	12（42.86%）	1（3.57%）	15（53.57%）	28（100%）
2002～2008 年	99（52.94%）	3（1.60%）	85（45.45%）	187（100%）
2009～2017 年	271（58.28%）	27（5.81%）	167（35.91%）	465（100%）

注：括号内为不同类型合作数占同一阶段所有合作数之比。

我国医药制造业产学研合作创新网络的区域协同有待加强，跨省之间的合作集中于发达地区内部，缺乏对欠发达地区的关注。发达地区和欠发达地区之间的经济距离和技术鸿沟较大，合作交流成本高，合作效率差，因此合作相对较少。而发达地区内部由于经济距离和技术距离较小，创新资源的流动和知识信息的交流更为便捷，产学研合作的壁垒和障碍较少，因此合作交流更频繁。

第三节　医药制造业产学研合作创新网络特征对企业创新绩效的影响

各创新主体融入产学研合作创新网络的目的主要是获取创新资源，不同的网络特征会影响创新资源获取的时效、种类和质量，进而影响创新绩效的提升。企业作为产学研合作的关键主体以及成果转化主体，其创新绩效的提升关乎着整个行业的创新发展和生产力水平的提高。本节将探究我国医药制造业产学研合作创新网络特征对企业创新绩效的影响。

一、理论分析与研究假设

由于本章主要是从微观企业视角出发，探讨我国医药制造业产学研合作创新网络特征对企业创新绩效的影响，而且目前国内外学者对于度数中心度、结构洞对企业创新绩效的影响机制尚存在较大分歧，对于平均联结次数与企业创新绩效的关系研究较少。因此选取度数中心度、平均联结次数、结构洞这三个不同的个体网络特征作为主要研究变量。

（一）度数中心度与企业创新绩效

度数中心度衡量某一创新主体合作伙伴的数量，即“合作广度”。度数中心度越大，表示创新主体的合作伙伴越多，合作越广泛。因此，具有高度数中心度的企业能够拓宽知识面、获取更多种类的知识源，从而有助于提升企业创新绩效（马艳艳等，2014）。另外，度数中心度也是企业中心性地位的象征，而良好的中心性地位本身传递了品质和声誉信号（张华和郎淳刚，2013），能够吸引更多有潜质的合作伙伴。企业实现创新的过程充满不确定性风险，因而在选择合作伙伴时更倾向于那些占据中心性地位、具有良好品质和声誉的主体。这样既可以避免与未知主体合作所产生的风险，同时也能享受与占据中心性地位的主体合作所带来的声誉效应。因此，度数中心度越大，越能够吸引更多潜在的优质合作伙伴，进而对企业创新绩效产生积极的影响。

然而，随着度数中心度的不断增大，即合作伙伴数量的不断增加，一方面，企业的沟通协调成本和合作风险会随之增加。数量一多难免“鱼龙混杂”，并不是所有的合作伙伴都值得建立合作关系，因而企业首先需要花费大量的精力去筛选合适的合作伙伴，选择完成之后又因为不同创新主体在研发能力和决策体系上存在显著差异，企业需要进一步花费精力和成本去沟通协调以使创新合作能正常开展。另一方面，合作伙伴数量的增多还会导致企业原有的研发资源配置难以为继。为了适应更多合作伙伴的加入，企业需要进一步调整研发资源配比，实现研发创新最优化。因此，度数中心度与企业创新绩效之间存在一个临界值，超过该临界值，度数中心度的增大反而会阻碍企业创新绩效的提升。

假设 1：度数中心度与企业创新绩效呈倒 U 型关系。

（二）平均联结次数与企业创新绩效

平均联结次数反映某一创新主体平均与每个合作伙伴的合作次数，即“合作深度”。平均联结次数越大，代表创新主体平均与每个合作伙伴的合作频次越高，合作交流越深入。企业与高校、研究机构建立合作关系的基础是知识信息的传递与转移。知识包括可编码的知识和不可编码的知识两种类型，可编码的知识即显性知识，不可编码的知识即隐性知识。显性知识易于理解和转移，而隐性知识由于很难通过语言、文字等进行明确表述与逻辑说明，需要创新主体之间进行大量频繁的交流合作才能得到理解和转移。相较于显性知识，隐性知识的转移会涉及更多具有非结构化、创新性的知识（王婷和杨建君，2018）。因此，隐性知识对企业创新绩效的促进作用更为显著。

当企业平均联结次数较少时，企业与其合作伙伴之间由于合作经验较为缺乏、信任默契程度较低，因而主要是显性知识的转移。此外，由于合作不够深入、对合作伙伴的了解并不全面，可能会存在因信息不对称而导致机会主义行为的发生，企业合作风险较高。因此平均联结次数对企业创新绩效可能会存在负向影响（吴波和贾生华，2007）。当企业平均联结次数达到一定程度之后，企业与其合作伙伴之间的合作默契和信任程度得到很大提高，隐性知识转移更多替代了显性知识转移。同时，由于对合作伙伴有了更为全面深入的了解，企业合作风险也会大大降低，合作双方的互惠意愿更强（马艳艳等，2014）。此时，平均联结次数的增加将进一步促进企业创新绩效的提升。

假设 2：平均联结次数与企业创新绩效呈 U 型关系。

（三）结构洞与企业创新绩效

结构洞代表行动者之间的非冗余联系。如果某个行动者与两个彼此毫无连接关系的行动者有联结，则该行动者就占据了结构洞位置（Burt，1992）。结构洞能够为其占据者获取“信息优势”和“控制优势”提供机会，从而比网络中其他位置上的成员更具竞争力（刘军，2014）。

结构洞能够为其占据者获取“信息优势”。结构洞的存在会带来大量非冗余的、新奇的、差异化和多样化的信息和知识，提高知识面的差异性和多样性（周长辉和曹英慧，2011）。占据结构洞位置的企业与两个不存在合作关系的创新主体分别建立合作关系，这两个创新主体所提供的知识信息是非冗余的、具有很大差异的（Burt，1992）。企业通过消化吸收这些异质性信息，能够产生更多新的想法和创意，进而使得创新绩效得到提升。另外，占据结构洞位置的企业还能抢先一步获得竞争对手关注不到的信息。相较于结构洞稀少的同行竞争企业，占据更多结构洞的企业能够获取不同方面、不同领域的信息资源，及时把握市场需求变动以及行业发展前景，从而能够最大限度地规避风险并获得发展先机，最终对创新绩效产生积极的影响。

结构洞能够为其占据者获取“控制优势”。占据结构洞位置的企业充当了彼此之间没有合作关系的两个创新主体进行信息资源交流共享的中间人（刘嘉仕等，2017），这两个创新主体之间只有通过占据结构洞的企业才能实现联系。因此，占据结构洞位置的企业享有控制信息资源流动方式以及流动速度的主动权。这一控制权能够为企业争取更多时间消化吸收来自不同合作伙伴之间的多样化信息，增加产生新创意的机会，进而促进企业创新绩效的提升。

假设 3：结构洞对企业创新绩效具有促进作用。

二、研究方法与模型设定

（一）研究方法与样本选择

为了克服模型内生性，避免同源数据产生的自相关现象，借鉴以往研究引入数据窗口的概念。这种处理方法的解释逻辑为：今天的成功源自过去的努力。即今天的创新成果源自过去积累的人脉（张华和郎淳刚，2013）。因此，考察过去五年的产学研合作创新网络特征对今年创新产出的影响。考虑到可动态追踪的企业数和数据窗口数量，本节仅选取第三阶段即 2009 ~ 2017 年作为考察时期，将 2009 ~ 2017 年分为 2009 ~ 2013 年、2010 ~ 2014 年、2011 ~ 2015 年、2012 ~ 2016 年四个数据窗口，然后考察 2009 ~ 2013 年我国医药制造业产学研合作创新网络特征对 2014 年企业创新绩效的影响，2010 ~ 2014 年我国医药制造业产学研合作创新网络特征对 2015 年企业创新绩效的影响，以此类推。

综上所述，该部分的研究样本为 2009 ~ 2013 年、2010 ~ 2014 年、2011 ~ 2015 年、2012 ~ 2016 年四个数据窗口内都存在的我国医药制造业产学研合作创新网络中的企业。通过申请人关系数据提取出四个数据窗口内的唯一申请人，然后对其进行匹配和筛选，最终得到有效研究样本为 201 家企业。因此，本节最终用于建模的数据为 201 家企业 4 个观察时期的平衡面板数据。

（二）变量选取与数据来源

1. 因变量

因变量为企业创新绩效。企业创新绩效是指企业创新过程的效率、产出的成果及其对商业成功的贡献（高建，2004）。就理论层面而言，企业创新绩效包括创新产出绩效和创新过程绩效。创新产出绩效反映创新活动成果，即创新的现实绩效。创新过程绩效反映企业创新活动的管理水平和长期发展潜能，即创新的潜在绩效。在此基础上，陈劲和陈钰芬（2006）针对不同的企业类型设计了完备的企业创新绩效评价指标体系。其中，以产品创新为主的企业创新绩效评价指标体系包含 22 个具体指标，以工艺创新为主的企业创新绩效评价指标体系共包含 28 个具体指标。

然而就实证研究来看，大多数学者囿于数据的可得性，均采用了单一指标来衡量企业创新绩效，包括专利申请数、专利被引数、新产品销售收入等。少数学者从多个维度设计量表对企业创新绩效进行测量。有学者采用研发投入、专利申请数、专利引用数和新产品发布数等四项指标衡量企业创新绩效，但是结果表明这些指标之间具有高度的统计相关性（Hagedoorn & Cloodt，2003），因此仅用这些指标中的任意一项即可较好地度量高技术企业的创新绩效。此外，由于专利从申请到授权一般需要经过 3 年的时间周期，因此采用专利授权数会存在时滞性问题。

本节通过对 2009～2013 年、2010～2014 年、2011～2015 年、2012～2016 年四个数据窗口内的唯一申请人进行匹配和筛选，最终得到 201 家样本企业。由于这 201 家企业的新产品销售收入数据无法获取，综合考虑数据的可得性，最终采用企业发明专利申请数衡量企业创新绩效。企业发明专利申请数通过国家知识产权局专利检索平台检索得到。

2. 自变量

（1）度数中心度。由于不同阶段的网络规模存在显著差别，而不同规模网络中节点的局部中心度实际并不可比。为了消除规模差异的影响，借鉴刘军（2014）和刘嘉仕等（2017）的研究，采用相对度数中心度，即点的绝对度数中心度与图中点的最大可能的度数之比。

在我国医药制造业产学研合作创新网络中，企业的度数中心度即与企业有直接合作关系的高校和研究机构数量，反映企业的合作广度。

（2）平均联结次数。平均联结次数代表某节点与其他节点联结次数的平均值，反映该节点与其他节点联结的频次高低。在我国医药制造业产学研合作创新网络中，企业的平均联结次数即表示企业平均与每个合作伙伴合作的次数，反映企业的合作深度。平均联结次数越大，代表合作交流越深入。

（3）结构洞。结构洞反映节点对信息的控制优势和竞争优势，占据结构洞位置的节点可以充当“桥梁作用”，连接两个彼此没有合作关系的节点。结构洞的主要测量指标包括有效规模、效率、限制度和等级度，本书采用广为研究者使用的结构洞限制度作为衡量结构洞的指标。结构洞限制度反映某节点受网络中其他节点的限制程度，用于衡量节点的网络控制能力和竞争优势。结构洞限制度越小，说明节点受网络中其他节点的限制越小，则节点运用结构洞的能力越强。

3. 控制变量

为了使分析结果更为科学准确，对可能影响企业创新绩效的其他变量进行了控制，包括网络密度、企业年龄、是否高新技术企业、企业所处区域。

（1）网络密度。网络密度衡量网络中各节点之间联系的紧密程度。网络密度越大，说明网络中节点联系越紧密，知识信息的传递共享越方便快捷。赵炎和王琦（2013）、罗鄂湘和韩丹丹（2018）实证检验了网络密度对企业创新绩效有显著的正向影响关系。

（2）企业年龄。企业年龄采用考察年份和企业成立年份之差衡量。一般而言，企业年龄越大，积累的创新资源越多，创新合作经验也越丰富，对企业创新绩效的提升就越有利。马艳艳等（2014）、罗鄂湘和韩丹丹（2018）均通过回归模型检验了企业年龄对企业创新绩效有促进作用。

（3）是否高新技术企业。是否高新技术企业为虚拟变量，“是”则取值为1，“否”则取值为0。高新技术企业拥有的创新型人才和研发经费较多，创新投入力度大，创新产出也较多，因此企业创新绩效一般较好。值得注意的是，高新技术企业一般每三年评定一次，而本文研究样本的时间周期是2014～2017年，有可能会出现不同年份状态值不一样的情况。针对这一问题，本研究认为高新技术企业评定周期长，评定结果会存在一定滞后期，例如，某企业在2017年被评定为高新技术企业，但是很有可能其在之前的年份就已经达到了高新技术企业的认定标准，因此本研究采用当前的状态来判定一家企业是否为高新技术企业。

（4）企业所处区域。企业所处区域也为虚拟变量，1代表位于发达地区，0代表位于欠发达地区。一般发达地区由于经济发展水平和科技发展程度都较高，而且政府对创新发展的支持力度也较大，能够吸引大量高精尖人才和高端技术设备的流入。相较于欠发达地区，发达地区集聚的创新资源更多，知识资源流动更为方便，企业整体技术发展水平相对更高，因而有利于企业创新绩效的提升。

主要变量说明及符号定义见表6－17。度数中心度、平均联结次数、结构洞限制度、网络密度等网络特征指标通过网络分析软件UCINET和R语言中的igraph包计算得到。企业年龄、是否高新技术企业以及所处区域主要通过国家企业信用信息公示系统和天眼查检索得到。

表6－17　　变量说明及符号定义

变量类型	变量名称	变量说明	符号
因变量	企业创新绩效	用企业发明专利申请数衡量	*Inno*
自变量	度数中心度	反映与企业合作的高校和研究机构的数量，即合作广度	*SD*
	平均联结次数	反映企业与高校和研究机构合作的平均次数，即合作深度	*AF*
	结构洞	用限制度衡量，衡量节点的网络控制能力和竞争优势	*SHC*
控制变量	网络密度	反映网络连接的紧密程度	*ND*
	企业年龄	考察年份与企业成立年份之差	*Age*
	是否高新技术企业	虚拟变量，“是”则取值为1，“否”则取值为0	*HT*
	企业所处区域	虚拟变量，发达区域为1，欠发达区域为0	*Area*

（三）模型设定

由于本研究所采用的因变量为企业发明专利申请数，属于计数型变量，在进行计量分析时应采用计数模型。常见的计数模型有泊松回归模型和负二项回归模型。然而，泊松回归模型假设存在均等分散，即要求因变量的均值和方差相等，本研究所用的专利数据明显存在过度分散的特征，因而选用负二项回归模型。在负二项回归模型中，离散变量 Y 的分布律为：

$$P(Y=y \mid \theta, J)=C_{y+J-1}^{J-1}\theta^{J}(1-\theta)^{y},\ y=0,1,2,\cdots \tag{6-2}$$

可以证明，负二项回归模型的条件期望仍为：

$$E(Y_i \mid x_i)=\mu_i \tag{6-3}$$

而条件方差为：

$$Var(Y_i \mid x_i)=\mu_i+\alpha\mu_i^2>\mu_i \tag{6-4}$$

显然，在负二项回归中，条件方差大于条件期望。因而负二项回归模型适用于存在过度分散的数据。

为了检验理论假设1、假设2和假设3，构建相应的模型如式（6－5）、式（6－6）、式（6－7）所示：

$$Inno_{it}=\beta_i+\beta_1 SD_{it}+\beta_2 SD_{it}^2+\beta_3 ND_{it}+\beta_4 HT_{it}+\beta_5 Age_{it}+\beta_6 Area_{it}+\mu_{it} \tag{6-5}$$

$$Inno_{it}=\beta_i+\beta_1 AF_{it}+\beta_2 AF_{it}^2+\beta_3 ND_{it}+\beta_4 HT_{it}+\beta_5 Age_{it}+\beta_6 Area_{it}+\mu_{it} \tag{6-6}$$

$$Inno_{it}=\beta_i+\beta_1 SHC_{it}+\beta_2 ND_{it}+\beta_3 HT_{it}+\beta_4 Age_{it}+\beta_5 Area_{it}+\mu_{it} \tag{6-7}$$

以上各式中，μ_{it}为复合扰动项。

三、参数估计与实证结果分析

（一）描述性统计分析

主要变量的描述性统计分析结果如表6－18所示。可以看到，企业发明专利申请数存在明显的过度分散特征，最小值为0，最大值为313，标准差为28.8086，方差显著大于均值，这表明本节选用负二项回归模型是可行的。度数中心度分布较为集中且整体水平较低，其均值为0.0018，标准差为0.0008，这说明我国医药制造业产学研合作创新网络中企业的合作广度整体有待提升。平均联结次数的均值为1.8754，标准差为1.6597，最小值为1，最大值为15。结构洞限制度的均值为0.9265，接近最大值1，说明研究样本内的企业在医药制造业产学研合作创新网络中受限制较大，占据的结构洞位置较少。

表 6－18　　　　主要变量的描述性统计结果

变量	均值	标准差	最小值	最大值
Inno	9.0585	28.8086	0.0000	313.0000
SD	0.0018	0.0008	0.0013	0.0087
AF	1.8754	1.6597	1.0000	15.0000
SHC	0.9265	0.1827	0.2500	1.0000
ND	0.0037	0.0004	0.0031	0.0041
Age	11.8831	6.6532	1.0000	36.0000
HT	0.4627	0.4989	0.0000	1.0000
Area	0.6567	0.4751	0.0000	1.0000

资料来源：经 Stata 软件计算得到。

表 6－19 列示了主要变量之间的相关系数。显然，三个主要解释变量均与被解释变量显著相关。其中，度数中心度和平均联结次数均与企业创新绩效显著正相关，结构洞限制度与企业创新绩效显著负相关。具体来看，度数中心度与企业创新绩效的相关系数为 0.25，且在 1% 的水平下显著；平均联结次数与企业创新绩效的相关系数为 0.09，且在 5% 的水平下显著；结构洞限制度与企业创新绩效的相关系数为 -0.21，且在 1% 的水平下显著。这在一定程度上验证了前面的理论分析部分，同时也表明可以继续进行回归分析。

表 6－19　　　　主要变量之间的相关系数

变量	*Inno*	*SD*	*AF*	*SHC*	*ND*	*Age*	*HT*	*Area*
Inno	1.00	—	—	—	—	—	—	—
SD	0.25***	1.00	—	—	—	—	—	—
AF	0.09**	-0.01	1.00	—	—	—	—	—
SHC	-0.18***	-0.86***	0.00	1.00	—	—	—	—
ND	0.06*	0.20***	-0.03	0.02	1.00	—	—	—
Age	0.14***	0.10***	0.15***	-0.16***	-0.15***	1.00	—	—
HT	0.17***	0.15***	0.13***	-0.17***	0.00	0.42***	1.00	—
Area	0.04	0.02	0.10***	-0.00	0.00	0.08**	0.04	1.00

注：表中的相关系数为 Pearson 相关系数。*、**、*** 分别表示在 10%、5%、1% 水平下显著。

（二）负二项回归结果分析

本节回归样本为201家企业4年的追踪数据，属于短面板数据。相较于长面板和时间序列模型，短面板模型时间的信息含量较少，不容易出现“伪回归”现象，因而不考虑进行平稳性检验。在回归模型估计过程中，首先使用不考虑个体效应的混合回归估计，并采用聚类稳健标准误，结果表明所有模型都存在显著的个体效应，混合回归并不适用。然后通过豪斯曼（Hausman）检验对随机效应模型和固定效应模型进行选择，最终所有模型估计结果都显著拒绝了随机效应模型。因此表6－20中报告的模型结果均为固定效应负二项回归结果。此外，固定效应模型还可以控制那些无法观测且不受时间影响的个体因素，一定程度上能够克服模型的内生性。

表6－20　负二项回归模型估计结果

解释变量	模型1	模型2	模型3	模型4	模型5	模型6
SD	—	99.88* (0.06)	244.98 (0.14)	—	—	—
SD^2	—	—	－18613.43 (0.37)	—	—	—
AF	—	—	—	－0.07* (0.08)	－0.23*** (0.01)	—
AF^2	—	—	—	—	0.01** (0.03)	—
SHC	—	—	—	—	—	－0.32* (0.09)
ND	1035.80*** (0.00)	982.48*** (0.00)	963.94*** (0.00)	1028.52*** (0.00)	1021.23*** (0.00)	1047.72*** (0.00)
HT	0.16 (0.69)	0.15 (0.59)	0.15 (0.58)	0.13 (0.64)	0.11 (0.70)	0.16 (0.56)
Age	0.09*** (0.00)	0.09*** (0.00)	0.09*** (0.00)	0.10*** (0.00)	0.09*** (0.00)	0.09*** (0.00)

续表

解释变量	模型 1	模型 2	模型 3	模型 4	模型 5	模型 6
Area	0.55 ** (0.02)	0.52 ** (0.02)	0.52 ** (0.02)	0.56 ** (0.02)	0.52 ** (0.03)	0.54 ** (0.02)
Cons	-5.48 *** (0.00)	-5.45 *** (0.00)	-5.57 *** (0.00)	-5.31 *** (0.00)	-5.01 *** (0.00)	-5.56 *** (0.00)
Obs	620	620	620	620	620	620

注：括号内为系数显著性检验的 P 值，*、**、*** 分别表示在 10%、5%、1% 水平下显著，下同。

表 6-20 中，模型 1 是加入所有控制变量的回归模型，模型 2 加入了度数中心度的一次项（*SD*），模型 3 在模型 2 的基础上加入了度数中心度的平方项（SD^2），模型 4 在模型 1 的基础上加入了平均联结次数的一次项（*AF*），模型 5 在模型 4 的基础上加入了平均联结次数的二次项（AF^2），模型 6 在模型 1 的基础上加入了结构洞限制度。

其中，模型 1 用于考察所有控制变量对企业创新绩效的影响；模型 2 和模型 3 用于考察度数中心度对企业创新绩效的影响，即假设 1，模型 3 对应模型设定中的式（6-5）；模型 4 和模型 5 用于考察平均联结次数对企业创新绩效的影响，即假设 2，模型 5 对应模型设定中的式（6-6）；模型 6 用于考察结构洞限制度对企业创新绩效的影响，即假设 3，模型 6 对应模型设定中的式（6-7）。

表 6-20 中的模型 1 即控制变量的回归模型结果表明，网络密度、企业年龄和企业所处区域均对企业创新绩效有着显著的促进作用。网络密度越大，越有利于企业创新绩效的提升。网络密度越大，说明网络中各创新主体之间的合作关系越紧密，企业与高校、科研院所的合作交流越方便及时，企业获取创新资源就越便利，因而对企业创新绩效会有正向的促进作用。企业年龄越大，意味着企业积累的创新资源和合作经验越丰富，对企业创新绩效的提升作用越显著。模型 1 的回归结果同时表明企业创新绩效与企业所处区域也有显著关系，发达区域相较于欠发达区域更有利于企业创新绩效的提升。这是因为发达区域整体经济发展水平、科技创新能力都领先于欠发达区域，企

业的创新环境更优越，创新资源更丰富。欠发达区域由于经济发展水平落后，无论是交通还是通信等基础设施均没有发达区域完善，严重影响了创新人才和创新资金的流入。而医药制造业对技术的要求很高，因此发达区域的企业能够发挥良好的区位优势，利用优质的创新资源和先进的科技水平促进企业创新绩效的提升。

由模型 2 和模型 3 的结果可知，度数中心度与企业创新绩效呈显著的正相关关系。当仅仅加入度数中心度的一次项时，一次项系数显著为正。在此基础上加入度数中心度的平方项时，平方项系数为负，一次项系数为正，但是二者都没有通过显著性检验。这说明度数中心度与企业创新绩效的倒 U 型关系并不显著，但是度数中心度对企业创新绩效的正向促进作用是显著的。假设 1 得到部分验证。这与刘嘉仕等（2017）、周灿等（2017）得到的结论一致，但与马艳艳等（2014）、其格其等（2016）的结论不同。度数中心度衡量合作广度，度数中心度越大，表示创新主体的合作伙伴越多，合作越广泛。具有高度数中心度的企业能够获取更多种类的知识信息、吸引更多有潜质的合作伙伴。这一回归结果表明，目前我国医药制造业产学研合作创新网络中的企业合作广度并没有达到倒 U 型关系中的“极值点”，仍处于不断上升阶段，现阶段提升企业的合作广度有助于促进企业创新绩效的进步。结合我国医药制造业产学研合作创新网络来看，由于医药制造业属于高技术产业，所需的技术复杂程度高、技术更新换代快，企业如果能提高合作广度，即与更多高校和科研院所建立合作关系，那么其获取的创新资源会更丰富，更有助于提升自己的技术研发水平，而且也能够扩大声誉和品牌效应，从而进一步吸引更多优质的合作伙伴，进而促进企业创新绩效的提升。

由模型 4 和模型 5 的结果可知，平均联结次数与企业创新绩效呈显著的 U 型关系。平均联结次数的平方项系数为 0. 01，且在 5% 的显著性水平上显著，平均联结次数的一次项系数为 -0. 23，同样也在 5% 的显著性水平上显著。这表明平均联结次数与企业创新绩效呈显著的 U 型关系，假设 2 得到验证。该结论意味着当企业平均联结次数较少时，即企业与其合作伙伴之间的合作深度较小时，随着企业平均联结次数的增加，企业创新绩效没有显著的增加；当企业平均联结次数增加到一定程度后，企业创新绩效会随着平均联结次数的增加表现出上升趋势。出现这一现象的原因主要是当企业平均联结次数较少时，企业与其合作伙伴之间由于合作经验较为缺乏、信任默契程度较低，并未形成真正深入的合作，无法获取一些关键信息和核心技术，可能还会存在因为合作不够深入、对合作伙伴的了解不全面导致机会主义行为的发生，企业合作风险较高。因此，平均联结次数对企业创新绩效并没有显著的促进作用；当企业平均联结次数达到一定程度之后，企业与其合作伙伴之间的合作默契和信任程度得到很大提高，合作风险大大降低，建立在相互信任基础上的知识和技术转移也会逐渐增多，此时，企业平均联结次数对企业创新绩效有显著的促进作用。

模型6的结果表明结构洞与企业创新绩效呈显著的正相关关系。由表6－18可知，结构洞限制度的系数为负，且在10%的显著性水平上通过显著性检验。由于结构洞限制度反映的是企业在多大程度上受到其他创新主体的限制，用于衡量企业的网络控制能力和竞争优势。结构洞限制度越大，说明企业占据的结构洞越少，获取资源的能力越弱。模型6的结果表明结构洞限制度越小，即企业在网络中占据的结构洞越多，越有利于企业创新绩效的提升，假设3得到验证。这一结论表明企业在产学研合作创新网络中应该更多地扮演“合作桥梁”的角色，通过促进其他成员之间的合作交流也能提升企业自身的创新绩效。

（三）稳健性检验

针对可能存在的内生性问题，在实证前期就已经做了一定的处理。通过引入数据窗口，考察过去年份产学研合作创新网络特征对今年企业创新绩效的影响，使得自变量和因变量之间存在滞后期，一定程度上避免了反向因果问题。此外，回归模型估计过程中选择了固定效应回归模型，能够对那些不可观测且不随时间变化的个体因素进行控制，一定程度上抑制模型的内生性。

为了保证实证结果的可靠性，本研究还做了稳健性检验，主要是采用替代解释变量加以验证。对于度数中心度，将消除规模差异的相对度数中心度替换为绝对度数中心度（D）；对于结构洞，采用衡量限制性在多大程度上集中在一个行动者身上的等级度（SHH）进行替换。理论上来说，一个点的等级度越大，则该点越受到限制，即限制制度越大。稳健性检验结果见表6－21。

表 6-21　　稳健性检验结果

解释变量	模型 1	模型 2	模型 3
D	0.16* (0.07)	0.30 (0.34)	—
D^2	—	-0.03 (0.65)	—
SHH	—	—	-0.41 (0.13)
ND	1038.38*** (0.00)	1042.59*** (0.00)	1053.24*** (0.00)
HT	0.15 (0.57)	0.16 (0.55)	0.15 (0.57)
Age	0.09*** (0.00)	0.09*** (0.00)	0.09*** (0.00)
Area	0.53** (0.02)	0.53** (0.02)	0.54** (0.02)
Cons	-5.67*** (0.00)	-5.80*** (0.00)	-5.29*** (0.00)
Obs	620	620	620

注：括号内为系数显著性检验的 P 值，*、**、*** 分别表示在 10%、5%、1% 水平下显著。
资料来源：经 Stata 软件计算得到。

表 6-21 中的模型 1、模型 2 和模型 3 分别是针对表 6-20 中模型 2、模型 3 和模型 6 的稳健性检验结果。其中，模型 1 和模型 2 是采用绝对度数中心度替代相对度数中心度的回归结果，模型 3 是采用结构洞等级度替代结构洞限制度的回归结果。

由表 6-21 中的模型 1 和模型 2 可知，绝对度数中心度的一次项在 10% 的显著性水平下显著为正；加入绝对度数中心度的二次项之后，二次项系数为负，一次项系数为正，但是二者均未通过显著性检验，这一结果与相对度数中心度的结果保持一致。这进一步说明了度数中心度与企业创新绩效的倒

U 型关系并不显著，但是度数中心度对企业创新绩效的正向促进作用是显著的。度数中心度越大，企业合作伙伴越广泛，获取的创新资源就越多，越有助于企业创新绩效的提升。模型 3 考察了结构洞等级度对企业创新绩效的影响，结果表明等级度的回归系数为 -0.41，接近限制度的回归系数 -0.32，且系数显著性检验的 P 值为 0.13，在 10% 的显著性水平上可以近似认为较为显著。这说明结构洞限制度指标的回归结果也是稳健的。结构洞主要反映企业在网络中的位置信息，企业占据的结构洞位置越多，其获取的信息优势和控制优势越明显，在产学研合作创新过程中能占领先机，促进企业创新绩效的提升。

（四）分析结论

第一，度数中心度对企业创新绩效具有显著的促进作用。度数中心度衡量合作广度，度数中心度越大，表示创新主体的合作伙伴越多，合作越广泛。具有高度数中心度的企业能够获取更多种类的知识信息、吸引更多有潜质的合作伙伴。回归结果表明度数中心度与企业创新绩效的倒 U 型关系并不显著，但是度数中心度对企业创新绩效的正向促进作用显著。表明目前我国医药制造业产学研合作创新网络中的企业合作广度并没有达到倒 U 型关系中的“拐点”，仍处于不断上升阶段，现阶段提升企业的合作广度有助于促进企业创新绩效。

第二，平均联结次数与企业创新绩效呈显著的 U 型关系。当企业平均联结次数较少，即企业与其合作伙伴之间的合作深度较小时，由于双方合作经验较为缺乏、信任默契程度较低，并未形成真正深入的合作，无法获取一些关键信息和核心技术，可能还会存在因为合作不够深入、对合作伙伴的了解不全面导致机会主义行为的发生，企业合作风险较高。因此，平均联结次数对企业创新绩效并没有显著的促进作用；随着企业平均联结次数进一步增加，企业与其合作伙伴之间的合作默契和信任程度得到很大提高，合作风险大大降低，建立在相互信任基础之上的知识和技术转移也会逐渐增多，此时，企业平均联结次数对企业创新绩效有显著的促进作用。

第三，结构洞与企业创新绩效呈显著的正相关关系。结构洞代表节点之间的非冗余联系，结构洞的存在可以提高企业获取多样化、异质性信息的可能性。企业在产学研合作创新网络中占据的结构洞位置越多，即扮演合作“桥梁”的角色越多，越有利于企业获得信息优势和控制优势，在产学研合作创新过程中能够及时有效地掌握创新相关的知识信息和先进的技术水平，从而有助于提升企业创新绩效。

第四节 医药制造业产学研合作创新网络的管理

本章利用1995～2017年我国医药制造业联合申请专利数据构建了产学研合作创新网络，对我国医药制造业产学研合作创新网络的特征进行了定量测度与分析，得到的主要结论如下。

一、我国医药制造业产学研合作创新网络特征

第一，我国医药制造业产学研合作创新网络呈现显著的阶段性特征。网络规模持续扩大，网络密度逐渐下降，网络整体联系较为松散，网络集中趋势并不明显，网络平均路径长度不断增长，创新主体之间技术知识转移难度增大。

第二，不同类型的创新主体在我国医药制造业产学研合作创新网络中的地位不尽相同。就度数中心度而言，高校相较于企业和研究机构更具优势。三个阶段度数中心度排名前20的节点中，高校数量始终占据一大半。就平均联结次数和结构洞限制度而言，企业相较于高校和研究机构的优势更为显著。平均联结次数反映合作交流的频次和深度，创新主体整体合作交流越来越频繁，企业更倾向于选取特定的合作伙伴开展深入合作。企业在结构洞限制度方面的优势反映了企业运用结构洞的能力较强，对创新资源的控制力度较大。

第三，我国医药制造业产学研合作创新网络内形成了大量内部合作紧密但外部缺乏合作的子群，网络内成员之间的合作交流有待进一步加强。通过凝聚子群分析发现，从第一阶段到第三阶段，合作创新网络包含的成分数越

来越多，且成分内包含的成员数趋于增加，最大成分的规模有所扩大，说明随着越来越多的创新主体加入产学研合作创新网络中，创新网络的团体效应明显，各创新主体都有维系一些相对稳定的合作关系。

第四，我国医药制造业产学研合作创新网络受地理邻近和技术邻近的影响较大。网络空间尺度分析结果显示，本市范围内的合作在创新网络中始终占据主导地位，本省合作占比逐渐提升。这说明创新主体倾向于和自己地理距离更近的主体建立合作伙伴关系。此外，对本国合作的进一步分析发现，跨省之间的合作集中于发达地区内部合作，发达地区和欠发达地区之间的合作创新有待加强。

二、我国医药制造业产学研合作创新网络管理启示

针对上述研究结论，对我国医药制造业产学研合作网络的管理提出一些建议。

第一，合作伙伴要“广”，企业应该积极扩大合作伙伴群体，与更多高校研究机构建立合作关系，获取更多异质性信息。

一方面，企业合作伙伴越广泛，越能够获取更多种类的知识源，从而促进企业创新绩效的提升；另一方面，合作广度也是企业中心性地位的象征，良好的中心性地位能够吸引更多有潜质的合作伙伴。因此，企业要采取更加开放包容的态度，积极寻求更多优质的高校和研究机构，在合作创新中进一步提升自身的创新能力。当然，企业也要加强包括技术、品牌影响力、声誉等各方面在内的自身积累，提高中心性地位。通过加大创新资源投入力度，积极引进各类先进人才和技术，着力提升企业科技创新水平。

第二，合作区域要“广”，企业应该加强跨区域之间的交流合作，促进我国医药制造业产学研合作创新区域协调发展。

发达地区经济发展水平高，拥有丰厚优越的创新资源和条件设备，内部合作固然能够产生很多高质量的创新成果。但是为了拉动欠发达地区共同发展，缩小地区发展差距，发达地区内的企业应该积极发挥引领作用，依托自身的优质资源加强与欠发达地区内部的合作。此外，欠发达地区由于地域广

阔、气候类型和地质条件复杂多样，生物资源较发达地区更为丰富。就医药制造业而言，生物资源是其实现创新发展的重要基础。欠发达地区的这一天然优势是发达地区所不能及的。因此，企业不应局限于在发达地区内部寻找合作伙伴，要加强跨区域之间的合作，促进医药制造业区域协调发展。

第三，合作过程要“深”，在研发合作过程中企业要加强与合作伙伴的深入交流，培养互惠互信意识，逐步积累合作经验。

合作深度决定着企业与其合作伙伴之间的合作默契和信任程度以及合作过程中可能产生的风险，而合作默契和信任程度极大地影响着合作的效果。本书的回归结果表明，当合作深度达到一定程度之时，随着合作深度的加强，企业创新绩效会进一步得到提升。因此，企业在与合作伙伴开展合作创新过程中，要树立互惠互信意识，加强沟通交流，在产出合作创新成果的同时也要注意合作经验的积累，为日后合作创新提供基础。

第四，合作地位要“高”，企业为了提升创新绩效应该更多地利用结构洞优势，提高网络地位。

占据结构洞位置的企业能够获取更多的“信息优势”和“控制优势”，在产学研合作创新网络中利用网络资源的效率也更高。因此，企业应该通过提升自身的技术创新能力和声誉影响力，尽可能多地占据结构洞位置。在扮演合作“桥梁”的过程中，一方面促进创新资源的有效流转，另一方面进一步提高自身在产学研合作创新网络中的网络地位。

第七章

人工智能领域合作创新网络演化

当前人工智能技术蓬勃发展，正成为推动国家发展的主要力量。中国政府长期以来不断推进数字经济转型战略，相继出台一系列政策促进人工智能的发展。人工智能涉及数学、计算机、物理学、生物学等多领域，是典型的多学科交叉、跨领域融合的新兴领域，技术复杂程度高，突破难度大，跨领域技术融合已经成为人工智能技术创新发展的重要来源。人工智能跨领域融合发展迫切需要构建一个能够自我调节、反馈、进化的生态系统，打破基础研究领域分散、技术和产业分割、缺乏系统性融合的状况。本章利用德温特专利数据库，对人工智能领域合作创新网络特征的演化及形成机制进行分析，以期促进人工智能各合作主体深度融合发展，提升我国在该领域的国际竞争力。

第一节 人工智能领域技术发展

一、人工智能领域发展背景

人工智能已经成为当前各国竞争的新焦点。许多发达国家发布人工智能发展规划，将人工智能上升到国家发展战略地位。美国作为人工智能领域的领跑者，为建立完整的人工智能生态系统，不断加大对人工智能及其相关技术的投入力度，同时也颁布了一系列管理措施与法规，助力挖掘有潜力的创新型企业。英国的人工智能发展则与行业紧密联系，同时借助一系列优秀的高校及科研机构，加速创新成果转化。德国在传统产业的基础上融入人工智能元素，加速推进“工业 4.0”计划，同时结合自身发展优势，推动“自动与互联汽车”的国家发展战略。

相比之下，中国的人工智能起步相对较为落后，近些年在政府的大力支持下，产学研组织加速推进转型升级，诞生了一大批人工智能的企业，总体发展向好。但面对西方国家的“技术霸凌”，我国人工智能在一些关键领域发展严重受阻，中兴、华为事件反映出当前我国关键核心技术仍然受制于人的局面没有根本改变。面对错综复杂的国际环境，想要在下一轮国际竞争中脱颖而出，必须将人工智能上升到国家发展战略层面，主动出击，把握新一轮国际竞争的主动权，才能有效保障国家安全。

人工智能正成为经济发展的新引擎。作为新一轮产业升级的核心动力，人工智能正悄然改变经济建设的每一个环节，对国民经济发展具有重要意义，具体表现在以下几方面：一是人工智能借助大数据平台，可以帮助企业、政府等各主体适时规避风险，避免错误的经济决策，维持经济持续高质量发展；二是人工智能借助各类智能算法，帮助各创新主体减少资源浪费，实现资源效用最大化，保障经济平稳运行；三是在人工智能的引导下，加快人工智能与实体经济的深度融合发展。2018 年全国科技工作会议指出要加快推进人工智能和实体经济深度融合，积极发挥人工智能在智能化制造中的作用。总而言之，在当前的发展背景下，人工智能在经济发展过程中扮演着重要的角色。

人工智能也是当前社会建设的新机遇。当前社会的主要矛盾已经转化为人民日益增长的美好生活需要和不平衡不充分的发展之间的矛盾。随着社会的发展，人口老龄化、环境污染等问题日益突出，为了满足人民对美好生活的需要，人工智能的发展在其中起着重要的作用。例如，医疗卫生方面，人工智能的应用可以帮助医生提升癌症的发现率；城市管理方面，利用人工智能技术可以分析路面交通情况，可以有效避免交通拥堵并提高出行安全；教育方面，人工智能可以帮助教育工作者搭建资源共享平台，缓解当前不平衡的发展格局。总之，人工智能已经逐渐深入人民生活的方方面面，深刻地影响经济社会的发展。

人工智能作为在国际竞争、经济建设、社会发展等方面起着关键作用的新引擎，迫切要求我们更加重视人工智能在国家发展进程中的重要性，全面推进新一代人工智能发展新征程。

二、人工智能领域发展阶段划分

在进行人工智能合作创新网络特征分析前，需要对研究数据进行阶段划分，为研究合作创新网络的演化分析做准备。本章的研究数据来源于德温特专利数据库（Derwent Innovations Index），德温特专利数据库是世界著名的专利数据库，隶属于Clarivate Analytics公司，该数据库提供了专业的专利检索功能和分析工具，包括来自全球100多个国家（地区）的专利信息，因此数据源可信度高。具体的检索操作：在德温特专利数据库检索官网输入“artificial intelligen *”确定人工智能领域相应的手工代码，配合关键词检索，从而检索出人工智能领域的相关专利。检索时间跨度为1982～2018年，共计112912条专利。各年人工智能领域专利变化趋势见图7－1。从图7－1可以看出，1982～1994年，人工智能正经历起步探索阶段，年专利申请数较低。因此为了保证一定数量的专利数据，本章将研究区间设定为1995～2018年，将人工智能合作创新网络分为四个阶段，每隔6年为一个阶段，构建四个阶段的合作创新网络。

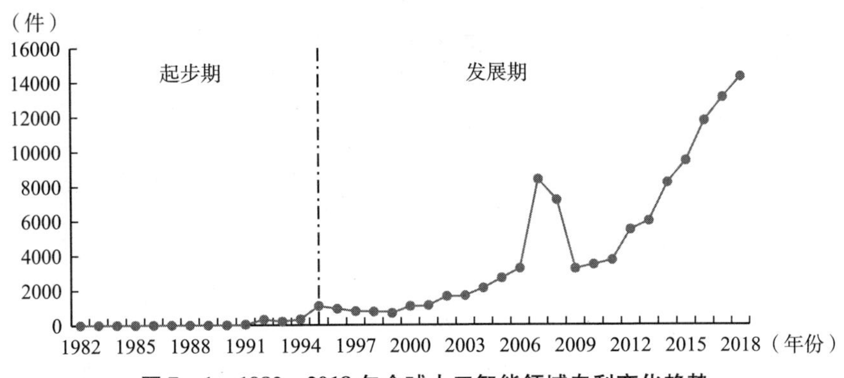

图7－1　1982～2018年全球人工智能领域专利变化趋势

第二节 人工智能领域技术合作创新网络特征及演化

一、数据获取及清洗

技术合作创新网络的研究字段是 IP（国际专利分类号），在德温特专利数据库检索得到的专利数据中包含 IP 字段，即专利所属的 IPC 信息。利用 Python 提取每条专利数据中的 IP 字段，一个完整的 IPC 号包括部、大类、小类、大组、小组等部分，例如 G05B－023/02，其中 G 为部，05 为大类，B 为小类，023 为大组，02 为小组（刘凤朝等，2012）。本章将 IPC 四位分类（如 G05B）界定为 IPC4，把 IPC4 所属的技术领域界定为“技术领域（technology field，TF）”，所属的技术部界定为“技术部（technology area，TA）”。借鉴 WIPO 关于 IPC4 与技术领域的对应标准，将所有的 IPC4 对应到 35 个技术领域，5 个技术部（WIPO），具体技术领域含义见表 7－1。若一条专利同时出现多个 IPC 号，即定义为“IPC 共现”；若一条专利同时出现多个技术领域，即定义为“技术领域共现”。基于上述定义，本章构建两大技术合作网络（技术领域合作网络和 IPC4 合作网络）。

表 7－1　IPC4 对应的 35 个技术领域

序号	技术领域	序号	技术领域	序号	技术领域
TF1	电力机械、仪器、能量	TF7	管理中的 IT 处理方法	TF13	医疗技术
TF2	视听技术	TF8	半导体	TF14	有机精细化工
TF3	电信	TF9	光学	TF15	生物技术
TF4	数字通信	TF10	测量	TF16	制药
TF5	基本通信处理	TF11	生物材料分析	TF17	高分子化学、聚合物
TF6	计算机技术	TF12	控制	TF18	食品化学

续表

序号	技术领域	序号	技术领域	序号	技术领域
TF19	基础材料化学	TF25	处理	TF31	机械单元
TF20	材料、冶金	TF26	机床	TF32	运输
TF21	表面技术、涂层	TF27	发动机、水泵、发电机	TF33	家具、游戏
TF22	微观结构和纳米技术	TF28	纺织和造纸技术	TF34	其他消费品
TF23	化学工程	TF29	其他专用机械	TF35	土木工程
TF24	环境技术	TF30	热处理及仪器		

二、网络构建过程

本节所研究的人工智能技术合作创新网络主要依据 IP 字段进行构建，结合技术领域共现和 IPC 共现两大定义可以构建四个阶段两类 $n\times n$ 的对称邻接矩阵 Y：

$$Y_{ij}=\begin{pmatrix} Y_{11} & \cdots & Y_{1n} \\ \vdots & \ddots & \vdots \\ Y_{n1} & \cdots & Y_{nn} \end{pmatrix}$$

该矩阵中，对角线上的元素均为 0。即当 $i=j$ 时，$Y_{ij}=0$；当 $i\neq j$ 时，Y_{ij} 表示节点 i 和节点 j 共同出现的次数。例如，节点 i 和节点 j 在第一阶段专利中共同出现了 5 次，则矩阵中对应的元素 $Y_{ij}=Y_{ji}=5$。若节点 i 和节点 j 在第一阶段没有共同出现，则矩阵中对应的元素为 $Y_{ij}=Y_{ji}=0$。将 1995～2000 年、2001～2006 年、2007～2012 年、2013～2018 年四个阶段的共现关系数据转化为上述两类对称邻接矩阵。

三、网络特征演化测度

（一）技术领域合作网络演化

表 7－2 显示了 1995～2018 年四个阶段 35 个技术领域的人工智能技术专利数。从表 7－2 可以看出，1995～2000 年，人工智能技术处于萌芽期，技术

领域分布比较集中，只有 TF6（计算机技术）、TF12（控制）、TF26（机床）、TF25（处理）领域的专利数超过 500 件，这些技术领域分别属于电气工程部、仪器部、机械工程部，说明上述技术部是人工智能的先导领域，起到基础技术的作用。在这一阶段，随着人工智能基础技术与应用领域的不断扩张，人工智能技术已经涉及 35 个技术领域，说明人工智能技术在发展初期便涉及了全部技术领域，技术多元化程度较高。2001 ~ 2006 年，从专利绝对数量看，TF6、TF12 领域占据着绝对优势，而从增长速度看，TF7（管理中的 IT 方法）领域的专利增长速度最快，其次是 TF16（制药）、TF17（高分子化学、聚合物）、TF22（微观结构和纳米技术）、TF18（食品化学）等领域。2007 ~ 2012 年，TF6、TF26 领域专利总数最多，而 TF33（家具、游戏）、TF17 领域的专利增长速度最快，可以发现人工智能在基础领域保持稳定增长的前提下，逐渐开始在应用领域发力。2013 ~ 2018 年，TF26 成为人工智能的绝对基础技术领域，专利总数超过 1 万件，TF32（运输）、TF25（处理）、TF13（医疗技术）则为增长速度最快的领域，可以发现此阶段人工智能技术在应用领域层面得到了进一步发展。

表 7 – 2　　1995 ~ 2018 年人工智能技术领域分布及演化情况

技术领域	第一阶段	第二阶段	第三阶段	第四阶段	技术领域	第一阶段	第二阶段	第三阶段	第四阶段
TF1	214	588	1910	3287	TF10	491	1522	3687	6932
TF2	217	618	1600	1596	TF11	27	89	187	296
TF3	248	536	2082	1526	TF12	2194	3728	4818	9670
TF4	85	353	905	894	TF13	78	203	408	1280
TF5	35	75	205	159	TF14	6	37	80	55
TF6	2927	5780	7546	9753	TF15	13	49	109	187
TF7	16	486	924	1670	TF16	2	30	50	51
TF8	171	897	883	985	TF17	3	36	320	397
TF9	97	571	1414	719	TF18	8	69	154	316

续表

技术领域	第一阶段	第二阶段	第三阶段	第四阶段	技术领域	第一阶段	第二阶段	第三阶段	第四阶段
TF19	16	95	304	413	TF28	212	581	2802	3174
TF20	71	313	1230	2466	TF29	198	722	1979	4517
TF21	67	466	909	1120	TF30	107	217	448	608
TF22	2	20	74	57	TF31	95	209	593	1058
TF23	125	448	912	2191	TF32	140	223	416	1614
TF24	33	221	337	626	TF33	46	152	1405	1031
TF25	686	1118	2322	8377	TF34	61	195	500	837
TF26	879	1445	5656	14866	TF35	138	352	875	2221
TF27	129	329	468	606					

综上所述，考察期内人工智能技术在电气工程、仪器、机械工程领域的发展最为迅速，其中，TF26、TF6、TF12 技术领域在其中扮演着重要的角色，随后人工智能技术开始广泛运用于工业管理、化学、生物等领域，对其他技术的应用与推广产生了深刻的影响。总体而言，人工智能技术的发展遵循基础领域先行发展，逐步扩展到应用领域的发展特征，这与纳米技术的发展路径较为相似。以电气工程、仪器、机械工程为代表的基础领域是整个人工智能技术的先导领域，这些领域的发展为人工智能技术发展提供了基础性平台，为今后扩展到其他技术领域创造了先决条件。

为了更加清晰地展现人工智能技术领域的演化特征，以 35 个技术领域为节点，技术领域间共现为联系，构建技术领域共现网络，利用 Netdraw2. 148 软件绘制 1995 ~2018 年四个阶段技术领域共现网络图谱，并计算网络拓扑指标，具体可视化及指标测度结果如图 7 -2 和表 7 -3 所示。其中技术领域连线粗细可以反映技术领域间的关联程度。

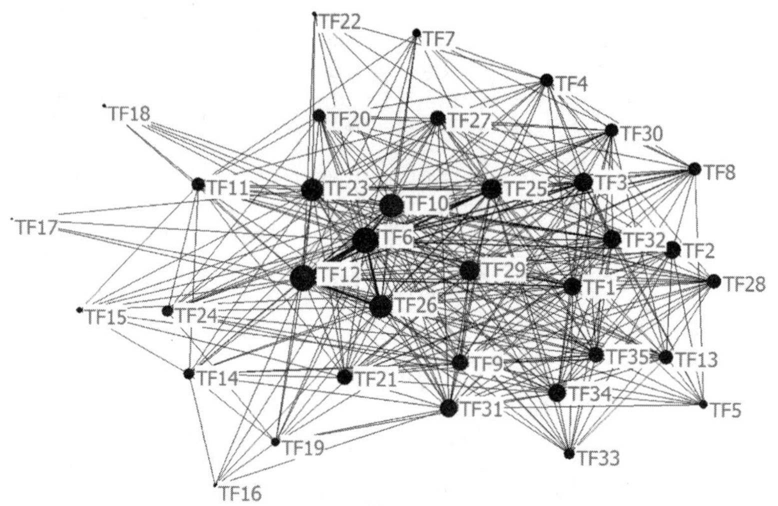

第一阶段：1995~2000年

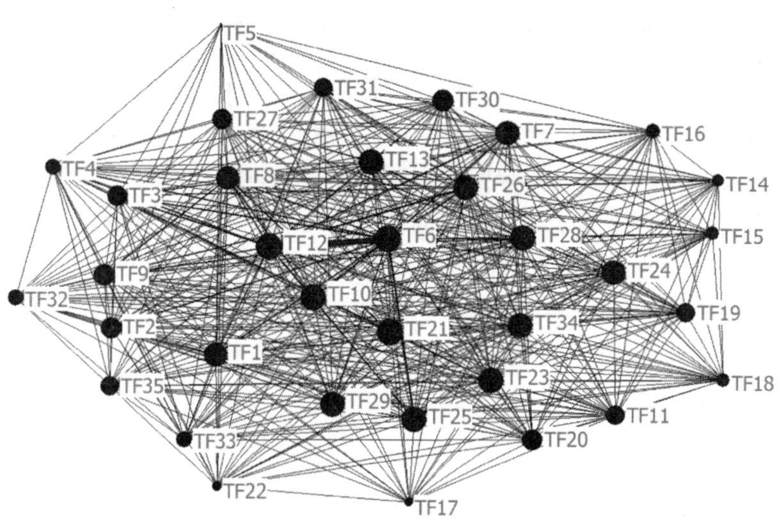

第二阶段：2001~2006年

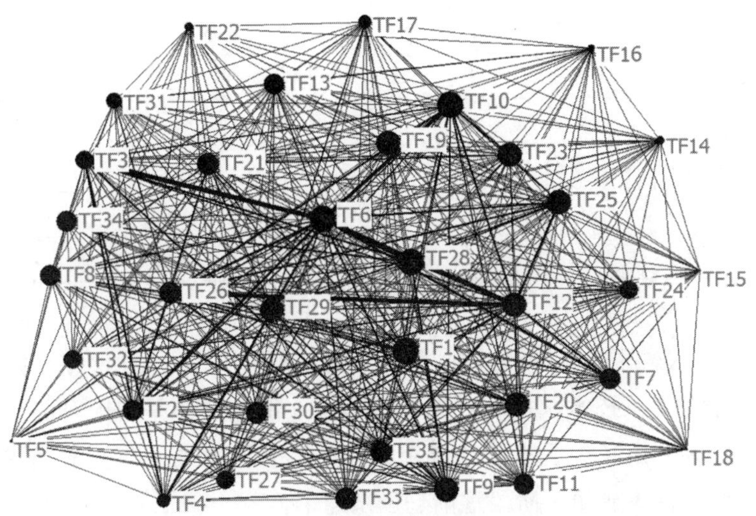

第三阶段：2007~2012年

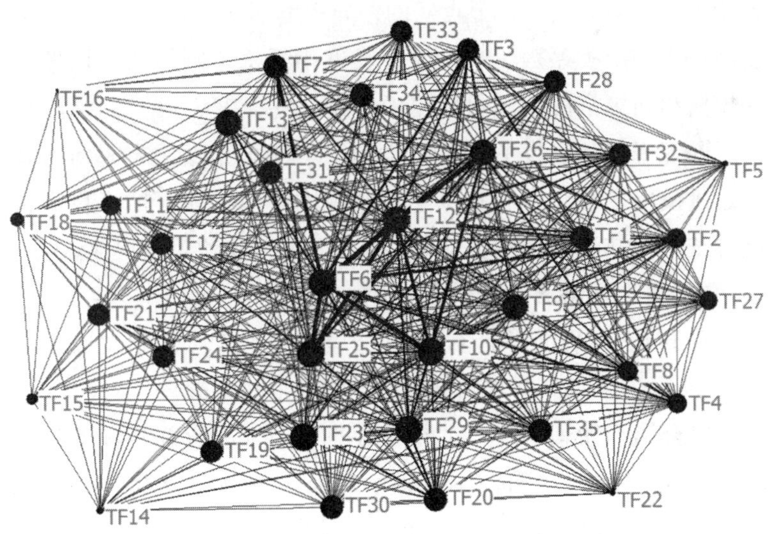

第四阶段：2013~2018年

图7－2　各阶段技术领域共现网络图谱

表7－3　各阶段网络结构测度指标

项目	第一阶段	第二阶段	第三阶段	第四阶段
网络节点数（个）	35	35	35	35
网络边数（条）	335	519	532	531
网络密度	0.563	0.892	0.894	0.892
网络中心势（%）	6.34	0.29	0.18	0.23
平均聚类系数	0.782	0.901	0.911	0.917
平均路径长度	1.437	1.128	1.106	1.108

表7－3报告了技术领域共现网络结构指标测度结果。从网络拓扑结构演化趋势可以发现，技术领域共现网络的边数、密度整体呈现上升趋势，并在第三阶段逐渐稳定，说明人工智能领域在第二阶段发展下，技术领域间的关联程度不断加深，到第三阶段逐渐趋于稳定。

网络中心势指标在第二阶段呈现明显的下降趋势，说明网络中向某个点集中的趋势明显下降，即人工智能从初期围绕个别先导领域的发展模式逐步过渡到各技术领域协同发展，节点间的差异程度不断下降。

关于网络平均聚类系数、平均路径长度指标，若网络的平均最短路径远小于同等规模和同等密度的随机网络的平均最短路径，并且网络的平均聚类系数远大于同等规模和密度的随机网络的平均聚类系数，表明网络满足小世界特性。通过模拟发现，专利技术领域共现网络呈现明显的小世界特征，即人工智能各技术领域的关联程度较高，领域间的信息流可以快速流动。

（二）IPC共现网络演化

通过计算IPC①共现网络的各项拓扑指标基本信息，对网络有一个大致的了解。表7－4报告了IPC共现网络的拓扑指标变化情况。

第一阶段至第四阶段，IPC共现网络的节点、边数都持续增加。1995～2000年，IPC节点数量为131个；2001～2006年增加至259个，增长率达到97.71%；2007～2012年增加至379个，增长率为46.33%；2013～2018年增

① IPC分类号共设A－H八个大类，分别指人类生活必需、作业；运输、化学；冶金、纺织；造纸、固定建筑物、机械工程；照明；加热；武器；爆破、物理、电学。

加至433个，增长率为14.25%。这表明越来越多的IPC技术加入人工智能领域，但增速有所减慢。结合人工智能发展历程，随着各国越来越重视人工智能的发展，相关政策的不断推行，技术的重要性日益凸显。

随着时间的推移，网络的平均度、平均加权度均呈现上升趋势。平均度从第一阶段的22.60增加到第四阶段的47.49，平均加权度从第一阶段的45.19增加到第四阶段的94.98。说明网络中各节点所拥有的合作技术数量有所增加。

作为小世界的衡量指标，观察各阶段平均聚类系数和平均路径长度的系数变化，可以看出平均聚类系数在前三个阶段呈现下降趋势，第四阶段出现小幅上升，系数从第一阶段的0.61变化到第四阶段的0.52；平均路径长度则随着时间的变化呈现阶段上升态势，从第一阶段的1.828增加到第四阶段的1.96。

表7-4　网络结构测度指标

网络结构指标	第一阶段	第二阶段	第三阶段	第四阶段
网络节点	131	259	379	433
网络边数	1480	4889	8443	10282
网络密度	0.17	0.15	0.12	0.11
平均度	22.60	37.75	44.55	47.49
平均加权度	45.19	75.51	89.11	94.98
平均聚类系数	0.61	0.53	0.50	0.52
平均路径长度	1.83	1.86	1.93	1.96

表7-5报告了人工智能领域各阶段频次排名前10的IPC4节点。可以发现，涉及H类（电学）领域的影响力正在逐步下降。在四个阶段排名均较为稳定的IPC4有G05B、G06F、B25J、B23K、B23Q，其中G06涉及计算与推算，B25涉及手动工具，B23涉及机床，分别属于物理和作业运输类。与直观判断相同，大部分IPC4出现频次呈现出上升趋势，与之形成对比的是各IPC4间占比差异逐步缩小，从第一阶段以G06F、G05B节点占主导地位的“二元

格局”到第四阶段的“多点开花”，说明人工智能领域在发展过程中不断进行跨领域交流，技术复杂度与交叉融合特点不断凸显。

表 7－5　人工智能领域各阶段前 10 名 IPC4

第一阶段			第二阶段			第三阶段			第四阶段		
IPC4	频次	占比（%）	IPC4	频次	占比（%）	IPC	频次	占比（%）	IPC	频次	占比（%）
G06F	2596	23.01	G06F	5092	19.52	G06F	6012	10.78	G05B	6580	6.75
G05B	1948	17.27	G05B	3266	12.52	G05B	3429	6.15	G06F	5969	6.12
B23Q	478	4.24	H01L	897	3.44	B23K	1691	3.03	B25J	5312	5.45
G06T	379	3.36	G01N	525	2.02	B23Q	1336	2.40	B23K	4405	4.52
B25J	292	2.59	G06Q	486	1.86	G01N	1313	2.35	B23Q	3348	3.43
G05D	228	2.02	B25J	464	1.77	H04N	1301	2.33	G06N	2841	2.91
B65G	189	1.68	G06K	460	1.76	A63F	1188	2.13	G01N	2565	2.63
H01L	171	1.52	B23Q	440	1.69	B29C	1150	2.06	G05D	2116	2.17
G01B	150	1.33	G01B	437	1.67	G01B	1040	1.86	B29C	2082	2.13
G06K	143	1.27	B29C	395	1.51	G06N	953	1.71	B24B	1803	1.85

图 7－3 报告了人工智能领域 IPC 大类（A－H）的技术合作情况。从大类所占比例的变化趋势可以发现，G 类（物理）和 B 类（作业；运输）一直是人工智能领域的主导技术，A 类（人类生活必需）、C 类（化学；冶金）、E 类（固定建筑物）、F 类（机械工程；照明；加热；武器；爆破）所占比例不断上升，而 D 类（纺织；造纸）、H 类（电学）所占比例不断下降。从大类间技术合作变化情况可以发现，第一阶段 G－B、G－H 技术融合方式占据绝对地位，经过四个阶段的演化，大类间的技术融合逐渐趋于多元化和均衡化。与此同时，技术创新网络中还出现了新兴技术融合方式，表明人工智能领域各组织在发展过程中不断进行跨领域搜索，知识整合能力不断加强。同时也说明人工智能领域在发展过程中不断进行跨领域交流，技术复杂度和交叉融合特点不断凸显。

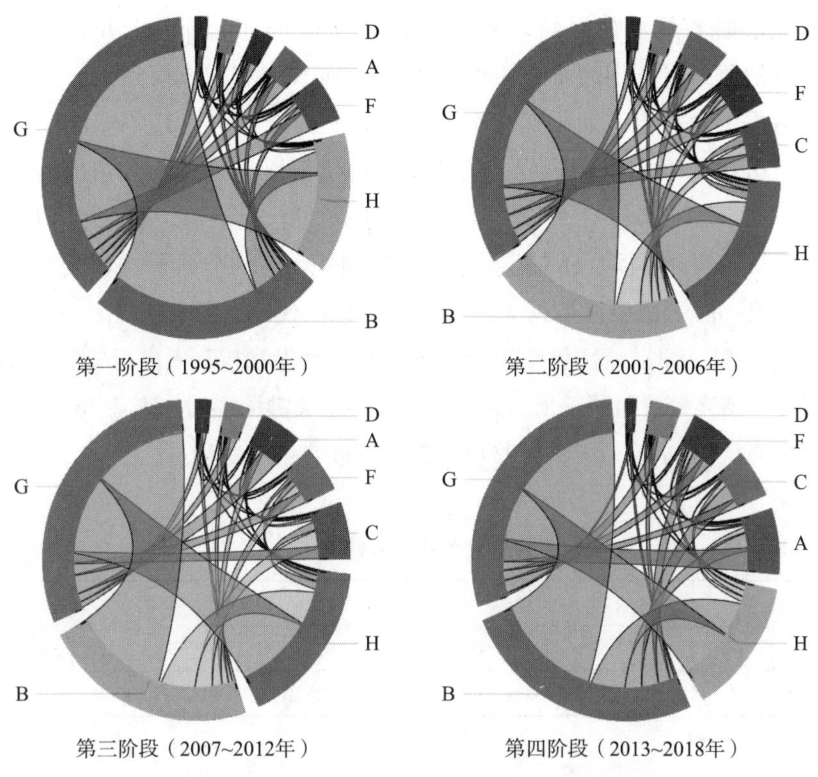

图7－3 人工智能领域各子类技术合作演化

第三节 人工智能领域产学研合作创新网络特征演化

一、数据获取及清洗

产学研合作创新网络构建过程中数据源是一个重要的考虑因素。专利作为各主体的创新产出，合作专利可以反映各创新主体间的资源流、信息流的共享，人工智能作为高技术领域，专利的代表性较强，认可度高。因此，本节合作创新网络的基础数据利用合作专利进行表征。

研究数据来源于德温特专利数据库（Derwent Innovations Index），通过Python提取每条专利中的研究的相关字段如AE（专利权人信息）字段，由于德温特数据中专利权人编码存在标准代码与非标准代码，其中标准代码是德温特官方分配给专利申请量较大的组织的四位编码。如IBM公司的标准代码是IBMC－C。本小节针对AE字段清洗，考虑标准代码组织，剔除个人与个人、个人与组织间的合作以及存在非标准代码的组织，从而分阶段构造人工智能合作创新网络。由于德温特数据无法通过四位标准代码直接区分出组织的性质，因此，提取AE字段后需要对其中的文本信息即对专利权利人进行关键词匹配分类，具体包括高校、科研院所、企业。具体匹配关键词说明如表7－6至表7－8所示。最终得到1995～2018年2379条产学研联合申请专利。

表7－6　　高校的匹配关键词

专利权人	关键词	举例
高校	UNIV：University的缩写，大学	UNIV TSINGHUA（UYQI－C）
	COLLEGE：学院	BEIJING AGRIC COLLEGE（BEJI－C）

表7－7　　企业的匹配关键词

专利权人	关键词	含义	举例
企业	INC	Incorporated的缩写	APPLE INC（APPY－C）
	AG	“股份有限公司”的德国缩写	SIEMENS AG（SIEI－C）
	CO	Company的缩写	GENERAL ELECTRIC CO（GENE－C）
	LTD	有限公司	HITACHI LTD（HITA－C）
	CORP	Corporation的缩写	SONY CORP（SONY－C）
	KK	日本株式会社	OMRON KK（OMRO－C）
	GMBH	“有限责任公司”的德国缩写	LANXESS DEUT GMBH（LNXS－C）
	LLC	有限责任公司	UT－BATTELLE LLC（UTBA－C）

续表

专利权人	关键词	含义	举例
企业	OY	“公司”的芬兰缩写	SANDVIK MINING & CONSTR OY（SANV－C）
	SAS	法国“有限股份公司”	THOMSON LICENSING SAS（CSFC－C）
	BV	荷兰“私人有限公司”	SCHLUMBERGER TECHNOLOGY BV（SLMB－C）
	NV	荷兰“公众有限公司”	KONINK PHILIPS NV（PHIG－C）
	SA	法国、意大利、西班牙等国的“股份公司”	LOGITECH EURO SA（LOGI－C）
	SPA	意大利“共同股份公司”	COMAU SPA（COUA－C）
	AB	瑞典“公司”	EPIROC ROCK DRILLS AB（ATLP－C）
	PLC	英国“公开有限公司”	BAE SYSTEMS PLC（BRAX－C）

表7－8　科研院所的匹配关键词

缩写	含义	举例
INST	Institution 的缩写	HARBIN INST TECHNOLOGY（HAIT－C）
RES	Research 的缩写	BEIJING RES CENT INTELLIGENT EQUIP AGRIC（BEGG－C）
FOUND	Found（机构）	OHIO STATE INNOVATION FOUND（OHIS－C）

二、网络构建过程

本节所研究的人工智能组织间合作创新主要依据 AE 字段联合申请数据进行构建，为了清晰界定研究对象以及简化合作网络，本节仅考虑标准代码的组织。网络中的节点为专利申请人，由于网络是从合作维度进行定义，因此各阶段的邻接矩阵均为对称矩阵，各阶段的邻接矩阵 X：

$$X_{ij}=\begin{pmatrix} x_{11} & \cdots & x_{1n} \\ \vdots & \ddots & \vdots \\ x_{n1} & \cdots & x_{nn} \end{pmatrix}$$

根据 X_{ij} 取值的不同又可以将上述矩阵划分为加权邻接对称矩阵与无权邻接对称矩阵。具体而言，两类邻接矩阵的对角线元素均为 0，即当 $i=j$ 时，

$X_{ij}=0$；而当 $i \neq j$ 时，加权邻接对称矩阵的 X_{ij} 表示组织 i 与组织 j 的历史合作次数，无权邻接对称矩阵的 X_{ij} 表示组织 i 与组织 j 间是否存在合作历史，1 代表组织间存在合作历史，0 代表组织间不存在合作历史。本节考虑后者类型的创新合作网络，将 1995～2000 年、2001～2006 年、2007～2012 年、2013～2018 年四个阶段的合作专利数据进行转化。

三、网络特征演化测度

首先从拓扑结构视角对上述不同阶段的创新合作网络进行测度，并从整体网和个体网进行分析，以期对人工智能领域的产学研合作情况有系统的了解。

（一）整体网络特征测度

整体网的研究内容非常丰富。参考现有的研究成果（刘军，2020），从网络规模、网络密度、平均度、平均加权度、平均路径长度、平均聚类系数等指标着手，对全球人工智能领域的合作创新网络的整体特征进行定量测度。首先在此基础上绘制 1995～2018 年各阶段人工智能产学研合作创新网络演化图（见图 7－4）。其中，圆形代表企业，方形代表高校，三角形代表科研院所。观察图 7－4 可以看出，首先，随着时间的推移网络中的节点即创新主体越来越多，网络复杂程度也随之变得越来越复杂。其次，网络中圆形节点占比较多，即企业角色在人工智能合作创新网络中占据重要地位。此外，网络中各类节点组织（产学研）均有出现在网络的不同位置中，各类创新主体在网络中扮演着重要的角色。

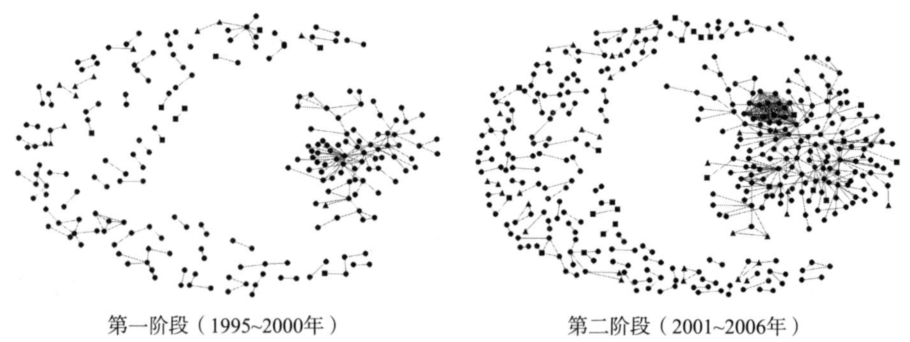

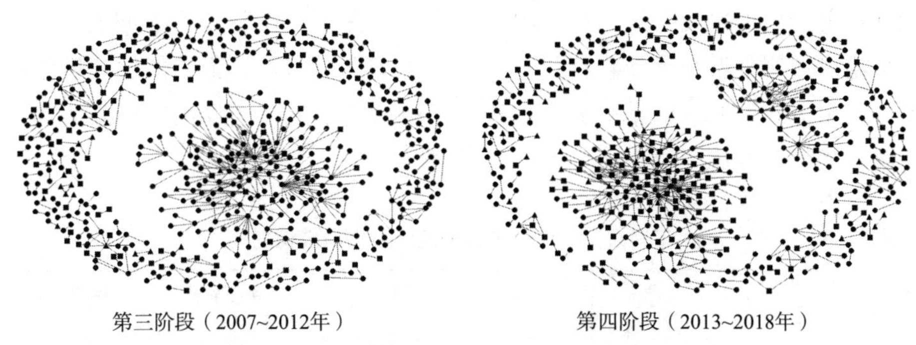

图7－4 人工智能各阶段合作创新网络演化

1. 网络规模及密度

网络规模是指网络中节点总数。就本节而言，网络中节点表示人工智能领域各创新主体，包括企业、高校、科研院所，即传统意义上的“产学研”。而网络密度是指网络中实际关系数与理论可能关系数的比值，可以反映知识网络的合作交互程度。

一般而言，网络中规模越大，网络的结构可能越复杂，但同时也需要考虑网络中节点度数分布、节点属性等问题。其中，节点度数分布可以反映网络的稀疏程度，若网络中节点度数较低则说明各节点间的合作深度较差；而节点属性可以反映网络中的异质性程度，异质性程度的增加可以提高网络中创新主体的合作积极性，迸发出更多的创造灵感，从而提高各节点的创新能力。因此，本节从网络规模、节点分布、节点性质等角度报告了人工智能创新网络各阶段变化情况。

由表7－9可知，全球人工智能网络规模大致呈现逐年上升的态势，在第四阶段出现小幅下降，说明人工智能合作边界趋于饱和，在经过前三阶段的不断探索，网络中的创新主体数量逐渐趋于稳定。而网络中边数在第二阶段出现较大增幅，随后呈现稳定的小幅增长，说明在合作边界趋于稳定的情况下，网络内部的交流愈加频繁，正朝着“产学研深度合作”的大方向迈进。但通过观察网络中各节点的度数分布可以看出四个阶段度数为1的节点比例均超过了60%，说明网络中节点大都只有一个合作伙伴。此外，观察节点度数变化可以发现度数为1的节点比例呈现下降趋势，度数为2和3的节点比例则逐步上升。再次说明人工智能网络正朝着“深度合作”的大方向发展，但是从绝对比例来看与理想目标仍存在较大的差距。因此，为了能够让网络中的创新主体间资源、信息交流更加流畅，政府需要逐步引导网络创新主体深度融合的方向发展。

表7-9　　不同阶段全球人工智能网络节点特征情况

节点特征		第一阶段	第二阶段	第三阶段	第四阶段
节点属性	网络节点数（个）	226	399	617	561
	网络边数（条）	196	508	539	546
	网络密度	0.0077	0.0064	0.0028	0.0035
节点度数	度数1	167（73.89%）	256（64.16%）	428（69.37%）	358（63.81%）
	度数2	23（10.18%）	54（13.53%）	96（15.56%）	102（18.18%）
	度数3	16（7.08%）	31（7.77%）	39（6.32%）	40（7.13%）
节点类型	企业	206（91.15%）	343（85.96%）	467（75.69%）	332（59.18%）
	高校	9（3.98%）	24（6.02%）	110（17.83%）	161（28.70%）
	科研院所	11（4.87%）	32（8.02%）	40（6.48%）	68（12.12%）

注：括号内各类型节点数占该阶段全部节点之比。

与此同时，观察网络中节点性质可以发现，网络中企业所占比例随时间下降，而高校、科研院所所占比例则相对增长较为明显，尤其是高校比例从第一阶段到第四阶段增长6倍。说明网络中异质性主体趋于均衡，逐渐形成以“企业为主体，高校和科研院所为辅”的发展格局。

2. 平均度及平均加权度

平均度是指网络各节点度数的简单平均值，等于网络关系数与网络节点数的比值，衡量知识网络的平均联系程度，具体计算公式见式（4-2）。

平均加权度是指网络各节点度数的加权平均值，平均加权度在平均度的基础上考虑边的权重，同样可以反映知识网络的技术联系程度，具体计算公式如下：

$$\tilde{D} = \sum_{i=1}^{n}\left(\frac{C_i}{\sum_{i=1}^{n} C_i}\right)C_i \tag{7-1}$$

式中，n 表示网络节点数，C_i 表示节点 i 的度数。

平均度、平均加权度越大，说明网络节点间的联系程度越大，反之联系程度则越差。不同阶段的全球人工智能平均度及平均加权度情况如表 7-10 所示。可以看出，随着时间的推移，除第二阶段外其他阶段的平均度、平均加权度数值变化较为平稳，从第一阶段的 1.735 变化到第四阶段的 1.947。说明创新合作网络平均每个节点只有 2 个合作伙伴，虽然有小幅上升，但网络节点间的联系程度总体仍处于较低水平。

表 7-10　不同阶段全球人工智能平均度及平均加权度情况

指标	第一阶段	第二阶段	第三阶段	第四阶段
平均度	1.735	2.546	1.747	1.947
平均加权度	3.469	5.093	3.494	3.893

3. 平均路径长度

平均路径长度是指网络中任意两节点间最短路径的平均值，衡量网络整体的可达性，可以反映知识网络技术通道的通畅程度。具体计算公式可见式（4-3）。

4. 平均聚类系数

聚类系数是指网络中节点与其相邻节点间实际关系数与最大可能关系数的比值，衡量网络中节点的聚合程度，而平均聚类系数则是网络各节点聚类系数的平均值，可以反映知识网络的技术聚集程度。具体计算公式如下：

$$C = \frac{1}{n}\sum_{i=1}^{n}\frac{2e_i}{k_i(k_i - 1)} \tag{7-2}$$

式中，n 表示网络节点数，e_i 表示节点 i 相邻节点间实际关系数，k_i 表示与节点 i 相邻的节点数。

不同阶段的平均路径长度、平均聚类系数情况如表 7-11 所示。平均路径长度整体呈现上升趋势，从第一阶段的 4.157 变化到第四阶段的 4.868。说明人工智能合作创新网络随着网络规模的增大，节点间最短路径长度变大，网络的通畅程度变差。而平均聚类系数则大致呈现下降趋势。平均聚类系数越小，说明网络中节点的联系程度越差。因此，人工智能合作创新网络节点间的联系程度总体呈现下降趋势。

表 7-11　不同阶段全球人工智能合作创新网络平均路径长度与平均聚类系数变化情况

指标	第一阶段	第二阶段	第三阶段	第四阶段
平均路径长度	4.157	4.895	5.409	4.868
平均聚类系数	0.392	0.525	0.38	0.319

（二）个体网络特征测度

1. 度数中心度

中心性根据研究对象的不同可以分为中心度（点或线）、中心势（图），而根据测度指标的不同还可以分为度数中心度（势）、中间中心度（势）、接近中心度（势）等。

本节将从个体网视角考虑网络节点，并以度数中心度为例考察网络节点的联系变化情况。考虑到当图的规模不同时，不同图中点的局部中心度无法进行比较，因此本节在度数中心度的基础上计算相对度数中心度，保证不同阶段网络节点的度数中心度可比。如果一个节点的相对度数中心度较高，则说明该节点包含较多的创新合作伙伴，其吸收的创新资源可能越丰富。

利用 UCINET 软件计算不同阶段全球产学研合作创新网络各节点的相对度数中心度并进行比较分析。

首先，对不同阶段的相对度数中心度指标做描述性统计分析，以期对合作网络的节点联系情况有一个初步大致的了解。从表 7-12 可以看出，人工智能合作创新网络相对度数中心度均值整体呈现下降趋势，表明网络在剔除规模大小影响下，各节点的平均合作伙伴数量呈现下降趋势，而且不管哪个阶段，节点的平均合作伙伴数仍处于较低水平（0.00367～0.00738），说明网络在规模增加的同时，需要进一步引导各创新主体加强彼此间的交流合作联系。标准差反映节点相对度数中心度的波动程度，可以发现均值越大，其波动程度也越大。最大值反映网络中节点存在的最多相对合作伙伴数量，可以看出随着时间的推移，网络中最大相对度数中心度呈现 U 型趋势，表明网络中最多相对合作伙伴数量呈现先降低后上升的趋势，而最小度数中心度则表现出下降的趋势。

表 7 – 12　　全球人工智能合作创新网络相对度数中心度基本统计量

统计量	第一阶段	第二阶段	第三阶段	第四阶段
均值	0.00738	0.00675	0.00305	0.00367
标准差	0.00903	0.00903	0.00287	0.00423
最大值	0.09800	0.05500	0.03900	0.06400
最小值	0.04000	0.00300	0.00200	0.00200

其次，对各阶段度数中心度排名前 10 名的节点进行分析，以期对网络的创新主体演变趋势有更深的了解。根据表 7 – 13 数据可以看出，在合作创新网络中企业这一类创新主体占据了绝对的领导地位。在第一、第二阶段中排名前 10 的节点均为企业，到第三阶段逐渐出现高校和科研院所，这说明相比高校、科研院所，企业的创新合作更加广泛。同时也暴露出高校、科研院所合作深度不够的问题。

表 7 – 13　　全球人工智能合作创新网络相对度数中心度

第一阶段			第二阶段		
节点名称	D	类别	节点名称	D	类别
日立公司（HITA – C）	0.098	I	大成建设株式会社（TAKJ – C）	0.055	I
东芝株式会社（TOKE – C）	0.053	I	日立公司（HITA – C）	0.048	I
三菱电机株式会社（MITQ – C）	0.036	I	三菱电机株式会社（MITQ – C）	0.045	I
神户钢铁有限公司（KOBM – C）	0.036	I	鹿岛建设株式会社（KAJI – C）	0.045	I
西门子公司（SIEI – C）	0.031	I	大林组株式会社（OHBA – C）	0.043	I
川崎钢铁公司（KAWI – C）	0.031	I	西松建设株式会社（NSHC – C）	0.043	I
富士电机有限公司（FJIE – C）	0.027	I	丰田汽车株式会社（TOYT – C）	0.040	I
丰田汽车株式会社（TOYT – C）	0.027	I	竹中土木株式会社（TKNK – C）	0.040	I
钢管株式会社（NIKN – C）	0.027	I	熊谷组株式会社（KUMG – C）	0.040	I
阿西布朗勃法瑞公司（ALLM – C）	0.022	I	佐藤工业株式会社（STKO – C）	0.040	I

续表

第三阶段			第四阶段		
节点名称	D	类别	节点名称	D	类别
丰田汽车株式会社（TOYT－C）	0.039	I	国家电网有限公司（SGCC－C）	0.064	I
日立公司（HITA－C）	0.029	I	南方电网有限责任公司（CSPG－C）	0.036	I
东芝株式会社（TOKE－C）	0.021	I	清华大学（UYQI－C）	0.027	U
名古屋大学（UNAY－C）	0.016	U	丰田汽车株式会社（TOYT－C）	0.025	I
日本制铁株式会社（YAWA－C）	0.015	I	三菱株式会社（MITO－C）	0.021	I
德国夫琅和费学会（FRAU－C）	0.015	R	三星公司（SMSU－C）	0.020	I
西门子公司（SIEI－C）	0.013	I	日本制铁株式会社（YAWA－C）	0.020	I
美国通用电气公司（GENE－C）	0.013	I	北京航空航天大学（UNBA－C）	0.018	U
富士通公司（FUIT－C）	0.013	I	中国石油大学（UYPE－C）	0.018	U
松下电器株式会社（MATU－C）	0.013	I	日本电气株式会社（CHAV－C）	0.016	I

注：D 表示度数中心度数值。类别中的 I 表示企业，U 表示高校，R 表示科研院所，下同。

2. 结构洞系数

占据结构洞的节点可以获得更多的“信息利益”和“控制利益”，从而比网络中其他节点更具竞争优势。现有的结构洞测量指标大致可以分为两类，一类是由伯特提出的结构洞指标，另一类是中间中心度指标及其扩展形式（刘军，2020），其中伯特的结构洞指标又涉及有效规模（effective size）、效率（efficiency）、限制度（constraint）以及等级度（hierarchy），其中限制度最为重要且最为常见。本节将利用限制度指标考察网络中各节点的控制能力，限制度具体的计算公式可见式（4－12）。结构洞限制度最小值为 p_{ij}^2，最大值为 1，表示 j 是 i 的唯一联系人，但博加提认为结构洞系数在特定情况下最大值会超过 1（Borgatti，2020），因此可以理解本节计算的结构洞系数超过 1 的情况，以期从不同视角审视节点的重要性程度，并分析其中的演化趋势。

首先，利用 R 语言 igraph 包计算全球人工智能合作创新网络各阶段的限制度系数，并计算各项基本统计量，由表 7－14 可知，全球人工智能合作创新网络节点的整体结构洞限制度系数呈现下降趋势。结构洞限制度均值由第一阶段的 0.870 下降到第四阶段的 0.816，最小值也从 0.063 下降到

0.054，这说明全球人工智能合作创新网络各创新主体运用结构洞的能力越来越强。

表 7 – 14　　全球人工智能创新合作网络限制度基本统计量

指标	第一阶段	第二阶段	第三阶段	第四阶段
均值	0.870	0.822	0.859	0.816
标准差	0.248	0.288	0.258	0.281
最大值	1.000	1.125	1.125	1.125
最小值	0.063	0.089	0.069	0.054

其次，对四个阶段结构洞限制度排名前 10 的节点进行分析，探究不同类型控制创新资源的能力。由表 7 – 15 可知，与相对度数中心度结论类似，第一、第二阶段的结构洞限制度系数较小的组织均是企业，说明企业在第一阶段合作创新网络中占据绝对的领导地位；在第三阶段出现高校，在第四阶段出现高校和科研院所，说明随着时间的推移，高校、科研院所在网络中的控制能力逐渐变强，但是企业在网络中仍占据绝对的领导地位。

表 7 – 15　　全球人工智能合作创新网络限制度

第一阶段			第二阶段		
节点名称	S	类别	节点名称	S	类别
日立公司（HITA – C）	0.063	I	日立公司（HITA – C）	0.089	I
东芝株式会社（TOKE – C）	0.130	I	丰田汽车株式会社（TOYT – C）	0.099	I
西门子公司（SIEI – C）	0.143	I	东芝株式会社（TOKE – C）	0.100	I
阿西布朗勃法瑞公司（ALLM – C）	0.200	I	西门子公司（SIEI – C）	0.114	I
神户制钢公司（KOBM – C）	0.208	I	三菱电机株式会社（MITQ – C）	0.124	I
丰田汽车株式会社（TOYT – C）	0.208	I	大成建设株式会社（TAKJ – C）	0.15	I
三菱电机株式会社（MITQ – C）	0.222	I	三菱株式会社（MITO – C）	0.161	I
富士电机有限公司（FJIE – C）	0.272	I	阿西布朗勃法瑞公司（ALLM – C）	0.167	I
三星公司（SUMQ – C）	0.280	I	富士通公司（FUIT – C）	0.179	I
富士通公司（FUIT – C）	0.281	I	松下电器株式会社（MATU – C）	0.181	I

续表

第三阶段			第四阶段		
节点名称	S	类别	节点名称	S	类别
丰田汽车株式会社（TOYT－C）	0.069	I	国家电网有限公司（SGCC－C）	0.054	I
日立公司（HITA－C）	0.077	I	丰田汽车株式会社（TOYT－C）	0.084	I
东芝株式会社（TOKE－C）	0.077	I	清华大学（UYQI－C）	0.088	U
名古屋大学（UNAY－C）	0.135	U	丰田汽车有限公司（HOND－C）	0.125	I
松下电器株式会社（MATU－C）	0.139	I	南方电网有限责任公司（CSPG－C）	0.125	I
西门子公司（SIEI－C）	0.142	I	三星公司（SMSU－C）	0.128	I
新日铁住金株式会社（YAWA－C）	0.144	I	日本电气株式会社（CHAV－C）	0.135	I
富士通公司（FUIT－C）	0.153	I	中国运载火箭技术研究院（CAER－C）	0.143	R
索尼公司（SONY－C）	0.155	I	宝山钢铁股份有限公司（BAOS－C）	0.143	I
日本电气株式会社（CHAV－C）	0.167	I	北京航空航天大学（UNBA－C）	0.146	U

第四节 人工智能领域创新生态系统的管理

本章利用1995～2018年全球人工智能专利数据构建了技术合作创新网络和产学研合作创新网络，借助UCINET、R、Gephi等软件，对人工智能合作创新网络的特征进行定量测度与分析，得到的结论主要有以下几方面。

一、人工智能合作创新网络特征

第一，人工智能技术合作创新网络阶段性特征明显。技术领域共现网络、IPC4共现网络均表现出随着规模的不断增加，不同节点间联系越来越紧密，关联程度不断上升。此外，人工智能技术领域由电气工程、仪器、机械工程等基础性领域起步，并逐步渗透到工业管理、化学、化学等应用性领域。先导领域的发展为人工智能技术发展提供了基础性平台，随后开始广泛运用于应用领域，对其他技术的应用与推广产生了深刻的影响。简而言之，人工智能技术表现出基础领域先行发展，逐步扩展到应用领域的发展特征。

第二，人工智能产学研合作创新网络呈现显著的阶段性特征。从整体层面探究人工智能产学研合作创新网络可以发现，1995～2018 年，人工智能产学研合作创新网络的规模持续扩大，创新主体间的合作越来越多。创新主体数量由第一阶段（1995～2000 年）的 226 个增加到第四阶段（2012～2018 年）的 561 个。相反，网络整体联系强度并不高，网络密度逐渐下降，网络中存在较多简单的一对一式合作。对平均加权度的测算结果表明，创新合作网络节点间的联系程度总体仍处于较低水平。平均路径长度测度结果表明，人工智能合作创新网络随着网络规模的增大，节点间最短路径长度变大，网络的通畅程度变差。而平均聚类系数测度结果说明网络中节点的联系程度越差。

第三，不同类型的创新主体在人工智能产学研合作创新网络中的地位不尽相同。从个体层面探究人工智能产学研合作创新网络可以发现，就度数中心度、结构洞测度指标而言，企业相比高校、科研院所有绝对的优势，说明人工智能产学研合作创新网络中企业的合作伙伴更为广泛。这主要是由于人工智能的高技术特点需要更多地依赖于企业的专业性，网络其他主体倾向于和企业建立合作关系。四个阶段结构洞测度指标排名前 10 的节点中，企业数量始终占据绝对优势。结构洞限制度测度结果显示，系数较小的组织均是企业，说明企业在合作创新网络中占据绝对的领导地位，而随着时间的推移，高校、科研院所在网络中的控制能力逐渐变强，但是企业在网络中仍占据绝对的领导地位。因此，人工智能合作创新网络现阶段主要是以企业为主导、产学研融合发展的合作创新模式。

二、我国人工智能领域创新生态系统管理启示

随着人工智能的不断发展壮大，组织间的合作日益加深。为了保证在这一过程中组织之间的合作可以朝着深度融合的方向发展，内外部因素尤为关键。为营造人工智能合作创新的健康发展环境，本章将从企业、高校及科研

院所、政府三个角度提出相关建议。

（一）企业角度

在人工智能发展过程中，企业是一类必不可少的创新主体，作为创新生态系统中最重要的创新物种（李万等，2014），在网络中起到中流砥柱的作用，有必要激发企业创新活力。因此，企业可以从以下四个方面着手。

第一，创新网络不再是传统简单的“点对点”合作模式，更强调网络中组织与各类合作伙伴间的联系，在合作发展过程中应做到“广”，即合作伙伴要广。企业应该发挥好在创新网络中的优势，积极探寻与竞争对手、上下游企业、高校和科研院所之间的关系，把握自身在网络中独特的区位优势，促进异质知识的获取。

第二，企业在“广”的基础上也要注重“深”的内涵，在研发过程中企业应与合作伙伴保持稳定、深厚的合作关系，积累合作经验。因此，企业在合作创新过程中，要树立互利共赢的理念，加强彼此的沟通交流，以促进创新成果转化。

第三，企业在发展过程中应不断提升自身创新水平，努力占据网络“结构洞”位置，一方面可以促进企业在网络中的信息交流，获取“信息优势”；另一方面提升自身在网络中的地位，可以获得更多的“控制优势”，进一步促进技术知识转移效率。

第四，从人工智能技术领域演化特征来看，企业在重视发展技术先导领域的基础上，应大力推进其他应用领域战略布局，把握人工智能技术属性与社会属性两大特征，加大人工智能基础研发与应用力度，促进我国人工智能各技术领域协同发展。

（二）高校及科研院所角度

通过上述研究分析，在人工智能领域，高校及科研院所虽然相比企业不具备绝对优势，但也是网络中不可或缺的一部分，高校和科研院所是高层次人才最为聚集的地方，拥有雄厚的科研实力，因此高校可以在以下几个方面加强努力。第一，高校和科研院所应该充分利用好自身优势，积极与企业展开合作，促进科技成果转化与落地。企业存在于市场中，更明白市场需求。通过与企业合作，可以更加及时、准确地了解市场动态，增加信息获取渠道与能力。第二，在教育人才方面，人工智能作为高技术代表领域，技术复杂程度高，交叉融合特点明显，高校应该发挥自身独特的优势，培养新一代人工智能高层次创新人才，探索深度融合的学科建设和人才培养新模式。第三，在人工智能发展过程中，教授知识同样重要，因此在教师培育发面，加大培养具有国际领先水平的学科带头人，建设一支具有创新精神的高校教师团队，积极探索符合中国国情的现代高校制度。第四，积极落实政府相关政策意见。政府是政策的制定者与实施者，高校和科研院所是政策的执行者，是政策实施的关键一环。王秀芹（2021）基于113份中国研究型大学出台的科技成果转化收益处置办法，分析了大学针对新修订的科技成果转化法的政策响应特征，发现地方高校相比高水平大学对科技成果转化政策的回应更“积极”，科技成果转化意愿更高。因此，各类高校在人工智能发展过程中应充分考虑自身情况，积极响应政策号召。

（三）政府角度

政府在人工智能发展过程中是网络中的调节者，是保障网络健康发展的重要一环。因此政府需要积极发挥自身作用。第一，关注基础及新兴技术融合方式。国务院2017年发布《新一代人工智能发展规划》，将人工智能发展提升到国家战略层面，基础与新兴技术作为组织发展的重要基石和新鲜血液，对人工智能未来发展至关重要。人工智能发展需要以促进新兴产业形成新增长点，把握未来人工智能发展主动权为目标，推动相关产业实现高质量发展。第二，加大重要组织研发投入力度。企业作为创新生态系统中最重要的创新物种（李万等，2014），在网络中起到中流砥柱的作用，有必要激发企业创新活力，更好地提高人工智能的成果转化。第三，政府需要重视各国间制度差异，意识到人工智能国际间紧张的竞争关系，认真制定相关风险预防措施，减少因技术封锁、贸易壁垒造成的风险危害。与此同时，政府也应进一步引导深化创新网络各主体向深度融合方向发展，促进各创新组织协同发展。第四，政府需要重视人工智能创新人才的培养，教育部、国家发展改革委员会、财政部曾印发《关于“双一流”建设高校促进学科融合加快人工智能领域研究生培养的若干意见》，从中可以看出复合型人才在人工智能发展过程中的重要作用，政府应抓住新一轮科技变革的机遇，为我国在国际竞争中提供人才支撑。

第八章

典型企业创新生态系统的构建与管理

对不同类型的企业进行实地调研与二手资料收集，总结企业创新生态系统应用和管理的成功经验，验证企业创新生态系统的理论框架，并为其他企业构建与管理创新生态提供启示。

第一节

中国中车开放协同全球布局的创新生态系统建设①

中国中车股份有限公司（简称“中国中车”）是经国务院国资委批准，由中国北车股份有限公司、中国南车股份有限公司按照对等原则合并组建的A+H股上市公司，是全球规模领先、品种齐全、技术一流的轨道交通装备供应商。以“连接世界，造福人类”为核心使命，致力于成为以轨道交通装备为核心，全球领先、跨国经营的一流企业集团。

中国中车位列2021年《财富》中国500强排行榜第51位，2021年《财富》世界500强排行榜排名第349位，连续6年位居世界500强。入选国务院国资委公布的2020年度中央企业负责人经营业绩考核A级企业名单，位列第22位，连续10年考核结果获得A级。中国企业联合会发布的2020年度中国

① 本节内容根据该企业官网、企业年报、企业管理层及员工访谈等相关信息整理。

100 大跨国公司榜单位列第 66 位。2020 年完成营业收入 2276.56 亿元，实现利润 113.31 亿元，员工总数 16.42 万人。①

一、科技创新平台

中国中车坚持自主创新、开放创新和协同创新，建立与完善适应国际化发展需要的技术创新体系，不断提升技术创新能力。中国中车建设了世界领先的轨道交通装备产品技术平台和制造基地，以高速动车组、大功率机车、铁路货车、城市轨道车辆为代表的系列产品，已经全面达到世界先进水平，能够适应各种复杂的地理环境，满足多样化的市场需求。中国中车制造的高速动车组为代表的系列轨道交通装备，已经成为中国高端装备向世界展示发展成就的“金名片”，公司产品已覆盖全球六大洲 109 个国家和地区，并逐步从产品出口向技术输出、资本输出和全球化经营转变。

按照核心业务、支柱业务、支撑业务、平台业务、培育业务，优化业务布局，中国中车优化资源配置，加快结构调整，推进专业化重组，深化机车造修一体化整合和货车业务重组，开展城轨车辆业务、机电业务整合，建成一批具有国际先进水平的轨道交通装备技术平台和生产平台，建设完善以主机企业为核心、配套企业为骨干、辐射全国的完整产业链和生产体系。

以中国中车为基础，中国轨道交通装备制造业初步建设了相对完善的、具有一定国际竞争力的技术创新体系。公司成立了 18 家海外研发中心、50 个省部级研发机构、一批专项技术研发中心充分发挥作用。中国中车产品技术研发体系基本涵盖了从嵌入式底层软件技术到应用级控制软件技术，从基础技术、行业共性技术到产品关键技术，从系统集成技术到产品工程化实现技术的全技术链，从芯片到板卡，从零件到模块、部件，从系统到整机整车的全产品链，基本形成了能够满足中国轨道交通装备制造行业技术产品发展需

---

① 资料来源：财富中文网，http：//www.fortunechina.com/fortune500/c/2021 - 07/20/content_392708.htm；国务院国有资产监督管理委员会官网：2020 年度中央企业负责人经营业绩考核 A 级企业名单，http：//www.sasac.gov.cn/n2588020/n2588072/n2591106/n2591108/c19662303/content.html；中国中车股份有限公司官网，http：//www.crrcgc.cc/g19667.aspx。

要的，包括设计分析、计算仿真、试验验证、检验测试、信息情报、创新管理等技术创新保障能力。

二、产学研用科技创新体系

为突破“产、学、研、用”体制机制障碍，中国中车进一步解放思想和解放科技生产力，在高速列车研制过程中整合了包括中科院、清华大学、北京大学在内的科研院所，与高校、骨干企业组成“产、学、研、用”自主创新联合体，多名院士和教授参与其中，形成了强大的科技创新团队。

目前中国中车拥有高速列车系统集成国家工程实验室、动车组和机车牵引与控制国家重点实验室、国家重载快捷铁路货车工程技术研究中心、国家轨道客车系统集成工程技术研究中心等 11 个国家级研发机构，奠定了轨道交通装备行业国家技术与产品创新体系的基础，在轨道交通装备核心技术突破、产品技术开发等方面取得了丰硕成果，形成了强劲的国际竞争力。

通过近十年的发展与经营，目前中国中车的“产、学、研、用”科技创新体系已经扩大至覆盖了国内高等院校 25 所、国内一流科研单位 11 所、国家重点实验室 51 个以及七大核心配套企业，其中院士 60 人，教授超过 500 人，博士后等高水平科研人员近千人。

三、优化海外资源布局，强化国际合作

中国中车强化海外资源配置，已累计在全球 27 个国家和地区设立了 78 家境外机构、83 家境外子公司，在美国、德国、英国、瑞典、捷克、以色列、俄罗斯、土耳其等国家和地区设立了 18 个海外研发中心，国际合作不断加强。

联合研发中心依托中国中车株洲电力机车研究所的建设与运行，面向轨道交通装备创新发展需要，以科研项目为主要载体，重点开展轨道交通装备技术研究、技术支持、技术转化等工作，兼顾国际化人才引进和培

养，组织国际技术合作和交流，取得积极进展。中国中车在澳大利亚墨尔本的地铁项目，不仅体现了全要素经营，更体现了“参与各方均是赢家”的共享理念。

正是由于国际化共享质量的逐渐提升，中国中车境外资产、境外员工数量都发生了显著变化。境外资产从2013年的30亿元递增到2017年的340亿元；境外员工总数从2013年的509人攀升至2017年的5700人（含外籍员工4700人）。

四、数字化创新平台

中国中车建立了先进的轨道交通装备、重要系统和核心部件三级产品技术平台。形成了拥有自主知识产权、具有国际先进水平、融合世界不同标准体系的高速动车组和交流传动大功率电力、内燃机车产品技术平台，具有国际先进水平，部分达到领先水平的、拥有完全自主知识产权的铁路重载及快捷货运产品技术平台，可以满足不同业主需要的城市轨道交通及地铁车辆产品技术平台。中国中车形成了牵引与控制系统、网络控制系统、制动系统、走行系统、连接系统、旅客信息系统等重要系统产品技术平台；形成了IGBT、电机、柴油机、功率模块、网关等产品技术平台。基于平台，中国中车快速开发了列车化轨道交通装备产品。中国中车新产品产值率59.85%，很好地满足了中国轨道交通发展需求和全球不同业主需要。

中国中车围绕公司长期发展战略，经历了“归核—强核—造核—扩核”的创新战略转变，不断将核心技术、核心产品和核心能力的成长和突破作为发展的重点。中车技术创新工作服从和服务于公司跨国经营、全球领先战略目标，坚持“国家需要至上、行业发展至上”原则，坚持自主创新、开放创新和协同创新，持续完善技术创新体系，建设具有国际竞争力的系列化产品体系、国际先进的轨道交通装备知识体系、完善的国际化轨道交通装备技术支撑体系，全面提升技术创新能力，推动中国轨道交通装备产业向产业链、价值链高端攀升，实现“中车创造”与“中国创造”，为公司持续快速发展提供强劲动力。

第二节

国家电网公司共生协同开放式创新生态体系建设①

国家电网有限公司（简称“国家电网公司”）成立于1997年，2017年国务院实施中央企业公司制改制工作，公司由全民所有制企业整体改制为国有独资公司。公司的发展方向是：建设世界一流能源互联网企业，成为国民经济保障者、能源革命践行者和美好生活服务者。

2021年《财富》世界500强排行榜，国家电网有限公司作为中国最大的国有能源公司，以3866.18亿美元营业收入排名世界第2位。由中国企业联合会发布的2021中国大企业创新100强位列第9位。入选国务院国资委公布的2020年度中央企业负责人经营业绩考核A级企业名单，位列第34位，连续17年获得国务院国资委业绩考核A级。2020年完成营业收入26676.68亿元，实现利润591.21亿元，员工总数16.42万人，拥有专利97548件，其中发明专利38025件，专利拥有量连续10年位居央企第1位，发明专利拥有量首次排名央企第1位。制修订国际标准84项、国家标准886项、行业标准1985项。②

国家电网坚持战略引领，始终把创新摆在突出位置、作为第一动力，在特高压输电、大电网安全、新能源并网、智能电网、柔性直流输电等多个领域取得众多具有自主知识产权、引领世界电网技术发展的科技创新成果，实现了世界输电技术领域的“中国创造”和“中国引领”。

顺应互联网与传统产业跨界融合的大趋势，国家电网公司坚持开放式创新，联合社会各界力量，与高等院校、科研院所、行业优势央企深度融合，

① 本节内容根据该企业官网、企业年限、企业管理层及员工访谈等相关信息整理。

② 资料来源：财富中文网，http：//www.fortunechina.com/fortune500/c/2021-07/20/content_392708.htm；国务院国有资产监督管理委员会官网：2020年度中央企业负责人经营业绩考核A级企业名单，http：//www.sasac.gov.cn/n2588020/n2588072/n2591106/n2591108/c19662303/content.html；国家电网有限公司官网，http：//www.sgcc.com.cn/html/sgcc_main/col2017051135/column_2017051135_1.shtml。

聚焦能源电力领域核心短板技术，开展协同攻关，逐步实现关键设备、核心元器件自主可控，牢牢把握创新发展的主动权。

一、产学研合作，联合开发能源互联网重大技术

公司不断加强与国内外知名高校、企业和科研机构、院士团队等外部优势研发资源的合作，联合成立研究机构，提高对外发布科技项目比例，提升创新活力和效率，提高公司社会影响力，营造良好的外部环境。

（1）产学研用联合攻关发挥效用。张北国家风光储输、舟山 ±200 千伏多端柔性直流输电、厦门 ±320 千伏柔性直流输电和江苏 500 千伏统一潮流控制器示范工程等一批技术水平国际领先的示范工程，直接促进和带动了我国电网及电工装备相关学科的发展和产业制造能力的升级。

（2）开放合作、共享资源实现新突破。公司开展跨领域、跨专业的大科学研究合作，构建多种形式的创新共同体，对外开放共享 100 个公司实验室，发布实验室共享平台；与清华大学、西安交通大学、华中科技大学、华北电力大学联合成立研究机构，发挥高校科研优势，共同开展能源互联网重大关键技术攻关；组建了全球能源互联网美国研究院和欧洲研究院、国家电网公司葡萄牙研究中心，深化国际合作。

二、重视海外研发单位共建，充分利用国际丰富的创新资源

海外院是公司创新体系的重要组成部分，围绕公司战略需求，重点开展能源电力相关领域的应用基础和前瞻技术研究、海外先进技术引进、产品短板技术联合研发和成果向国内的转移转化，服务国内重大技术、产品创新。

世界级企业都是以全球化的资源配置为支撑，如 GE、IBM、西门子等。国家电网公司加快了海外研发平台建设的步伐。2013 年 6 月，在里斯本与葡萄牙能源网公司（REN）联合建设能源研究中心，这是国家电网首个在海外成立的技术研发中心。2014 年 1 月，在美国硅谷圣克拉拉市成立国网智能电网研究院美国分院。2014 年 7 月，在德国柏林成立国网智能电网研究院欧洲

分院。至此，国家电网公司通过联合设立和自建两种方式相结合，在高端电力人才密集的欧洲和美国设立研发机构，初步构建了较为系统的国际研发平台，充分利用国际高端人才和丰富的创新资源，持续跟踪能源电力科技发展动态，开展与国内研发机构具有互补优势的基础前瞻研究，支撑企业在能源电力领域的国际影响力和话语权。

三、与IT企业合作，拓展数字业务领域

通过跨界创新，能源与信息技术深度融合，新业态、新模式带来了新活力。电力大数据在复工复产中发挥重要效用，为政府决策提供了有力支撑；公司发布“数字新基建”十大重点建设任务，与华为、阿里、腾讯、百度等41家合作伙伴签署战略合作协议，拓展数字业务领域，增添转型动能；全力建设能源工业云网平台，助力电工装备产业链数字化转型，服务实体经济高质量发展。

四、与地方政府合作，建设智慧能源小镇

按照国家电网公司与天津市签署的战略合作协议，天津已有两个传统小镇完成了向着智慧能源小镇的“华丽转身”，能源互联网综合示范区建设在天津全速启航。清洁能源用能占比达40%、建筑综合能源利用效率提升19%、累计节能超过409万千瓦时。11月8日，在天津北辰区大张庄智慧能源小镇的智慧楼宇，管理平台正在实时播报能源供给情况。楼顶有太阳能光伏板、地下有地源热泵、身后有储能站，周边有风机、楼内有感知环境温度的“神经网络”，这栋楼宇不仅实现了恒温环境，还在智慧能源管控平台的智能调度下，将各种能源以最为经济的方式进行转化互补，每年节约楼宇用能成本100多万元。这样多能互补的方式已经应用于6.4平方千米的大张庄智慧能源小镇，分布式能源站、储能站、蓄热站让电、气、冷、热等多种能源进行实时转化。

五、构建跨部门、跨行业协同攻关体系

积极推动对外交流合作，通过国家和公司重大科技项目，加强与电力设

备制造企业、高等院校和科研院所开展包括人才培养、学术交流、项目研发等方面的合作。同时，依托特高压工程建设，构建了跨部门、跨行业的协同攻关体系，整合内外部相关研究力量，集中科研优势进行全面攻关。例如，在特高压交流关键技术研究和工程建设中，国家电网公司组织了包括30多位院士在内的3000多名研究和工程技术人员，及国内外11家权威机构参与调研和论证，国内主要电力科研、设计单位和9所大学参与了研究设计，500多家建设单位和10多万人参加了工程建设。

国家电网公司重视健全资源协同共享机制，统筹配置集团实验室、科技成果和科研人员等科技创新资源，多渠道推进协同共享，提升科技创新资源利用效率和效益。

面向世界科技前沿，面向我国重大战略需求，面向经济社会发展主战场，国家电网公司提出了建设具有中国特色国际领先的能源互联网企业战略目标，5G以其大带宽、广连接、低时延、高可靠的特性，结合网络切片、边缘计算等创新技术，完美契合了能源互联网的通信需求。着力打造覆盖基础前沿研究、关键技术和工程应用研究、产品开发到转化推广完整创新链条，且分工清晰合理、产研紧密协同的集团科技创新组织体系。顺应互联网与传统产业跨界融合的大趋势，公司坚持开放式创新，联合社会各界力量，聚焦能源电力领域核心短板技术，开展协同攻关，逐步实现关键设备、核心元器件自主可控，牢牢把握创新发展的主动权。

第三节

中集集团基于核心能力的创新生态系统建设①

中国国际海运集装箱（集团）股份有限公司（简称“中集集团”），是世界领先的物流装备和能源装备供应商。公司致力于在集装箱、道路运输车辆、能源化工及食品装备、海洋工程、重型卡车、物流服务、空港设备等业务领

① 本节内容根据该企业官网、企业年限、企业管理层及员工访谈等相关信息整理。

域，提供高品质与可信赖的装备和服务。中集集团是全球唯一能够提供全系列集装箱产品并拥有完全自主知识产权的供应商，涉及干货箱、冷藏箱、特箱、模块化建筑、地板五大业务，产品遍及北美、欧洲、亚洲等全球主要的物流系统。凭借卓越的技术和持续创新，致力于推动集装箱产品向“安全、绿色、智能、环保”的方向发展，带动产业升级。

中集集团位列2021年《财富》中国500强排行榜第119位，比去年提升86位。中国企业联合会发布的2020年度中国100大跨国公司榜单位列第54位。2020年完成营业收入941.59亿元，实现利润72.90亿元。

一、中集集团科技创新战略

中集集团战略思维已经从世界冠军级物流产品供应商，向“制造+服务+金融”多式联动的复杂智慧物流系统整体解决方案提供商转型，集团战略规划中提到创新生态建设和新兴领域开发的系统构思。

中集集团利用多业务板块发展优势和外部合作基础，在内外部整合、协调各方资源。在道路运输车辆业务、能化和空港装备等多个业务板块，集团通过一系列并购，全面整合供应链、生产制造、服务等运营体系，形成了领先的成本优势及行业领导地位。在原有资源、制造和经营优势基础上，培育新的业务和产业链，共享资源、协同发展。立足中国优势，整合全球资源，建立新的业务生态圈。

二、基于产业链的产学研合作创新

在企业创新生态的外部创新源方面，在内部协同的基础上，形成与供应商、战略合作伙伴、用户、高校、研发机构、政府机构以及竞争对手等交互协同的创新生态系统。

通过开放式创新体系的建设，集团聚集全球科技研发力量和智力资源，推动风险技术商业化、新业务开发和内部非核心技术的外部商业化孵化，并推动对外部成长期新业务的风险投资，确保及时获取外部的优势技术、商业机会，并确保内部知识产权的商业价值最大化运营。对外合作采取委托开发、联合开发、供货提成、战略合作、专利合作、项目咨询等方式，并加强产学研生态系统建设，成立知识互动中心。通过建设开放式平台，遵循开放、合作、创新、分享的理念，集团加强内部专利、技术路线的管理与共享，推动全球寻源、资源交易、新兴产业孵化和创新体系完善。

在基于产业链的产学研合作创新中，各部门以专业优势为依托，以分工协作为手段，对创新资源进行有效整合，进而保证创新链条的完整性。科研机构和高校自身拥有人才优势、知识优势、技术优势，掌握关键核心技术方向与发展趋势。在高端技术竞争中，企业往往采取开放式的策略，通过与国际国内知名高校的合作来实现对新技术的研发。中集集团采取“集中管理、分布研发”的研发组织体系，打造技术创新的持续能力。分布于不同地区的研发机构可以同时获取技术创新所需的全球不同地方的技术、知识和信息，拓展了创新资源的获取渠道。

三、企业间协同研发

企业与企业间合作研发的重点在于解决对企业的发展和科技实力提高具有较强带动作用的关键性、前沿性的应用技术。它有两种形式：一种是企业之间共同出资建立研发机构、共建试验基地、共建培训中心以及共享创新网络等；另一种是企业之间共同寻求外部技术资源的支持，具体包括共同委托研究部门进行开发、共同购买技术专利等形式。

2021 年 7 月，中集来福士与瑞典航运巨头 Wallenius Lines 以“云签约”形式签订 2 +2 +2 艘下一代低排放汽车运输船总包建造合同。中集来福士项目团队与 Wallenius 项目团队紧密合作，致力于创新型汽车运输概念开发工作与物流解决方案推进工作，以先进的设计建造能力，提升中集来福士在国际滚装船领域的竞争力。

借助创新管理平台的持续迭代和运营优化，以创新战略和技术战略为支撑，逐步推动中集集团科技创新工作从封闭的内部创新体系走向开放的创新生态营造，形成上下联动和内外畅通的全面协同创新机制，借助开放式创新管理平台，真正实现内部创新体系和外部创新生态的有效联动。

中集集团逐步完善内部科技管理组织架构体系，打通内部各板块内部资源共享和协作空间，外部知识交流和协作空间，与大学、研究所等科研机构，供应商、竞争对手及其他产业链合作伙伴，客户及终端用户，产业协会、专业学会，以及初创企业、孵化器/加速器、风险资金等形成良性互动的创新、创业共同发展的生态圈，推动中集集团成为智慧物流和清洁能源行业领先的整体技术解决方案提供商和创新引领者（见图8－1）。

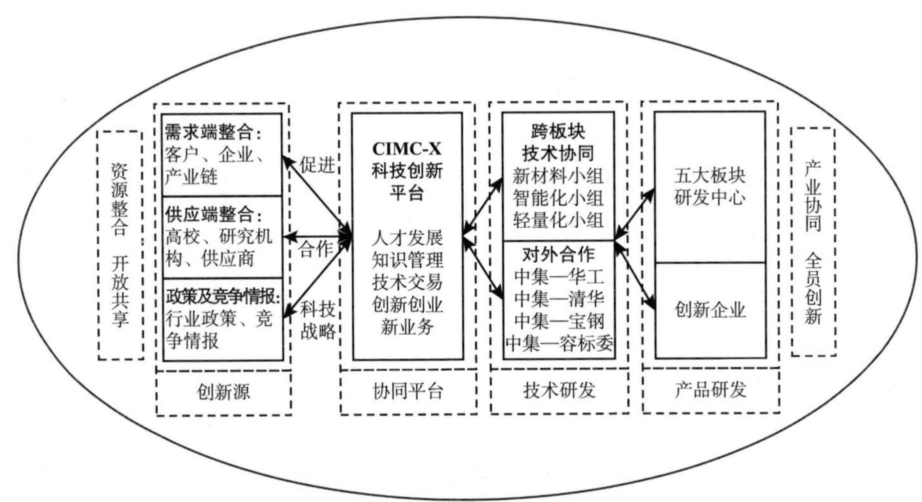

图8－1 中集集团研发协同框架

第四节

西门子公司共创共赢共享的创新生态系统建设①

西门子股份公司（简称“西门子公司”）是全球领先的技术企业，创立于1847年，业务遍及全球200多个国家，员工总数近9万人，专注于电气化、自动化和数字化领域。西门子公司聚焦未来发展趋势，致力于引领技术发展

① 本节内容根据该企业官网、企业年报、企业管理层及员工访谈等相关信息整理。

潮流，专注于通过自身技术为客户及其他利益相关群体带来切实的利益，推动可持续发展。西门子公司一贯强调创新在集团战略中的突出地位，提出“成为西门子业务相关领域的技术开拓者和领导者”的创新愿景。西门子公司十分注重研发，巨大的资金投入也取得了可观的成果。2020 财年，公司员工共提交了约 5115 项专利申请，按照每年 220 个工作日计算，每个工作日申请的专利数达 23 项，是欧洲范围内申请专利最多的公司，在欧洲专利局发布的专利申请榜单中荣居榜首。2019 财年，西门子公司在全球范围内共申请了约 3750 项专利。目前，西门子公司在全球共拥有超过 68000 项专利。①

一、外部风险技术获取和商业化

聚焦能为产品带来竞争优势的技术，西门子公司构建了开放包容的创新生态系统，不仅包含集团内部的三个运营公司和三个战略公司，还包括集团外部的其他合作企业、科研机构、大学、竞争对手、政府机构、关键客户等。

在获取外部新兴技术和技术转化方面，西门子公司形成了包含风险技术商业化（Technology to Business，TTB）、新业务开发（Siemens New Business，SNB）和西门子技术加速器（Siemens Technology Accelerator，STA）三种模块，TTB 主要扶植西门子技术部和自动化，驱动集团的核心业务领域里重要的创新理念。SNB 主要负责西门子创新业务的开发。STA 通过提供专家建议和资金支持来帮助建立或启动年轻的创业公司，将不属于西门子公司核心业务但具有潜力的技术引入创业企业，如图 8 -2 所示。

三个模块共同实现了从外部风险技术获取和商业化，到外部颠覆性商业机会捕获（形成西门子新业务，预防被颠覆），以及内部非核心技术的外部商业化孵化（形成外部独立的新业务）。再加上独立的西门子风险投资这个板块（负责对外部成长期新业务投资）（Siemens Venture Capitials，SVC），它们构成西门子公司完整的开放式创新全谱，满足不同的创新需要，确保及时获取外部的优势技术、商业机会，以及内部知识产权的商业价值最大化运营。

① 资料来源：秦志刚．西门子向发明创造致敬［N］．国际商报，2019 -12 -05.

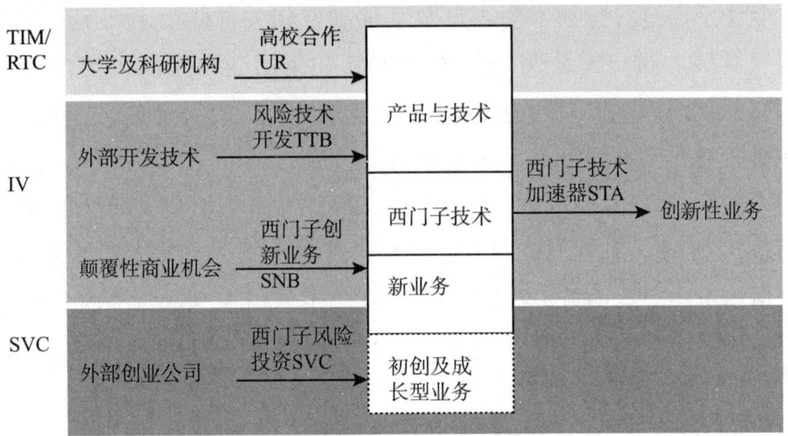

图 8－2　西门子公司开放式创新体系全景

二、与大学的合作

西门子公司与全球各地大学开展多领域合作，并与德国及世界其他几所科技大学成立了知识交流中心（CKI）。通过与全球知名大学一起对关键技术进行持续研究，CKI 为西门子公司提供了最先进的研究和高素质的人才库。反过来，这些大学也可以根据现实问题开展研究项目，为毕业生提供宝贵的就业机会，该项目使工业界和学术界之间的对话变得活跃起来。

目前已经有三个知识互换中心在运作，它们分别是与慕尼黑工业大学建立的有关医药技术和信息通信技术的知识互换中心；与亚琛工业大学建立的有关工业技术和专业人才开发的知识互换中心；与丹麦技术大学（Technical University of Denmark）就可持续工程、环境技术、生物技术、医药技术建立的知识互换中心。另外还有两个特殊的知识互换中心，即在德国格拉夫瓦尔德大学（University of Greifswald）建立的有关医药技术的知识互换中心以及在弗雷堡科技大学（Freiberg Technical University）建立的有关污水处理、矿业技术的知识互换中心。未来，西门子公司将在全球建立更多的中心，尤其是在中国、美国和印度。西门子公司与知名大学合作内容如表 8－1 所示。

表 8-1　　西门子公司与大学合作内容

序号	大学	位置	联合研究活动
1	埃尔朗根—纽伦堡大学	德国	制造自动化、电力电子
2	慕尼黑大学	德国	模拟与数字孪生、工业物联网和网络安全
3	柏林工业大学	德国	物联网、机器学习、能源效率和添加剂制造
4	亚琛工业大学	德国	生产的数字化、替代制造工艺、新的能源生产方式和创新的能源网
5	格拉茨技术大学	奥地利	网络安全、IIoT、铁路研究和能源管理
6	清华大学	中国	机器人学、人工智能、网络安全和电力电子
7	加利福尼亚大学伯克利分校	美国	机器人学、仿真、深度学习和增强/虚拟现实

另外，CKI 项目还与其他 17 所大学建立了第二种合作模式：主要合作大学。合作伙伴关系由主研究协议和西门子公司在工作和管理层的特别联系人促成。合作大学遍布德国、奥地利、瑞士、美国、中国、英国和丹麦。

三、与供应商的合作

作为一家电气工程和电子公司，西门子公司的创新生态系统构建离不开供应商的参与。在供应链管理方面，西门子公司一直在寻找创新型供应商，希望通过将其技术专长和创造力与自身的专家结合起来，在追求创新、生产力、质量和可用性的基础上，实现利润与顾客价值的最大化，为本公司及客户创造更多的价值。

西门子公司供应链管理系统提供两个数字平台将人和思想汇集在一起。第一个数字平台是供应商创新平台——供应商展示的虚拟展览，通过该平台可将供应商与西门子公司的专家联系起来。对供应商提交的产品方案，西门子公司采用一份内部评估程序的问卷对方案进行评估，该问卷从实践示例、市场分析和方案已解决的问题等方面对方案进行综合评估。另外，为达到对知识的充分利用，供应商提供有关方案的所有数据和信息都可供西门子公司及其在 140 多个国家（地区）的附属公司使用。

西门子公司公开征集供应商来确定创新产品以及需要解决的技术问题。作为一家全球技术领先公司，西门子公司一直致力于进行卓越的工程设计并不断地创新，通过团队合作实现将创意转化为创造新标准的成功创新。目前，西门子公司公开征集新供应商项目超过 50 个，NineSights 项目超过 100 个。

通过这两个数字平台，西门子公司向现有的供应商以及希望未来成为西门子供应商的公司提供机会，以其创新产品方案来塑造自己的产品，与工程师合作，共同打造最佳的解决方案，达到双方互惠互利的共赢目标。

四、数字化创新平台

作为创新引领者，西门子公司凭借前瞻性思维考虑到更深层次的数字化转型，将人工智能、边缘计算、工业 5G、自主处理系统、区块链和增材制造等尖端技术融入西门子公司的数字化企业解决方案中，从而推动信息技术和运营技术的融合，实现数据的智能化使用。

西门子公司工业自动化产品成都生产研发基地（SEWC）于 2013 年正式投产，作为西门子公司工业自动化全球生产及研发体系中最新建成的一座“数字化企业”，SEWC 实现了从产品设计到制造过程的高度数字化。利用数字世界的可能性改善其硬件产品，以使客户受益。西门子公司通过实时采集生产过程中的生产数据以及产品运行数据，通过工业物联网平台 Mindsphere 分析数据转化成有价值的信息，反馈到最初的产品设计和生产规划中，继而持续改进整个生产和产品质量、成本和效率。

西门子公司建有创意管理平台，来自全球各地的人都可以通过在平台上注册，参与任意数量、不同类型的挑战，加入西门子公司创新生态系统中。在挑战页面上，参与者可以提交自己的创意，组建团队，提交完成的创意可供其他注册人员评论、分享，同时，自己也可以评论其他的创意。西门子公司将根据评估标准选择得分最高的创意作为获奖创意。最后，创新社区的顶尖贡献者和最佳创意都将获得奖励。

西门子公司面向全球开展经营活动，积极利用不同国家的资源优势来推动企业的创新进程。截至 2020 年，西门子公司在中国设有 21 个研发中心，

4600 多名研发和工程人员，以及近 11000 项有效专利及专利申请。目前，西门子公司在 17 个国家建立了 20 个数字化客户应用中心。在柏林、爱尔兰根和慕尼黑设有大规模的研究开发中心，业务遍布 200 多个国家。基于数字化技术，西门子公司鼓励来自全球各地的人通过分享、评论创意加入企业的生态系统中来。其还将人工智能、边缘计算等尖端数字化技术融入企业的解决方案中，实现数据的智能化使用。西门子公司帮助客户推动产业变革——打造更灵活的工厂、更智能的基础设施、更可持续发展的交通网络，支持经济支柱的发展。

西门子公司坚持开放式创新，将自身视为一个开放、动态的系统，通过与各方合作实现与外界的资源互换，基于全球化与数字化进行创新管理，使得相关方案的所有数据可在各个部门使用，提高创新效率。

第五节

法国电力集团积极构建创新生态系统，充分利用全球创新资源[①]

法国电力集团（Électricite de France，EDF）是世界著名的综合性能源企业，其业务板块涵盖发、输、配电各个环节，天然气供给以及其他能源服务。法国电力集团的企业战略为成为注重效率与责任的低碳电力企业，致力于实现公平、创新和可持续的未来能源，借助电力以及创新的解决方案和服务，建立一个二氧化碳中和的未来能源，保护地球环境，促进人类福祉和经济可持续发展。

一、注重科技创新战略引领

法国电力集团注重发挥战略引领，制定中长期技术研发战略（2030 年），

① 本节内容根据该企业官网、企业年报、企业管理层及员工访谈等相关信息整理。

聚焦智能电网、智慧用能及可再生能源三大战略领域，以智慧城市、储能技术、电能替代等六项技术为重点研究与开发方向。其中，法国电力集团认为储能、光伏及电动汽车是塑造未来能源系统的关键，计划未来三年持续增加在储能方面的研发投入，并组建新光伏研发中心。

法国电力集团的研发根据自身的业务板块，在研究院内部确定三大战略支柱。其一，开展核电和可再生能源，通过研发保持在核电领域的优势，巩固并发展有竞争力的低碳发电技术。其二，竞逐法国本土及全球能源系统，准备下一代电力系统。其三，关注用户和局部用户群体，为用户开发并测试新能源服务解决方案。法国电力集团对于未来的电力系统以及数字化应用尤为重视。

二、遍布全球的研发实验室，建立可靠的合作伙伴关系

法国电力集团在全球拥有10个研发中心，其中包括法国的三个研究基地（Saclay、Chatou和Ecuelles），以及美国、英国、德国、意大利、波兰、中国、新加坡法国电力集团的创新实验室。

法国电力集团每个研发实验室的侧重点不同，其主要职责是针对当地的业务布局，为法国电力集团子公司和业务部门提供研发和创新支持，依靠最新技术丰富集团的业务组合，开发新市场。通过确定创新技术和解决方案，以及将初创企业和新兴技术引入集团的业务部门进行试点、转让和部署来实现。法国电力集团创新实验室联合众多外部学术机构、领先的研究中心、行业合作者等，打造“大创新中心”，在全球建立可靠的合作伙伴关系，促进协作创新。

三、构建创新生态系统，充分利用全球创新资源

法国电力集团积极构建创新生态系统，在欧洲、北美和亚洲的7个国家（地区）建立开放式创新团队，通过一系列技术探索活动，利用可以使集团或客户受益的创新技术或商机来确定趋势，与初创企业合作评估、开发和转让

其解决方案进入集团，始终为客户当前和未来的能源需求提供最佳的解决方案。

法国电力集团积极拓展新业务，注重业务孵化，不断加大可再生能源等新业务的投资力度，平衡核电与可再生能源发电比例。加深电网数字化，打造智能电网，助力智慧城市。对成功孵化的初创企业，法国电力集团将考虑与之成立合资公司或并购为下属子公司，纳入公司生态。初期在全球业务内应用，提供应用场景及初期市场，后期协助推广至公司客户或合作伙伴。2012 年至今已孵化 2000 余家初创企业。

法国电力研发部门凭借其卓越的科学技术，在法国以及国际一流大学、一流研究机构建立密切的联系。其最负盛名的国际合作伙伴包括美国的 MIT 和哥伦比亚大学、英国的帝国理工大学和曼彻斯特大学、中国的清华大学，以及新加坡的南洋理工大学。

与行业合作伙伴建立了由 300 多个合作伙伴组成的技术合作网络。与国际著名企业签署技术合作协议，合作开发创新产品和技术。如与俄罗斯国家原子能集团公司（Rosatom）、达索系统公司（Dassault Systémes）和凯捷咨询公司（Capgemini）等，提高核电厂的竞争力和安全水平，为电厂工程项目数字化提供支持。

法电还在核退役和废物管理领域，签署了一系列合作协议。这些协议包括：与威立雅公司（Veolia）合作研发放射性废物玻璃固化技术和用于气冷堆拆解的远程控制技术，与英国核退役管理局（NDA）、法国欧安诺集团（Orano）、芬兰富腾公司（Fortum），合作研发退役和放射性管理技术。收购 Oreka 系统公司（Oreka Solutions），利用 Oreka 开发的数字化工具，优化对工业和核环境的干预措施（维护、延寿和拆解）。

法国电力集团积极参加世界核工业展览会，从各参展商展示的创新产品，寻求合作机会，与许多公司签署了合作协议。从模拟和仿真到机器人、无人机和增强现实工具，尤其是在数字化领域开展合作。

四、重视数字化应用，赋能技术创新

法国电力集团重视数字资源的开发和利用，借助新兴数字技术及先进的能源技术，打造智能电网，实现数字化转型。一是提升设备资产数据质量。收集设备运行状态数据，面向多业务部门提供决策支撑。二是打造成熟的大数据架构和丰富的大数据应用。构建公司级大数据中心，有效管理并应用海量用户数据，辅助各区域制定本地化营销服务策略，为用户提供新的能源服务的解决方案，避免用户流失，每年可带来超3000万美元的效益。建立一套完善的用户数据分析模型，包括客户投诉分析、客户分群和账单分析模型等，全面优化用户全流程体验，加强客户友好。

同时，借助METROSCOPE工业诊断的数字化平台，提高核电生产的绩效。增强能源绩效，提供可靠的自动化诊断，识别危害、维护保养，降低维护成本。在集团众多研究实验室和业务部门拥有活跃的区块链项目。通过使用区块链，实现数据共享和金融交易自动化、降低风险并加速到接近实时。通过使更多的电力消费者、生产者和（或）设备参与市场买卖和交易，从而创造并利用灵活性进行点对点能源交易。运用区块链技术，极大地提高可再生能源信用交易的速度和准确性以及市场流动性，同时降低交易和监督成本。

第六节 创新生态系统协同创新网络管理建议

一、针对企业的相关建议

1. 提高企业家创新意识，培养企业创新氛围

企业家是企业创新活动的决策者和组织者，其创新意识对企业的创新有着直接影响。通过提高企业家的创新意识，为企业培养良好的创新氛围，从而促进企业的创新发展。

2. 加强与上下游互补商、其他企业、科研机构与高等院校的协同创新战略，构建完善的创新生态系统

加强企业创新合作，加强与集团内其他企业、高等院校和科研机构的交流与学习，实现强强联合，形成优势互补，从而不断改进自身，提高企业创

新能力。进一步加快建立以企业为主体，市场为导向，“产学研用金”紧密结合的创新合作网络，形成跨区域的企业、大学和科研院所、中介组织、金融机构、政府的互动机制，充分利用科研院所和高等院校的知识创新能力，充分吸收其他企业的技术优势，促进科研成果转化为生产力，形成有利于创新要素流动、高效配置和创造的开放型技术创新生态体系。

制订科学合理、公平公正的协作方案，设计核心企业、上下游互补商、用户、大学、研究机构、技术中介、行业协会、政府多方参与的多主体共同治理模式，制约企业间搭便车等机会主义行为，减少系统内成员企业间的认知冲突和利益冲突，增强成员企业间的信任，优化创新资源配置，实现研发资源共享、风险共担，共同构建完善的创新生态系统，将各企业的创新成果整合成一套系统的解决方案，通过协同创新实现价值创造，提高创新生态系统的效率。

3. 建立专利保护机制，加强创新成果保护

企业需要加强自身对于创新成果的保护，将知识产权保护纳入企业的发展战略中。建立专利保护机制，充分保护利益相关者的知识产权，避免因专利技术泄露而引发产权纠纷，以保障合作伙伴的创新收益，提高其协同创新的积极性。围绕以专利为主要形式的知识产权，建立谈判协商机制、利益分享机制、信息披露与平台开放机制等，加强企业间互动合作的运行机制，提高创新生态系统的运行效率和运行质量。

4. 完善创新激励措施，激发员工的创新积极性

完善企业创新激励措施，激发企业员工的创新积极性。企业的创新发展离不开企业员工的共同努力，而完善的企业创新激励措施能够激发员工的创新积极性，从而由员工的创新带动企业的创新。

二、针对政府的相关建议

1. 完善创新政策

政府在创新生态系统中具有重要作用。政府政策支持和开放的市场环境能为企业技术创新提供良好的制度环境，企业创新只有具备合法性制度基础，其技术和产品才能获得利益相关者的认同，才能使创新成果成功地走向市场。

政府需完善各项创新政策，加强政策实施的力度与准确度，为企业提供市场资源支持、资金支持、成立专项研发基金等政策支持活动，帮助企业在充分了解创新政策的前提下，享受创新政策为企业带来的福利。在全面深化改革，促进企业创新的关键时期，一系列创新政策的实施能够有助于形成包容性的创新文化氛围，增强企业开展创新活动的积极性，推动企业转型升级。

2. 完善知识产权保护的法律法规，加强实施力度

要求政府加强对企业创新成果的保护，完善知识产权保护的法律法规，加强相关法律法规的实施力度，并且完善对专利所有权的界定和保护。

3. 搭建创新合作平台

政府需要为企业的创新合作搭建信息开放平台，从而促进相关主体之间的交流和深度合作，促进供需对接和知识共享，形成优势互补，从而促进企业的创新发展。引导建立企业、高校和科研院所共同参与的产学研用联盟，加强产业链垂直整合，形成覆盖设计、制造、销售、维护等产业链环节的联盟运行机制，促进创新资源的互补共享，加强制造业企业的技术创新能力。

参考文献

[1] 曹洁琼，其格其，高霞．合作网络“小世界性”对企业创新绩效的影响——基于中国ICT产业产学研合作网络的实证分析 [J]．中国管理科学，2015，23（S1）：657－661.

[2] 陈弘挺．我国光伏产业创新网络的演化及其动因研究 [D]．上海：华东师范大学，2017.

[3] 陈红花，尹西明，陈劲，王璐瑶．基于整合式创新理论的科技创新生态位研究 [J]．科学学与科学技术管理，2019，40（5）：3－16.

[4] 陈劲，杨文池，于飞．数字化转型中的生态协同创新战略——基于华为企业业务集团（EBG）中国区的战略研讨 [J]．清华管理评论，2019（6）：22－26.

[5] 陈劲．创新管理及未来展望 [J]．技术经济，2013，32（6）：1－9，84.

[6] 陈劲．企业创新生态系统论 [M]．北京：科学出版社，2017.

[7] 陈伟，张永超，马一博，张勇军．区域装备制造业产学研创新网络的实证研究——基于网络结构和网络聚类的视角 [J]．科学学研究，2012，30（4）：600－607.

[8] 陈衍泰，孟媛媛，张露嘉．产业创新生态系统的价值创造和获取机制分析——基于中国电动汽车的跨案例分析 [J]．科研管理，2015（S1）：68－75.

[9] 陈子凤，官建成．合作网络的小世界性对创新绩效的影响 [J]．中国管理科学，2009，17（3）：115－120.

[10] 程名望，Jin Yanhong，盖庆恩，史清华．农村减贫：应该更关注教育还是健康？——基于收入增长和差距缩小双重视角的实证［J］．经济研究，2014，49（11）：130－144.

[11] 戴祥玉，卜凡帅．地方政府数字化转型的治理信息与创新路径——基于信息赋能的视角［J］．电子政务，2020（5）：101－111.

[12] 范钧，聂津君．企业—顾客在线互动、知识共创与新产品开发绩效［J］．科研管理，2016，37（1）：119－127.

[13] 冯锋，王亮．产学研合作创新网络培育机制分析——基于小世界网络模型［J］．中国软科学，2008（11）：82－86，95.

[14] 冯叶成，刘嘉，张虎．政府—高校—企业协同的产学研合作模式探索与实践——以清华大学与淮安市产学研合作为例［J］．科技进步与对策，2012，29（22）：67－70.

[15] 盖文启，王缉慈．论区域创新网络对我国高新技术中小企业发展的作用［J］．中国软科学，1999（9）：102－106.

[16] 高建，汪剑飞，魏平．企业技术创新绩效指标：现状、问题和新概念模型［J］．科研管理，2004（S1）：14－22.

[17] 高霞，陈凯华．合作创新网络结构演化特征的复杂网络分析［J］．科研管理，2015，36（6）：28－36.

[18] 高霞，陈凯华．基于SIPO专利的产学研合作模式及其合作网络结构演化研究——以ICT产业为例［J］．科学学与科学技术管理，2016，37（11）：34－43.

[19] 高霞，其格其，曹洁琼．产学研合作创新网络开放度对企业创新绩效的影响［J］．科研管理，2019，40（9）：231－240.

[20] 解学梅，王宏伟，唐海燕．创新生态战略与创新效率关系：基于创新生态网络视角［J］．系统管理学报，2020，29（6）：1065－1077.

[21] 解学梅，徐茂元．协同创新机制、协同创新氛围与创新绩效——以协同网络为中介变量［J］．科研管理，2014，35（12）：9－16.

[22] 李丹．我国产学研合作模式的创新研究［D］．新乡：河南师范大学，2013.

[23] 李恒毅，宋娟．新技术创新生态系统资源整合及其演化关系的案例研究［J］．中国软科学，2014（6）：129－141.

[24] 李廉水．论产学研合作创新的组织方式［J］．科研管理，1998（1）：31－35.

[25] 李万，常静，王敏杰，朱学彦，金爱民．创新3.0与创新生态系统［J］．科学学研究，2014，32（12）：1761－1770.

[26] 李亚军．产学研合作创新网络对知识溢出的影响研究［D］．太原：中北大学，2016.

[27] 李永忠．论公共政策信息的特性、类型及作用［J］．中国行政管理，2011（7）：63－65.

[28] 刘凤朝，马荣康，孙玉涛．基于专利技术共现网络的纳米技术演化路径研究［J］．科学学研究，2012，30（10）：1500－1508.

[29] 刘慧，杨乃定，张延禄，李芮萌．基于内生性与外生性的研发网络演化机制研究［J］．科学学与科学技术管理，2017，38（9）：3－12.

[30] 刘军．整体网分析：UCINET软件实用指南（第3版）［M］．上海：上海人民出版社，2019：291－297.

[31] 刘军．整体网络分析——UCINET软件实用指南（第二版）［M］．上海：格致出版社，2014：19，130，154－240.

[32] 刘善仕，孙博，葛淳棉，王琪．人力资本社会网络与企业创新——基于在线简历数据的实证研究［J］．管理世界，2017（7）：88－98，119，188.

[33] 刘洋，董久钰，魏江．数字创新管理：理论框架与未来研究［J］．管理世界，2020，36（7）：198－217，219.

[34] 刘志耘．企业战略创新生态系统研究［D］．武汉：武汉理工大学，2009.

[35] 吕国庆．中国装备工业创新网络研究［D］．上海：华东师范大学，2016.

[36] 吕可文．知识基础、学习场与技术创新［D］．开封：河南大学，2013.

[37] 吕一博，韩少杰，苏敬勤，王淑娟．大学驱动型开放式创新生态系统的构建研究［J］．管理评论，2017，29（4）：68－82.

[38] 吕一博，蓝清，韩少杰．开放式创新生态系统的成长基因——基于iOS、Android和Symbian的多案例研究［J］．中国工业经济，2015（5）：148－160.

[39] 罗鄂湘，韩丹丹．合作网络结构洞对企业技术创新能力的影响研究——以我国集成电路产业为例［J］．工业技术经济，2018，37（3）：44－50.

[40] 马双，曾刚，吕国庆．基于不同空间尺度的上海市装备制造业创新网络演化分析［J］．地理科学，2016，36（8）：1155－1164.

[41] 马艳艳，刘凤朝，姜滨滨，王元地．企业跨组织研发合作广度和深度对创新绩效的影响——基于中国工业企业数据的实证［J］．科研管理，2014，35（6）：33－40.

[42] 牛方．新的合作模式你开始了吗？——以联盟为主体的产业链上下游的新合作［J］．中国纺织，2014（9）：110－118.

[43] 戚聿东，肖旭．数字经济时代的企业管理变革［J］．管理世界，2020，36（6）：135－152，250.

[44] 其格其，高霞，曹洁琼．我国ICT产业产学研合作创新网络结构对企业创新绩效的影响［J］．科研管理，2016，37（S1）：110－115.

[45] 冉奥博，刘云．创新生态系统结构、特征与模式研究［J］．科技管理研究，2014（23）：53－58.

[46] 沈必扬，池仁勇．企业创新网络：企业技术创新研究的一个新范式［J］．科研管理，2005（3）：84－91.

[47] 盛亚，范栋梁．结构洞分类理论及其在创新网络中的应用［J］．科学学研究，2009，27（9）：1407－1411.

[48] 石乘齐，党兴华．创新网络演化研究前沿综述［J］．商业经济研究，2015（35）：45－47.

[49] 宋玲玲．竞争联盟内创新合作模式与创新成功的关系研究［D］．北京：北京化工大学，2017.

[50] 苏敬勤. 产学研合作创新的交易成本及内外部化条件 [J]. 科研管理, 1999 (5): 68-72.

[51] 孙冰, 周大铭. 基于核心企业视角的企业技术创新生态系统构建 [J]. 商业经济与管理, 2011 (11): 36-43.

[52] 孙骞, 欧光军. 双重网络嵌入与企业创新绩效——基于吸收能力的机制研究 [J]. 科研管理, 2018, 39 (5): 67-76.

[53] 孙玉涛, 刘凤朝. 基于哈肯模型的跨国技术流动网络演化机制——以航空航天领域为例 [J]. 科研管理, 2014, 35 (1): 41-47.

[54] 唐承林, 顾新. 产学研合作创新网络知识优势来源与形成研究 [J]. 科技管理研究, 2010 (11): 113-116.

[55] 王大洲. 企业创新网络的进化与治理: 一个文献综述 [J]. 科研管理, 2001 (5): 96-103.

[56] 王德利, 祝廷成. 不同神群密度关态下羊草地上部生态场、生态势、场梯度及其季节性变化规律研究 [J]. 生态学报, 1996 (2): 121-127.

[57] 王德利. 生态场理论——物理生态学的生长点 [J]. 生态学杂志, 1991 (6): 41-45, 63.

[58] 王建国, 王飞, 华连连, 侯二秀. 内蒙古产学研合作创新网络结构演化研究 [J]. 科学管理研究, 2018, 36 (6): 78-81.

[59] 王鹏, 张淑贤. 基于社会网络分析的产学研合作网络知识溢出效应研究 [J]. 科技管理研究, 2016, 36 (3): 129-135, 141.

[60] 王秋玉, 曾刚, 吕国庆. 中国装备制造业产学研合作创新网络初探 [J]. 地理学报, 2016, 71 (2): 251-264.

[61] 王婷, 杨建君. 组织控制协同使用、知识转移与新产品创造力——被调节的中介研究 [J]. 科学学与科学技术管理, 2018, 39 (3): 34-49.

[62] 吴波, 贾生华. 企业间合作经验的学习效应研究述评 [J]. 研究与发展管理, 2007 (2): 14-19, 49.

[63] 吴贵生, 李纪珍, 孙议政. 技术创新网络和技术外包 [J]. 科研管理, 2000 (4): 33-43.

[64] 吴慧, 顾晓敏. 产学研合作创新绩效的社会网络分析 [J]. 科学学

研究，2017，35（10）：1578－1586.

［65］吴绍波，顾新．战略性新兴产业创新生态系统协同创新的治理模式选择研究［J］．研究与发展管理，2014，26（1）：13－21.

［66］吴思静，赵顺龙．知识逻辑下的产学研合作模式分析［J］．情报杂志，2010，29（9）：204－207.

［67］鲜果，曾刚，曹贤忠．中国城市间创新网络结构及其邻近性机理［J］．世界地理研究，2018，27（5）：136－146.

［68］谢开勇，赵邦友，张礼达，王晓章．论高校产学研及其运行机制［J］．科学学研究，2002（4）：423－427.

［69］薛楠，齐严．雄安新区创新生态系统构建［J］．中国流通经济，2019，33（7）：116－126.

［70］杨荣，创新生态系统的界定、特征及其构建［J］．科学技术与创新，2014（3）：12－17.

［71］杨伟明，孟卫东．联盟组合管理、合作模式与企业绩效［J］．外国经济与管理，2018，40（7）：32－43.

［72］姚潇颖，卫平，李健．产学研合作模式及其影响因素的异质性研究——基于中国战略新兴产业的微观调查数据［J］．科研管理，2017，38（8）：1－10.

［73］叶春霞，余翔，李卫．中国企业间专利合作网络的演化及小世界性分析——基于开放式创新视角［J］．情报科学，2015，33（2）：85－90，104.

［74］袁健红，施建军．竞争者之间技术联盟的管理［J］．中国软科学，2003（12）：73－76.

［75］原长弘．国内产学研合作学术研究的主要脉络：一个文献述评［J］．研究与发展管理，2005（4）：98－102.

［76］曾赛星，陈宏权，金治州，苏权科．重大工程创新生态系统演化及创新力提升［J］．管理世界，2019，35（4）：28－38.

［77］张超，陈凯华，穆荣平．数字创新生态系统：理论构建与未来研究［J］．科研管理，2021，42（3）：1－11.

[78] 张华，郎淳刚．以往绩效与网络异质性对知识创新的影响研究——网络中心性位置是不够的 [J]．科学学研究，2013，31 (10)：1581 - 1589.

[79] 张路蓬，薛澜，周源，张笑．战略性新兴产业创新网络的演化机理分析——基于中国 2000 - 2015 年新能源汽车产业的实证 [J]．科学学研究，2018，36 (6)：1027 - 1035.

[80] 张米尔，武春友．产学研合作创新的交易费用 [J]．科学学研究，2001 (1)：89 - 92.

[81] 张昕蔚．数字经济条件下的创新模式演化研究 [J]．经济学家，2019 (7)：32 - 39.

[82] 章丹，胡祖光．网络结构洞对企业技术创新活动的影响研究 [J]．科研管理，2013，34 (6)：34 - 41.

[83] 赵炎，王琦．联盟网络的小世界性对企业创新影响的实证研究——基于中国通信设备产业的分析 [J]．中国软科学，2013 (4)：108 - 116.

[84] 郑宝华．中国医药制造业产业安全及其评价研究 [D]．南京：南京航空航天大学，2010.

[85] 郑向杰．合作网络“小世界性”对企业创新能力的影响——基于中国汽车行业企业间联盟网络的实证分析 [J]．科技进步与对策，2014，31 (13)：40 - 44.

[86] 周灿，曾刚，王丰龙，司月芳，宓泽锋．中国电子信息产业创新网络与创新绩效研究 [J]．地理科学，2017，37 (5)：661 - 671.

[87] 周灿，曾刚，辛晓睿，宓泽锋．中国电子信息产业创新网络演化——基于 SAO 模型的实证 [J]．经济地理，2018，38 (4)：116 - 122.

[88] 周长辉，曹英慧．组织的学习空间：紧密度、知识面与创新单元的创新绩效 [J]．管理世界，2011 (4)：84 - 97，188.

[89] 朱桂龙，彭有福．产学研合作创新网络组织模式及其运行机制研究 [J]．软科学，2003 (4)：49 - 52.

[90] 庄涛，吴洪，胡春．高技术产业产学研合作创新效率及其影响因素研究——基于三螺旋式视角 [J]．财贸研究，2015，26 (1)：55 - 60.

[91] Adner R. & Kapoor R. Value creation in innovation ecosystems: How the

structure of technological interdependence affects firm performance in new technology generations [J]. Strategic Management Journal, 2010, 31 (3): 306 - 333.

[92] Adner, R. Match your innovation strategy to your innovation ecosystem [J]. Harvard Business Review, 2006, 84 (4): 98 - 107.

[93] Andrews, H. I. S. B. Power, social influence and sense making: Effects of network centrality and proximity on employee perceptions [J]. Administrative Science Quarterly, 1993, 38 (2): 277 - 303.

[94] Arora, A. & Gambardella, A. Complementarity and external linkages: The strategies of the large firms in biotechnology [J]. The Journal of Industrial Economics, 1990, 38 (4): 361 - 379.

[95] Balland, P. A., Belso - Martinez, J. A. & Morrison, A. The dynamics of technical and business knowledge networks in industrial clusters: Embeddedness, status or proximity? [J]. Economic Geography, 2016, 92 (1): 35 - 60.

[96] Bayona, C., Garcia - Marco, T. & Huerta, E. Firms' motivations for cooperative R&D: An empirical analysis of Spanish firms [J]. Research Policy, 2001, 30 (8): 1289 - 1307.

[97] Belderbos, R., Carree, M. & Lokshin, B. Cooperative R&D and firm performance [J]. Research Policy, 2004, 33 (10): 1477 - 1492.

[98] Blonigen, B. & Taylor, C. R&D intensity and acquisitions in high-technology industries: Evidence from the US electronic and electrical equipment industries [J]. The Journal of Industrial Economics, 2000, 48 (1): 47 - 70.

[99] Boschma, R. & Frenken, K. The spatial evolution of innovation networks: A proximity perspective [J]. Evolutionary Economic Geography, 2009 (6): 1 - 17.

[100] Broekel, T. & Boschma, R. Knowledge networks in the Dutch aviation industry: The proximity paradox [J]. Journal of Economic Geography, 2012, 12 (2): 409 - 433.

[101] Broekel, T. & Hartog, M. Explaining the structure of inter-organizational networks using exponential random graph models [J]. Industry and Innova-

tion, 2013, 20 (3): 277 –295.

[102] Broschak, J. P. Managers' mobility and market interface: The effect of managers' career mobility on the dissolution of market ties [J]. Administrative Science Quarterly, 2004, 49 (4): 608 –640.

[103] Burt, R. S. Structural Holes: The social structure of competition [M]. Cambridge: Harvard University Press, 1992: 302 –305.

[104] Caloghirou, Y., Kastelli, I. & Tsakanikas, A. Internal capabilities and external knowledge sources: Complements or substitutes for innovative performance [J]. Technovation, 2004, 24 (1): 29 –39.

[105] Cassiman, B. & Veugelers, R. In search of complementarity in innovation strategy: Internal R&D and external knowledge acquisition [J]. Management Science, 2006, 52 (1): 68 –82.

[106] Chesbrough, H. Open innovation: The new imperative for creating and profiting from technology [M]. Boston: Harvard Business School Press, 2003.

[107] Clark, K. B. Project scope and project performance: The effect of parts strategy and supplier involvement on product development [J]. Management Science, 1989, 35 (10): 1247 –1263.

[108] Cohen, W. M. & Levinthal, D. A. Absorptive capacity: A new perspective on learning and innovation [J]. Administrative Science Quarterly, 1990, 35 (1): 128 –152.

[109] Cohen, W. M. & Levinthal, D. A. Innovation and learning: The two faces of R&D [J]. The Economic Journal, 1989, 99 (397): 569 –596.

[110] Cui, A. S. Portfolio dynamics and alliance termination: The contingent role of resource dissimilarity [J]. Journal of Marketing, 2013, 77 (3): 15 –32.

[111] Dougherty, D. A practice-centered model of organizational renewal through product innovation [J]. Strategic Management Journal, 1992, 13: 77 –92.

[112] Duso, T., Pennings, E. & Seldeslachts, J. Learning dynamics in research alliances: A panel data analysis [J]. Research Policy, 2010, 39 (6):

776 – 789.

[113] Estrin, J.. Closing the Innovation Gap [M]. New York: McGraw – Hill, 2008.

[114] Faems, D., van Looy, B. & Debackere, K. Interorganizational collaboration and innovation: Toward a portfolio approach [J]. Journal of Product Innovation Management, 2005, 22 (3): 238 – 250.

[115] Fernandez – Bagües, M. Complementarity in innovation strategies: Evidence from pharmaceutical dynamic panel data [C]. Helsinki, 2004.

[116] Fontana, R., Geuna, A. & Matt, M. Factors affecting university-industry R&D projects: The importance of searching, screening and signaling [J]. Research Policy, 2006, 35 (2): 309 – 323.

[117] Frankort, H. T. W. Structural holes, technological resources and innovation: A study of an interfirm R&D network [J]. Academy of Management Proceedings, 2008, (1): 1 – 6.

[118] Freeman, C. Network of innovators: A synthesis of research issues [J]. Research Policy, 1991, 20 (5): 499 – 514.

[119] Freeman, L. C. Centrality in social networks' conceptual clarification [J]. Social Networks, 1979, 1 (3): 215 – 239.

[120] Gales, L. & Mansour – Cole, D. User involvement in innovation projects: Toward an information processing model [J]. Journal of Engineering and Technology Management, 1995, 12 (1): 77 – 109.

[121] Gallos, L. K., Makse, H. A. & Sigman, M. A small world of weak ties provides optimal global integration of self-similar modules in functional brain networks [J]. Proceedings of the National Academy of Sciences of the United States of America, 2012, 109 (8): 2825 – 2830.

[122] Grabher, G. Cool projects, boring institutions: Temporary collaboration in social context [J]. Regional Studies, 2002, 36 (3): 205 – 214.

[123] Granstrand, O., Patel, P. & Pavitt, K. Multi-technology corporations: Why they have "distributed" rather than "distinctive" core competence

[J]. California Management Review, 1997, 39 (4): 8 -25.

[124] Griliches, Z. Issues in assessing the contribution of research and development to productivity growth [J]. Bell Journal of Economics, 1979, 10 (1): 92 -116.

[125] Guan, J. & Zhao, Q. The impact of university-industry collaboration networks on innovation in nanobiopharmaceuticals [J]. Technological Forecasting and Social Change, 2013, 80 (7): 1271 -1286.

[126] Gulati, R. Network location and learning: The influence of network resources and firm capabilities on alliance formation [J]. Strategic Management Journal, 1999, 20 (5): 397 -420.

[127] Guo, J. Q. & Trivedi, P. K. Flexible parametric models for long-tailed patent count distributions [J]. Oxford Bulletin of Economics and Statistics, 2002, 64 (1): 63 -82.

[128] Hagedoorn, J. & Cloodt, M. Measuring innovative performance: Is there an advantage in using multiple indicators? [J]. Research Policy, 2003, 32 (8): 1365 -1379.

[129] Hagedoorn, J. & Wang, N. Is there complementarity or substitutability between internal and external R&D strategies [J]. Research Policy, 2012, 41 (6): 1072 -1083.

[130] Hagedoorn, J. Understanding the rationale of strategic technology partnering: Interorganizational modes of cooperation and sector differences [J]. Strategic Management Journal, 1993, 14 (5): 371 -385.

[131] Herstatt, C. & von Hippel, E. From experience: Developing new product concepts via the lead user method: A case study in a "low-tech" field [J]. The Journal of Product Innovation Management, 1992, 9 (3): 213 -221.

[132] Hess, A. M. & Rothaermel, F. T. When are assets complementary? Star scientists, strategic alliances and innovation in the pharmaceutical industry [J]. Strategic Management Journal, 2011, 32 (8): 895 -909.

[133] Hwang V. & Mabogunje A. The new economies of innovation ecosystems

[J]. Stanford Social Innovation Revies, 2013, 8 (6): 123 - 125.

[134] Iansiti, M. & Levien, R. Strategy as ecology [J]. Harvard Business Review, 2004, 82 (3): 68 - 126.

[135] Iansiti M. & Levien R. The keystone advantage: What the new dynamics of business ecosystems mean for strategy, innovation and sustainability [M]. Boston: Harvard Business School Press, 2004.

[136] Imai, K. & Baba, Y. Systemic innovation and cross-border networks: Transcending markets and hierarchies to create a new techno-economic system [M]. Paris: OECD, 1989.

[137] Jaffe, A. B. Technological opportunity and spillovers of R&D: Evidence from firms' patents, profits and market value [J]. The American Economic Review, 1986, 76 (5): 984 - 1001.

[138] Jensen, M. Should we stay or should we go? Accountability, status anxiety and client defections [J]. Administrative Science Quarterly, 2006, 51 (1): 97 - 128.

[139] Johnsen, T. E. & Ford, I. D. Managing collaborative innovation in complex networks: Findings from exploratory interviews [C]. U. K. , 2000.

[140] Kim, H. D. , Lee, D. H. , Choe, H. & Seo, I. W. The evolution of cluster network structure and firm growth: A study of industrial software clusters [J]. Scientometrics, 2014, 99 (1): 77 - 95.

[141] King, D. R. , Covin, J. G. & Hegarty, W. H. Complementary resources and the exploitation of technological innovations [J]. Journal of Management, 2003, 29 (4): 589 - 606.

[142] Laursen, K. & Salter, A. Open for innovation: The role of openness in explaining innovation performance among U. K. manufacturing firms [J]. Strategic Management Journal, 2006, 27 (2): 131 - 150.

[143] Lettl, C. , Herstatt, C. & Gemuenden, H. G. Users' contributions to radical innovation: Evidence from four cases in the field of medical equipment technology [J]. R&D Management, 2006, 36 (3): 251 - 272.

[144] Li, Y. The technological roadmap of Cisco's business ecosystem. Technovation, 2009, 29 (5): 379-386.

[145] Lilien, G. L., Morrison, P. D., Searls, K., Sonnack, M. & von Hippel, E. Performance assessment of the lead user idea-generation process for new product development [J]. Management Science, 2002, 48 (8): 1042-1059.

[146] Markusen, A. Sticky places in slippery space: A typology of industrial districts [J]. Economic Geography, 1996, 72 (3): 293-313.

[147] McFadyen, M. A., Semadeni, M. & Cannella, A. A. Value of strong ties to disconnected others: Examining knowledge creation in biomedicine [J]. Organization Science, 2009, 20 (3): 552-564.

[148] Miotti, L. & Sachwald, F. Co-operative R&D: Why and with whom? An integrated framework of analysis [J]. Research Policy, 2003, 32 (8): 1481-1499.

[149] Moore, J. F. Predators and prey: A new ecology of competition [J]. Harvard Business Review, 1993, 71 (3): 75-86.

[150] Morrison, A. & Rabellotti, R. Knowledge and information networks in an Italian wine cluster [J]. European Planning Studies, 2009, 17 (7): 983-1006.

[151] Mowery, D. C., Oxley, J. E. & Silverman, B. S. Strategic alliance and interfirm knowledge transfer [J]. Strategic Management Journal, 1996, 17 (S2): 77-91.

[152] Mowery, D. C. The changing structure of the US national innovation system: Implications for international conflict and cooperation in R&D policy [J]. Research Policy, 1998, 27 (6): 639-654.

[153] Negassi, S. R&D co-operation and innovation a microeconometric study on French firms [J]. Research Policy, 2004, 33 (3): 365-384.

[154] Nishigushi, T. Strategic industrial sourcing: The Japanese advantage [M]. New York: Oxford University Press, 1994.

[155] Ocasio, W. Towards an attention-based view of the firm [J]. Strategic

Management Journal, 1997, 18 (S1): 187 - 206.

[156] OECD. Compendium of patent statistic [R]. Paris: OECD, 2010.

[157] OECD. Data-driven innovation: Big data for growth and well-being [M]. Paris: OECD, 2015.

[158] OECD. Guide to measuring the information society [M]. Paris: OECD, 2009.

[159] OECD. Information economy product definitions based on the central product classification (Version 2) [M]. Paris: OECD, 2009.

[160] OECD. The knowledge based economy. The National Innovation System [R]. 1996, 1997.

[161] Pisano, G. The R&D boundaries of the firm: An empirical analysis [J]. Administrative Science Quarterly, 1990, 35 (1): 153 - 176.

[162] Prahalad, C. K. & Hamel, G. The core competence of the corporation [J]. Harvard Business Review, 1990, 68 (3): 79 - 91.

[163] Rosenberg, N. Why do firms do basic research (with their own money) [J]. Research Policy, 1990, 19 (2): 165 - 174.

[164] Rowley, T. J., Greve, H. R., Rao, H., Baum J. A. C. & Shipilov, A. V. Time to break up: Social and instrumental antecedents of firm exits from exchange cliques [J]. Academy of Management Journal, 2005, 48 (3): 499 - 520.

[165] Scherer, F. M. Inter-industry technology flows and productivity growth [J]. Review of Economics and Statistics, 1982, 64 (4): 627 - 634.

[166] Schmiedeberg, C. Complementarities of innovation activities: An empirical analysis of the German manufacturing sector [J]. Research Policy, 2008, 37 (9): 1492 - 1503.

[167] Smith, A. & Raven, R. What is protective space? Reconsidering niches in transitions to sustainability [J]. Research Policy, 2012, 41 (6): 1025 - 1036.

[168] Stuart, T. E. & Podolny, J. M. Local search and the evolution of tech-

nological capabilities [J]. Strategic Management Journal, 1996, 17 (S1): 21 - 38.

[169] Ter Wal, A. L. J. The dynamics of the inventor network in German biotechnology: Geographical proximity versus triadic closure [J]. Journal of Economic Geography, 2014, 14 (3): 589 - 620.

[170] Tidd, J., Bessant, J. & Pavitt, K. Managing Innovation: Integrating Technological, Market and Organisational Change [M]. Chichester: John Wiley & Sons Ltd, 1997, 23 - 50.

[171] Todtling, F., Lehner, P. & Kaufmann, A. Do different types of innovation rely on specific kinds of knowledge interactions [J]? Technovation, 2009, 29 (1): 59 - 71.

[172] Urban, G. L. & von Hippel, E. Lead user analyses for the development of new industrial products [J]. Management Science, 1988, 34 (5): 569 - 582.

[173] Van Aken, J. E. & Weggeman, M. P. Managing Learning in informal innovation networks: overcoming the Daphne-dilemma [J]. R&D Management, 2000, 30 (2): 139 - 150.

[174] Vareska, V., Vanhaverbeke, W. & Duysters, G. Additivity and complementarity in external technology sourcing: The added value of corporate venture capital investments [J]. IEEE Transactions on Engineering Management, 2011, 58 (3): 483 - 496.

[175] Vargo, S. L. & Lusch R. F. Institutions and axioms: An extension and update of service-dominant logic [J]. Journal of the Academy of Marketing Science, 2016, 44 (1): 5 - 23.

[176] Vega - Jurado, J., Gutiérrez - Gracia, A. & Fernández-de - Lucio, I. Does external knowledge sourcing matter for innovation? Evidence from the Spanish manufacturing industry [J]. Industrial and Corporate Change, 2009, 18 (4): 637 - 670.

[177] Veugelers, R. Internal R&D expenditures and external technology sourcing [J]. Research Policy, 1997, 26 (3): 303 - 315.

[178] Von Hippel, E. The sources of innovation [M]. New York: Oxford University Press, 1988.

[179] Williamson, O. E. The economic institutions of capitalism: Firms, markets, relational contracting [M]. New York: The Free Press, 1985.

[180] Williamson, O. E. The economics of organization: The Transaction Cost Approach [J]. American Journal of Sociology, 1981, 87 (3): 548 - 577.

[181] Zaheer, A. & Bell, G. G. Benefiting from network position: Firm capabilities, structural holes and performance [J]. Strategic Management Journal, 2005, 26 (9): 809 - 825.

[182] Zahra, S. A. & George, G. Absorptive capacity: A review, reconceptualization and extension [J]. Academy of Management Review, 2002, 27 (2): 185 - 203.

[183] Zahra, S. A. & Nambisan S. Entrepreneurship in global innovation ecosystems [J]. Academy of Marketing Science, 2011 (1): 4 - 17.